공주, 역사문화론집

공주대학교 백제문화연구소
백제문화연구 총서 第3집

공주, 역사문화론집

윤용혁 지음

서 경

'백제의 언덕'에서

'행복도시'라는 이름의 특별도시를 공주 한 켠에 만드는 것으로, 21세기 벽두의 '천도론'은 결말지어졌다. 이것은 538년 백제 왕도가 부여로 옮겨간 후, 공주에의 천도 논의 네 번째에 해당하는 것이다.

내가 '후광(後廣)의 거리' 유달산 자락으로부터, '백제의 언덕' 공산(公山)에 이른 것은 1970년의 일이었다. 그 해 봄, 공주사대에 입학한 나는 안승주 선생님과 이해준을 만난다. 그리고 어언 35년의 세월이 흐른 지금, 『공주』라는 책을 내게 되었다.

1971년 무령왕릉이 발견되었고, 1974년 대학원에 진학한 나는 고려시대를 전공으로 택하였다. 그리고 1980년 이후 백제의 서울에 자리한 모교의 교단에 서서 지금까지 후배되는 학생들을 가르치는 영광을 누리고 있다. 그 동안 고려시대의 대외관계에 대한 논문을 주로 썼지만, 공주의 지역적 여건상 백제 혹은 각종 문화재 관련 업무에 관여하는 기회가 자주 주어졌다. 이 때문에 대학의 박물관장과 백제문화연구원장, 그리고 충남발전연구원의 역사문화센터 일을 맡기도 하였고, 무령왕릉을 비롯한 각종의 백제 관련 심포지움을 기획하거나 추진하는 기회를 갖게 되었다.

1988년, 학내 교수들과 함께 '공주향토문화연구회'라는 모임을 만들었다. 당시 윤여헌 선생님과, 지금은 모교의 총장이신 최석원 교수께서 그 '주모자'였고, 그 틈바구니에서 나는 아직껏 총무의 굴레를 벗어나지 못하고 있다. 여기에서는 월 1회의 모임과 함께 매년 회지를 냈는데, 작년 2004년에 제17집을 출판하였다. 이러저러한 여건 속에서 나는 공주에 대한 글을 종종 쓰게 되었고, 가끔은 이것을 논문으로 만들어 발표하기도 하였다. 논문이라 하지만, 학계에 기여 할만한 수준에는 물론 미달하는 것들이어서, 책을 만드는 데까지는 쉽게 용기를 내지 못했던 것이 사실이다.

한없이 보잘 것 없는 것이기는 하지만, 나는 원고를 다시 정리하면서 이 '공주'에 대한 책을, 모교의 은사이신 안승주 선생님께 바치고 싶다는 생각을 하게 되었다. 선생님은 공주에서 교편을 잡으시며, 토착의 '호족'으로서 지역 차원에서의 '백제사'의 의미와 가치를 처음으로 주목하신 분이다. 그분은 마음을 정하면 이를 반드시 실천에 옮기는 분으로서, 백제문화 연구의 '개척자'로서의 역할을 훌륭히 수행 하셨다. 그분의 1주기를 맞아 천안 묘원에 세운 추모비에, 조재훈 선생님은 이렇게 적었다. "그대 땅 위에 남긴 예순 한 평생 / 쇠스랑으로 흙을 일구듯 / 천 년 잠든 백제를 벌떡 일으켜 세웠지"

살아간다는 것은 때때로 매우 즐거운 일이다. 그러나 더 자주는 아주 힘들고 피곤한 일이다. 지금 생각하면 선생님의 경우도 마냥 그러했던 것 같다. 대학의 박물관장으로부터 총장과 원장을 지내시고 1998년 작고하실 때까지, 나는 30년 내내 선생님의 그늘에 있었다. 고인에 대한 추모의 글에서 나는 그분의 삶이, "쉼 없이 앞으로 나아갔던 삶"이었다고 회고하였다.

이 책은 네 부분으로 되어 있다. 백제와 공주, 금강과 공주, 계룡산과 공주, 충청감영과 공주 등의 개념으로 분류하여, 기왕에 발표한 논문류의 글을 묶은 것이다. 원래의 글들은 1978년 이래의 것으로서, 워낙 글마다 씌어진 시기가 큰 차이가 있는 데다 겹치거나 번잡한 것이 많아 많은 곳을 손대고, 보태거나 빼내지 않으면 안되었다. 그럼에도 불구하고 시간을 핑계로 하여 최근 학계의 연구 성과들을 충분히 반영하지 못한 채 작업을 마무리하고 말았다.

이 책의 삽도사진은 신용희 선생의 도움을 많이 받았으며, 이해준 교수가 정리해놓은 〈공주연표〉를 조금 보완하여, 뒤에 붙였다. 워드작업은 역사교육과의 김충암과 사학과의 이은해가 도와주었다. 아울러 책의 재정리 작업과 관련하여, 2003년도 공주대학교 연구비의 지원을 받을 수 있었던 것에 대하여, 그리고 보잘 것 없는 원고를 예쁘게 꾸며준 서경문화사에 특별히 감사를 드린다.

내가 사랑하고 아끼는 여러분, 그리고 지금까지 나를 아끼고 사랑해 주신 분들에게, 부족하나마 이 책을 통하여 마음으로부터의 감사의 인사를 올리고 싶다.

2005. 2.
신관동 연구실에서, '행복'을 꿈꾸며

윤 용 혁

공주, 역사문화론집

실린순서

제1장
백제와 공주

1. 무령왕 '출생전승'에 대한 논의

   무령왕, 누구의 아들인가/ 무령왕, 일본에서 태어났는가/ 각라도, 가당도인가

2. 무령왕의 왕위 계승에 대하여

   무령왕, 어디에서 자랐나/ 무령왕, 왕이 될 수 없었던 이유/ 즉위 이전의 무령왕/ 무령왕, 즉위 문제를 둘러싸고

3. 8세기의 효자, 향덕과 그 유적

   – 백제고지(故地)에 대한 유교적 교화책 –

   향덕의 효행과 정려 건립/ 통일신라시대의 효행례와 향덕/ 신효거사와 반길의 묘비/ 향덕 유적의 개황

무령왕 '출생전승'에 대한 논의

머리말

무령왕릉이 발견된 것은 필자가 대학 2학년 재학중이던 1971년의 여름방학의 기간이었다. 이듬해 안승주 선생님의 연구작업 관계로, 이해준 교수, 유덕조 박사와 함께 여름방학 한 달을 왕릉과 6호분 안에서 실측작업에 참여하게 되었다.

무령왕릉 발굴 20주년이 되던 1991년 당시 안승주 선생님은 공주대학교의 총장으로서, 그리고 필자는 같은 과의 교수로서 박물관장의 보직을 맡고 있었다. 이 때 필자는 백제문화연구소의 명의로 『백제 무령왕릉』의 간행, 무령왕릉 국제학술심포지움의 개최 등의 사업을 기획, 진행하였다. 이것은 무령왕릉 발굴보고서 이후 최초의 본격적인 학술 사업이었다. 2001년, 무령왕릉 발굴 30주년을 맞아 국립공주박물관과 국립부여문화재연구소 주최의 국제 학술심포지움이 있었던 그 해는 때 마침 무령왕의 즉위 1500주년이 되던 해였다. 8월 후쿠오카에서 열린 '원구(元寇)' 심포지움에 패널 토론자로 초청된 기회에 필자는 무령왕 전승지로 알려진 사가현 진서정(鎭西町)의 가당도(加唐島)를 방문하였다. 그리하여 현지에서 '무령왕교류 실행위원회'라는 시민단체 사람들과도 조우하였다.[1] 무령왕교류 실행위원회는 이듬해 2002년 1월, 문경현, 이도학, 니시타니(西谷 正) 선생 등을 초청하여 나고야성박물관에서 무령왕 심포지움을 개최하였고, 필자는 개인적으로 이 자리에 참석하였다. 그해 5월 무령왕릉 세계문화유산 추진사업의 일환으로 공주대에서 열린 무령왕릉 국제심포지움[2] 주관자의 1인으로 참여하였으며, 그해 여름 공주향토문화연구회의 큐슈 역사탐방을 기획하여 가당도 의 사람들과 나고야성에서 간단한 모임을 주선하기도 하였다.

이상과 같은 인연으로 필자는 무령왕, 특히 무령왕의 개인적 혹은 인간적 측면에 대하여 많은 관심을 갖게 되었다.『삼국사기』에서는 무령왕이 뛰어난 외모의 소유자이면서 동시에 '인자관후' 하여 '민심이 귀부'하였다고 하였는데, 어떻게 무령왕은 외모와 인 품이라는 모든 조건을 두루 갖출 수 있게 되었을까, 그것은 나에게 깊은 교훈과 함께 수수께끼로 남겨진 그의 생애에 대한 더욱 강한 호기심을 갖게 하는 것이었다. 2003년 10월, 필자는 일본 사가신문사 주최의 시민대학에서 '무령왕 전승'에 대한 강의를 맡게 되었다.[3] 그것은 나고야성 박물관장을 지낸 모리(森 醇一郎) 선생 의 추천에 의한 것이었는데, 전공상의 불일치에도 불구하고 필자

---

1) 당시 가당도 방문의 과정과 전승지 소개 등에 대해서는, 윤용혁,「무령왕 탄 생 전승지를 찾아서」『웅진문화』14, 2001 참조.
2) 공주대 백제문화연구소 · 문화재보존과학연구소,『백제문화를 통해본 고대 동 아시아 세계』2002. 5
3) 강좌의 전체 주제는 <두 개의 바다가 만들어내는 사가의 매력 – 현해탄과 有 明海>이었으며, 필자의 강의는 10월 13일 사가현 진서정(鎭西町) 소재 현립나 고야성 박물관에서 행해졌다.

가 구태여 이를 거절하지 않은 것은 무령왕에 대한 필자의 이같은 오랜 인연에 기초한, '욕심' 때문이었다고 할 수 있다.

본 연구는 이상과 같은 필자의 관심에 의하여 만들어진 것이다. 새로운 견해를 제안하는 것이기보다는, 무령왕의 출생 문제에 대한 전문 연구자들의 기왕의 논의를 정리하면서 필자 나름의 의견을 덧붙이는 정도의 소박한 정리라고 할 수 있다.

1. 무령왕, 누구의 아들인가

백제 제25대 무령왕(재위 501~523)은 1971년 왕릉의 발견으로 인하여 비로소 '유명인사'가 된 인물이다. 무령왕의 무덤이 발견되기 전까지만 하더라도 그는 한국의 고대 역사에서 잘 알려져 있지 않은 인물중의 한 사람이었다. 당시 한국에 있어서 가장 권위 있는 한국고대사의 상설서였던 진단학회 편 『한국사 - 고대편』에서 무령왕 혹은 그의 행적에 대한 언급이 거의 전무한 상태였다는 것이 단적으로 이를 증명한다.

그러한 그가 자신의 무덤이 발견됨으로써 세인의 폭발적인 관심의 대상이 된 것이다. 검토 결과, 웅진시대 23년 간 무령왕의 재위가 갖는 역사적 의미는 결코 작은 것이 아니었다. 신라와의 화친정책을 기조로 한 고구려에 대한 적극적 대응, 양나라와의 통교를 통한 백제의 국제적 지위 확보 및 선진 문화의 도입과 전파, 농업의 진흥을 통한 민생 안정 정책 등은 이후 성왕대의 사비 천도가 가능한 기반이 되었기 때문이다. 그리하여 왕릉의 출현 이후에야 사비시대 백제의 융성을 가져오는 도약대의 구실을 하였던 웅진시대에 있어서 무령왕의 역할은 "다른 어느 왕의 그것보다도 중요하고 건실한 것"이라는 평가를 비로소 받게 되었다.[4] 무령왕은 그 정치적 위업이 성왕에게 계승되어 사비시대의 단초를 열었고, 혈연적으로 왕계가 백제 말까지 이어졌다는 점에서 백제의 '중시조(中始祖)'로 일컬어질 만한 인물이었다.[5]

무령왕대의 정치에 대해서는 12세기에 편찬된 한국의 대표적 역사서인 『삼국사기』에 기록이 남겨져 있고, 따라서 무령왕은 이 역사서에 의하여 재정리, 평가되었다. 그런데 이 무령왕에 대해서는 일본의 대표적 고대사서인 『일본서기』에도 흥미로운 기록이 남겨져 있다. 특히 왕의 출생을 둘러싼 문제에 대해서는 『삼국사기』의 침묵과는 달리 『일본서기』에 다소 설화적이기는 하지만 상당히 구체적인 이야기가 실려 있다. 개로왕의 동생(문주왕의 형) 곤지(昆支)는 461년(개로왕 7) 4월에 일본 파견의 명을 받았다. 그때 그는 임신한 개로왕의 여인과 혼인하여 한성을 출발하였는데, 일본에의 항행 도중 6월 1일, 치쿠시(筑紫:북큐슈)의 각라도(各羅島)라는 섬에서 무령왕을 출산하였다는 것이다. 무령왕의 생모가 되는 곤지의 처는 원래 백제 제21대 개로왕의 여인이었는데, 개로왕이 동생 곤지의 간청으로 이미 임신해 있는 상태에서 곤지에게 주어졌다고 한다. 말하자면 무령왕의 혈통은 법적으로는 개로왕의 동생인 곤지의 아들이지만, 실제로는 개로왕의 아들이라는 것이다.

『일본서기』의 이러한 기록에 대해서 한국에서 관심을 갖게 된 것은 무령왕릉 발견 이후의 일이 된다. 『삼국사기』에 의하면, 무령왕은 백제 제25대 왕으로서 전왕 동성왕의 제2자로 되어 있다. 그런데 동성왕의 바로 앞인 제23대 삼근왕(465~479)은 무령왕의 백

4) 이기백, 「백제사상의 무령왕」 『무령왕릉발굴조사보고서』, 문화재관리국, 1973, pp.66~70
5) 이기동, 「무령왕릉 출토지석과 백제사연구의 신전개」 『백제사연구』, 1996, p.263

종숙(伯從叔)이 되는 셈인데도, 25대 무령왕(462～523)보다 오히려 3살이나 연하라는 계산이 도출되었다.[6] 이는 왕릉의 지석에 의하여 무령왕의 출생년도가 확인됨으로써였는데, 무언가 상식적으로 성립되기 어려운 모순이었다. 더욱이 무령왕의 출생연도가 『일본서기』의 기록과 거의 일치하고 있다는 점은 이 자료를 새롭게 검토하지 않을 수 없는 계기를 만들었다. 『일본서기』에 의하면 무령왕은 웅략천황 5년 (6월 1일), 즉 서기 461년 출생인 셈인데, 무령왕의 지석에 그가 523년 62세의 나이에 사망하였다는 것을 역산하면, 거의 정확하게 들어맞기 때문이다.[7]

　이러한 『삼국사기』 기록의 모순점을 주목한 것은 임창순이었다. 그는 『무령왕릉 발굴조사보고서』의 지석(매지권)에 대한 검토과정에서 이러한 모순을 논의하면서 무령왕이 동성왕의 아들이 아닌, 오히려 형(異母兄)이라는 『일본서기』의 기록에 대하여 진지한 검토의 필요성을 제기하였다.[8] 『일본서기』의 기록을 신빙하지 않았던 이병도, 혹은 천관우 선생도 무령왕의 지석에 대한 검토과정에서 관련 기록의 재고의 필요성을 언급하였다.[9] 그러나 학계의 전

---

6) 이도학, 「한성말 웅진시대 백제왕계의 검토」『한국사연구』45, 1984, p.13
7) 지석에 보이는 무령왕의 수령 '62세'라는 것을 만으로 계산하면 무령왕은 『일본서기』의 기록 그대로 461년생이 된다. 그러나 현재 한국식 나이 계산법으로 하면 무령왕은 462년생이다. 이 때문에 한국에서의 경우 대개 무령왕을 462년 생으로 보는 경향이 있다.
8) 임창순 선생은 이에 대한 결론을 피하였지만, 『일본서기』의 기록중 무령왕을 동성왕의 이모형(異母兄)이라 한 것에 대해 "이 기사가 오히려 사실에 근사(近似)할른지 모른다"고 보고 향후의 연구 필요성을 제기하였다. 『무령왕릉발굴조사보고서』, p.55
9) 이병도, 「백제무령왕릉 출토지석에 대하여」『학술원논문집(인문사회과학편)』11, 1972 ; 『한국고대사연구』, 박영사, 1976, p.555
　천관우, 「삼한고 제3부 - 삼한의 국가형성」『한국학보』3, 1976 ; 『고조선사·삼한사연구』, 일조각, 1989, pp.330～333

무령왕(501~523 재위)의
흉상(무령왕릉 모형관)

무령왕릉 발굴에 참여한
안승주 선생
(그는 무령왕과 같은 나이를
공주에서 살았다)

반적 분위기는 여전히 『일본서기』의 해석에 신중한 입장이었다.[10]
이에 대하여 이도학은 보다 본격적인 검토를 통하여 동성왕과 무
령왕을 부자관계로 보는 것은 "계보 자체의 성립이 불가능"하다는
결론을 내렸다. 동시에 『일본서기』에 실린 『백제신찬』의 기록대로
무령왕을 전왕인 동성왕의 배다른 형이라는 데 동의하였다.

그런데 무령왕이 『삼국사기』에서처럼 동성왕의 아들이 아니라
면, 그는 누구의 아들인가 하는 문제가 대두된다. 이에 대하여 『일
본서기』에 실린 『백제신찬』은 그가 곤지의 아들이라고 하였다.

10) 이기동 교수는 1974년 3월 역사학회의 월례발표회에서 「백제무령왕의 계보에
    대한 일고찰」이란 논문을 발표하여, 웅진시대 백제 제왕(諸王)의 혈연관계를
    추구함에 있어서 『일본서기』의 기록에 보다 주목해야 될 것이라는 결론을 얻
    었으나, "당시 학회 관계자의 권고에 따라" 발표 내용중 이 부분에 대한 내용
    을 제외한 채 논문(「중국 사서에 보이는 백제왕 모도에 대하여」, 『역사학보』
    62, 1974)을 게재하였다고 밝힌 바 있다. 이기동, 「무령왕릉 출토지석과 백제
    사연구의 신전개」, 『백제사연구』, 1996, pp.261~262

이 해(武烈天皇 4년) 『백제신찬(百濟新撰)』에 말하였다. 말다왕(末多王)이 무도하여 백성에게 포학한 짓을 하였다. 국인이 같이 제거하였다. 무령왕이섰다. 이름은 사마왕(斯麻王)이다. 이는 곤지왕자(琨支王子)의 아들이다. 즉 말다왕(末多王:동성왕)의 이모형(異母兄)이다. 곤지가 왜에 향하였을 때 치쿠시(筑紫)의 섬에 이르러 사마왕을 낳았다. 섬에서 도로 보내 경(京)에 이르기 전에 섬에서 낳았다. 그래서 그렇게 이름 지었다. 지금도 각라(各羅)의 바다 속에 주도(主島)가 있다. 왕이 탄생한 섬이다.(『일본서기』 15, 무열기)[11]

백제사신의
모습(〈王會圖〉)[12]

이에 의하면 곤지는 형 개로왕에 의하여 일본에 파견된다. 461년(개로왕 7)의 일이다. 그리고 도일 여정 중의 한 섬에서 무령왕을 출산하였다는 것이다. 그 섬은 각라도(各羅島)라는 섬이고, 섬에서 출생한 때문에 '사마(시마)'라는 이름을 붙였다고 한다. 여기에 무령왕의 아버지로 되어 있는 곤지는 458년(개로왕 4) 송(宋)으로부터 '정로장군(征虜將軍)'의 칭호를 받은 인물이다. 개로왕은 송에 대하여 그를 '행정로장군 좌현왕(行征虜將軍 左賢王)'의 작호를 요청한 바 있으며, 당시 백제에서 왕에 버금하는 제2인자의 위치에 있었다. 그는 형 개로왕을 보필하면서 특히 군사

---

11) 『일본서기』의 번역은 田溶新 역, 『완역 일본서기』(일지사, 1989)와 김현구 외,
『일본서기 한국관계 기사 연구』(Ⅰ)(Ⅱ)(일지사, 2002, 2003)를 참고함.
12) 『국립공주박물관』(도록), 2004, p.148에서 옮김.

부문을 장악하고 있었던 것으로 인정된다. 『일본서기』에서 그를 '군군(軍君)'이라 칭한 것도 이를 의미한 것으로 보인다.[13] 그가 461년 7월 왜국의 서울에 들어왔을 때 그에게는 이미 아들이 다섯이 있었다고 하였다.[14]

475년 고구려 장수왕의 공격으로 백제는 수도가 함락되고 개로왕은 비명에 갔다. 이에 아우인 문주가[15] 즉위하여 금강 중류의 웅진(공주)으로 새 도읍을 정하고 위기에 처한 백제를 수습하는 역할을 맡았다. 곤지는 문주왕 3년(477) 4월 최고의 정무직이라할 내신좌평에 임명된다. 그러나 곤지는 불과 3개월만인 그해 7월 사망하고 말았다. 곤지가 사망한 그해 문주왕은 해구 등의 권신들의 정변에 의하여 제거되었다. 정변세력은 13세의 어린 나이였던 문주의 아들 삼근을 세웠으나 그나마 3년만인 479년 사망하였다. 이에 즉위한 왕이 제24대 동성왕인데 그는 곤지의 5자중 제2자로서 당시 일본에 거주하고 있다가 귀국하여 즉위하였다.[16] 『일본서기』

---

13) 坂元義種, 『古代東アジアの日本と朝鮮』, 1978, p.69 : 이도학, 「한성말 웅진시대 백제 왕위계승과 왕권의 성격」 『한국사연구』, p.13 및 이재석, 「5세기말 곤지의 도왜 시점과 동기에 대한 재검토」 『백제문화』30, 2002, p.21

14) "軍君入京 旣而有五子"(『일본서기』 웅략 5년 추7월)

15) 『삼국사기』에 의하면 문주왕은 개로왕의 아들이라 하였다. 그러나 『일본서기』 (웅략 21년 3월)에서는 "汶洲王 盖鹵王 母弟也"라고하여 문주왕이 개로왕의 친동생이라 하였는데 이기동, 이도학 등에 의하여 개로왕과 문주왕의 관계가 후자와 같이 형제관계임이 논증된 바 있다. 이에 대해서는 이기동, 「중국사서에 보이는 백제왕 牟都에 대하여」 『역사학보』62, 1974 및 이도학, 「한성말 웅진시대 백제왕계의 검토」 『한국사연구』45, 1984, pp.8~11 참고.

16) 『일본서기』의 '곤지의 5자'가 무령왕을 포함한 것인지, 아니면 제외한 것인지에 대해서는 분명하지 않다. 앞서 인용한 웅략기 5년 7월의 기록에는 '旣而有五子'라 하여 무령왕 이외에 5자임을 암시하였으나, 동성왕의 즉위에 비추어 이도학은 그럴 가능성이 희박하다고 보았다.(이도학, 「한성말 웅진시대 백제왕계의 검토」, p.14의 주 53) 그러나 이에 대하여 연민수, 문경현 등은 앞의 웅략기 기록을 그대로 인정하고, 동성왕이 무령왕과는 별도로 곤지의 제2자라는 입장을 취하였다. 필자는 후자의 주장에 동의한다. 무령왕과 관련되어 있

에 인용된 『백제신찬』은 25대 무령왕이 24대 동성왕의 이모형(異母兄)이며, 이들은 모두 곤지의 아들(아마 차자와 장자)로 되어 있는 셈이다.

그러나 이같은 『백제신찬』의 기록에 대하여 『일본서기』의 찬자는 다음과 같이 이견을 표시하였다.

지금 생각하니 도왕(島王)은 개로왕의 아들이다. 말다왕(동성왕을 가리킴:필자)은 곤지왕의 아들이다. 이를 이모형(異母兄)이라 함은 미상이다.(『일본서기』 15, 무열기)

즉 무령왕은 『백제신찬』의 기록처럼 곤지의 아들이 아니라, 곤지의 형인 개로왕의 아들이라는 것이다. 따라서 동성왕과의 관계도 형제간이 아니라 종형제간이라는 이야기가 된다. 이와 관련하여 『일본서기』의 다른 기록에는 무령왕의 출산에 대한 다른 이야기가 실려 있다. 다음이 그것이다.

(웅략천황 5년) 여름 4월 백제의 가수리군(加須利君: 개로왕이다)은 지진원(池津媛)을 태워죽였다는 것을 전하여 듣고 [適稽女郎이다], 협의하여 "옛적에 여인을 바쳐 채녀(采女)로 하였다. 그런데 무례하여 우리나라 이름을 떨어뜨렸다. 지금부터 여인을 바치지 말라"라고 하였다. 그리고 아우 군군(軍君) [昆支]에 고하여 "너는 일본으로 가서 천황을 섬겨라"라고 말하였다. 군군(軍君)이 대답하여 "상군(上君)의 명에 어긋날 수는 없습니다. 원컨대 군(君)의 부인을 주시고, 그런 후에 나를 보내주십시요"라고 말하였다. 가수리군은 임신한 부인을 군군(軍君)에게 장가들여 "내 임신한 부인은 이미 산월(産月)

는 웅략기의 기록에서 유독 '旣而有五子'라 기록되어 있기 때문이다. 또 따지자면 무령왕이 동성왕 등과는 달리 곤지의 친자(親子)가 아니었다는 것, 다른 '5자'와는 달리 일본에서 함께 생활하지 않았다는 점 등을 생각하면, 무령왕은 곤지의 다른 '5자'와는 구별되는 점이 많다.

이 되었다. 만일 도중에서 출산하면, 부디 같은 배를 태워서 어디에 있든지 속히 나라로 돌려보내도록 하여라"라고 말하였다. 드디어 헤어져 조정에 보냈다.(이상 『일본서기』 14, 웅략기)

이에 의하면 곤지는 개로왕의 명에 의하여 일본에 파견되면서 임신중인 개로왕의 여인을 요청하여 부부로서 도일하게 되었다. 종합하면, 461년 곤지가 일본에 파견되면서 그는 개로왕의 임신중인 여인을 처로 맞아 함께 동행하였으며, 도중에 출산한 것이 무령왕이라는 것이다. 즉 『일본서기』에서는 무령왕이 곤지의 아들로서 태어났지만, 사실은 무령왕이 곤지의 형인 개로왕의 아들이라는 것이다. 즉 곤지는 의부(義父), 개로왕이 친부(親父)라는 이야기가 된다. 이에 대한 학계의 의견은 갈려 있다.

이에 대하여 이기동은 무령왕은 개로왕의 동생인 곤지의 5남중 장남으로서, '개로왕의 아들'이라는 것은 후대에 만들어진 "한낱 계보적 의제(擬制)"에 불과하다고 보았다. 즉 무령왕이 생모의 '신분상의 취약점'을 보완하기 위해 실제 아버지를 개로왕으로 부회하여 생모를 개로왕의 비가 되게 함으로써, 백제왕통의 회복이라는 왕통의 정당성을 도모하였다는 것이다.[17] 이같은 견해는 이도학의 논증에 의하여 제시된 이후[18] 사실상 백제사 연구자의 일반적 견해를 반영하는 것이라 할 수 있다.[19] 정재윤의 경우 사료 해석은 다소 차이가 있으나 무령왕의 개로왕자설을 부인하고 있다는 점에서는 위와 같은 의견이라 할 수 있다.[20]

---

17) 이기동, 「무령왕대의 국내외 정세」『무령왕릉과 동아세아문화』(무령왕릉발굴 30주년기념 국제학술대회 자료집), 국립부여문화재연구소·국립공주박물관, 2001, p.17
18) 이도학, 「한성말 웅진시대 백제왕계의 검토」『한국사연구』45, 1984, pp.11~18
19) 양기석, 「백제 웅진시대와 무령왕」『백제무령왕릉』, pp.33~35
    연민수, 「5세기 후반 백제와 왜국」『고대한일관계사』, 1998, 혜안, p.411

무령왕을 곤지의 아들로 보고, 개로왕으로의 계보상의 연결은 후대의 정치적 의도에 의한 조작이라는 견해가 크게 우세한 것이 사실이지만, 『일본서기』 웅략천황 5년조에 제시된대로 그를 개로왕의 아들로 보는 의견이 전무한 것은 아니다. 노중국은 무령왕이 의부(義父) 곤지의 아들로서 왕위에 올랐기 때문에 모(母)의 신분이 결정적 하자가 될 수는 없다는 점, 무령왕이 개로왕의 아들로 왕계를 연결하였다고 하더라도 그의 생모가 '잉부(孕婦)'로 표현되고 있듯 개로왕의 왕비였던 것은 아니라는 이유를 들었다. 그리고 개로왕의 임신한 부인을 동생 곤지에게 주는 것에 대하여 당시 결혼 풍습으로 보는 것에 대하여는 자료가 너무 없어 받아들이기 어렵고, 따라서 '정치적 측면 혹은 가정사적 측면'에서 해석해야 할 것으로 말하였다.[21] 그리하여 다소 상상적이기는 하지만 무령왕의 생모에 대하여 다음과 같은 추정을 시도하였다.

아마 그녀는 왕(개로왕)의 애첩이었을 가능성이 크다. 왕의 자식을 가지게 된 그녀는 왕비의 질투의 대상이 되었을지도 모른다. 때문에 그녀는 왕비에 의해 생명의 위협을 느꼈을 수도 있다. (중략) 어쩌면 개로왕은 사랑하는 잉부가 왕비의 질투 등에 의해 죽임을 당할지도 모른다는 상황이 벌어지자 왜에 파견되는 곤지에게 부쳐 보냄으로써 사태를 해결하려고 하지 않았을까.[22]

---

20) 정재윤은 『백제신찬』의 기록 "自嶋還送 不至於京 産於嶋"라 한 것에 근거하여 "무령왕은 개로왕의 명에 의해, 태어난 이후가 아니라, 태어나기 전에 되돌려 보내진 것으로 보인다"고 해석, "무령왕은 곤지가 왜로 가는 도중에 곤지와 떨어져 태어났으며, 이후 백제로 되돌아온 사실을 알 수 있다"고 하였다. (정재윤, 「동성왕 23년 정변과 무령왕」, 『웅진시대 백제 정치사의 전개와 그 특성』, 1999, p.126) 그러나 『백제신찬』의 관련 기록을, 무령왕이 태어나기 전 중도에 다시 백제로 되돌려지는 과정에서 태어났다고 해석하는 것은 문면(文面)으로나 논리적으로나 상당한 무리가 있다.
21) 국립부여문화재연구소 · 국립공주박물관, 『무령왕릉과 동아세아문화』, pp.29~30
22) 위 책, p.30

일본 고대사를 전공하는 김현구, 이재석, 그리고 문경현 등도 이같은 『일본서기』기록을 받아들이는 입장이나, 국왕인 형의 여인을 하사 받아 아내로 삼는 것이, 당시에 있을 수 있었던 풍습으로 보고 있다는 점이 노중국과는 차이가 있다.

무령왕의 계보문제와 관련하여 필자는 후자, 즉 무령왕의 친부(親父)가 개로왕이라는 의견에 동의한다. 그 이유는 '잉부'를 거짓 등장시켜 무령왕의 출자를 곤지 대신 개로왕으로 연결하려는 의도에서 사료가 조작된 것이라는 해석이 너무 궁색하고 어색해 보이기 때문이다. 원래 조작이라는 것은 그럴듯해야 하는 것인데, 잉부를 등장시킨 것은 개로왕의 아들로 계보를 연결하기 위한 조작으로는 너무 '무리한 조작'이라고 보여진다. 혹자는 『백제신찬』의 사료적 신빙성이라는 점에 의존하여 무령왕이 곤지의 아들이라는 쪽에 손을 들고 있지만 『백제신찬』에 무령왕을 '곤지의 아들', 동성왕의 '이모형(異母兄)'이라 한 것은 『일본서기』와 모순되는 것은 아니다. 이미 무령왕의 생모가 곤지의 처가 되어 있었기 때문이다. 따라서 무령왕을 '실은 개로왕의 아들'이라한 『일본서기』의 기록은 '곤지의 아들'이라는 것과 서로 상충하는 것이 아니라 보완적으로 설명하는 자료인 것이다.[23] 문제는 우리의 관념상 무령왕이 '개로왕의 아들'이라는 것을 받아들이기 어렵기 때문에, 이를 '합리적'으로 '해석'하려는 것인데, 문제는 바로 여기에 있다고 생각된다. 만일 5세기의 관습이 후대와는 다를 수 있다는 점을 전제한다면, 이 부분에 별다른 모순점을 발견할 수 없기 때문이다.

무령왕의 친부가 개로왕이라는 입장에서 사료를 검토하면, 위에 인용한 웅략기의 기록에서 개로왕이, 출산 후 아이를 바로 돌려보낼 것을 신신 당부하고 있는 것도 주목되는 점이다. "만일 도

---

23) 김현구 외, 『일본서기 한국관계기사 연구』(Ⅱ), 일지사, 2003, p.30

중에서 출산하면, 부디 같은 배를 태워서 어디에 있든지 속히 나라로 돌려보내도록 하여라"라고 한 것이 그것이다. 이것은 잉부(孕婦)의 아이(무령왕)가 바로 개로왕의 자식임을 실감 있게 전한다. 만일 무령왕이 곤지의 친자이거나, 아니면 계보 문제로 무령왕의 계통을 개로왕으로 끼워 넣은 것이라고 한다면, 이 개로왕의 당부의 말까지도 꾸며 넣었다는 것이 된다. 무령왕 출생지로 지목된 각라도와 똑같은 이름의 섬이 현재 존재한다든가, 후술하겠지만, 이 섬을 후대의 백제인들이 '임금의 섬'으로 불렀다든가 하는 여러 사소한 부분들을 함께 검토한다면, 자료의 고의적 날조로 보기에 걸리는 점이 매우 많다.

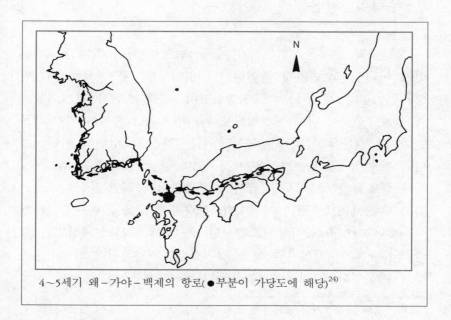

4~5세기 왜-가야-백제의 항로(● 부분이 가당도에 해당)[24]

---

24) 그림은 우재병, 「4~5세기 왜에서 가야·백제로의 교역루트와 고대항로」 『호서고고학』6·7합집, 2002, p.194에서 옮김.

이러한 점에서 필자는 무령왕이 곤지의 아들이기는 하지만, 실은 개로왕의 아들이었다는 기록을 문자대로 신빙하는 의견에 적극 동의하는 바이다. 『백제신찬』의 기록대로라면, 그는 개로왕이 부탁한대로 아이를 출산하자 이를 곧 개로왕에게 돌려보냈다.25) 따라서 무령왕은 생모가 없는 상태에서 유모에 의하여 양육되었을 것이며, 그의 나이 15세쯤인 475년에는 고구려의 공격으로 한성이 함락되면서 개로왕조차 죽임을 당하였다. 그의 어린 시절이 순탄치 않은 과정이었음을 짐작케 한다.

2. 무령왕, 일본에서 태어났는가

무령왕의 출생은 『일본서기』에 461년으로 되어 있지만, 461년인지 아니면 462년인지 확언하기 어렵다. 무령왕 지석에 의하면 왕은 523년 62세의 나이에 사망하였다. 이를 출산과 함께 1살을 계산하는 한국식 나이 계산법으로 따지면 462년 출생이 되기 때문이다. 이 때문에 이재석은 곤지의 일본 파견을 461년이 아닌 462년이 될 수도 있다는 가정을 제시하였다.

무령왕릉 발굴 이후 지금까지 무령왕의 출생연도에 대해서는 다소 혼란이 있는 것이 사실이다. 무령왕 지석을 기준으로 할 경우 462년 생이라 해야할 것 같지만, 혹 백제 당시의 계산법이 요즘 만(滿) 나이 계산처럼 하는 것이었다면 『일본서기』의 461년이 맞기 때문이다. 그리하여 발굴조사보고서에서 조차, 필자에 따라

---

25) 무령왕이 동성왕처럼 일본에서 오래 살았을 것이라는 의견이 있으나(김현구, 『백제는 일본의 기원인가』, pp.21~24), 『일본서기』에 무령왕이 출산 직후 일단 귀국한 것으로 되어 있기 때문에, 이를 부정할 특별한 이유가 없다면, 아무래도 기록대로 보아야하지 않을까 싶다.

461년 혹은 462년 생으로 갈리고 있다. 무령왕의 생년에 대해서는 대개 462년을 많이 취하고 있는 것이 사실이지만 양기석, 노중국 등은 461년을 취하고 있어 통일되어 있지 않다.26) 필자는 위의 엇갈린 연대중, 무령왕 지석의 연대를 본고에서 취하고자 한다. 나이 계산의 방식이 백제시대 당시에도 동일하였다는 전제에서 생각한다면, 이것은 무령왕의 출생 뿐만 아니라, 곤지의 일본행이 461년이 아닌 462년이었다고 보아야 한다.

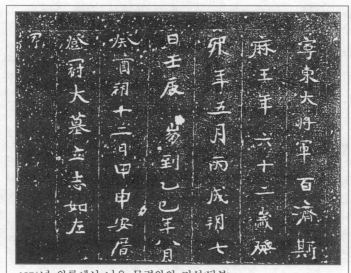

1971년 왕릉에서 나온 무령왕의 지석(탁본)

26) 양기석, 「백제 웅진시대와 무령왕」『백제무령왕릉』, p.32. 노중국, 「백제의 정치」『백제의 역사』, 1995, 공주대학교 백제문화연구소, p.109.) 이기동은 "왕의 생년은 462년 혹은 461년"이라 두 가지를 모두 제시하고 있으며(이기동, 앞의 「무령왕대의 국내외 정세」, p.17), 이재석은 461, 462 양쪽이 모두 가능성이 있다는 점을 논의한 바 있다.(이재석, 「5세기말 곤지의 도왜시점과 동기에 대한 재검토」『백제문화』30, 2001, pp.20~23)

북부 큐슈에서 한반도 남부까지의 항로는 해협 횡단으로 위험성이 높은 편이지만 쓰시마를 중심으로 여러 섬이 흩어져 있어 돛이 없는 열악한 조건의 준구조선으로도 횡단이 가능하였다 한다.27) 462년 곤지의 일본 파견 이유에 대해서는 그동안 많은 논의가 있었는데 대체로는 만성적인 전시상황에서의 일본에 대한 군사적 필요성이 큰 이유였다고 보아 왔다. 당시의 동아시아 정세로 보아 이같은 견해는 상당한 설득력을 가지는 것이지만, 최근 이재석은 그의 도왜 목적을 즉각적인 파병 요청 등을 목표로 하였다고 보기는 어렵고 "백제중심의 국제관계 유지를 위한 조정자 역할"에 초점이 있었다고 파악하였다.28)

무령왕의 일본에서의 출생에 대한 구체적인 내용은 『일본서기』에 실려 있는데 『백제신찬』에서 인용된 것으로서, 그 내용은 다음과 같다.

> (무열기 4년) 곤지가 왜에 향하였을 때 축자(筑紫)의 섬에 이르러 사마왕을 낳았다. 섬에서 도로 보내 경(京)에 이르기 전에 섬에서 낳았다. 그래서 그렇게 이름지었다. 지금도 각라(各羅)의 바다 속에 주도(主島)가 있다. 왕이 탄생한 섬이다. 이 때문에 백제인이 주도(主島)라 이름하였다.

『일본서기』의 기록이다.

> (웅략기 5년) 6월 병술 삭(1일), 임신한 부인은 과연 가수리군(加須利君:개로왕)의 말대로 축자(筑紫)의 각라도(各羅島)에서 출산하였다. 그래서 그 아이의 이름을 도군(嶋君)이라 하였다. 군군(軍君)은

---

27) 김현구 외, 앞의 『백제는 일본의 기원인가』, 2001, pp.219~221
28) 이재석, 「5세기말 곤지의 도왜 시점과 동기에 대한 재검토」 『백제문화』30, pp.24 ~29

배 1척을 마련하여 도군(嶋君)을 백제에 돌려보냈다. 이를 무령왕이
라 한다. 백제인은 이 섬을 주도(主嶋)라 하였다.

무령왕의 이름 사마는 『삼국사기』에는 '斯摩(사마)'라고 기록되
어 있고, 『일본서기』에는 '斯麻(사마)'라 하였는데, 정작 지석에서
는 후자와 일치하고 있다. 위의 두 기록을 종합하면 무령왕은 북
큐슈[筑紫]의 각라도에서 출생했는데 사마라는 이름은 그가 섬에
서 태어났기 때문에 지어진 것이며, 이 섬을 백제 사람들은 특별
히 '주도(主島)', 즉 '임금의 섬(ニリムセマ)'이라 하였다는 것이다.
각라도에서 출생한 사마는 곤지의 아들이며, 당시 곤지는 왜국의
서울로 향하고 있었다. 6월 1일 갑작스러운 출산으로 곤지의 일정
은 다소 지체되었지만, 아이를 백제에 돌려보내고 그는 본래의 계
획대로 일본의 서울로 향하였다는 것이다.[29]

『일본서기』의 기록 가운데 무령왕의 계보 문제에 비하여, 그가
일본의 한 섬에서 출생하였다는 기록은 근년에 이르기까지 더욱
신빙성이 없는 것으로 여겨졌다. 그것은 백제 국왕의 일본에서의
출생이라는 사실 자체를 납득하기 어려웠을 뿐 아니라, 관련기록
이 무령왕의 생모가 본래 개로왕에 의하여 임신되었는데, 개로왕
의 동생 곤지에게 주어져 일본에 가던 도중 출산하였다는 설화 같
은 이야기와 섞여 있기 때문이다. 이 때문에 이기백은 『일본서기』
의 전승을 한마디로 "믿을 수 없는 이야기"[30]라 하였고, 이병도
역시 이 설화를 너무도 기괴하여 일고의 가치가 없는 것으로 단정

---

29) 음력 6월 1일을 양력으로 환산하면 6월 24일(461년), 또는 7월 13일(462년)이
    된다. 안영숙 등, 『삼국시대연력표』, 한국천문연구원, 2002, p.269
30) 이기백은 『일본서기』 무열기의 무령왕 출생기록을 인용한 후 "사마를 섬의
    뜻으로 해석하였으나 믿을 수 없는 이야기"라고 간단히 처리하였다. 이기백,
    「백제사상의 무령왕」, 『무령왕릉발굴조사보고서』, p.70의 주1

하였다.31) 무령왕의 계보를 『일본서기』에 의하여 입론하였던 이도학 교수조차 곤지의 도왜(渡倭)나 무령왕의 출생연대는 수긍되는 바 있지만 "전체적으로 그 내용이 모욕적이고 괴기하여 취신(取信)하기 어렵다"고 하였다.32) 그러나 무령왕의 계보가 『일본서기』의 기록에 일치하는 것이라는 그의 결론은, 그 출생지 문제도 검토의 여지를 일정하게 제기한 것이었다.

무령왕과 일본과의 관계를 보다 적극적으로 검토하는 새로운 계기를 만든 것은 무령왕릉의 발굴이었다. 무령왕릉의 지석에 의하여 무령왕의 출생연도가 서기 462년이라는 사실이 밝혀지게 되었기 때문이다. 이는 『일본서기』의 관련 기록과 불과 1년의 오차밖에 없어, 새삼 『일본서기』의 무령왕 출생 관련 기록에 대해서도 긍정적인 검토를 가능하도록 만들었던 것이다. 그후 무령왕릉 관목의 목재가 일본산임이 밝혀지게 됨으로써 무령왕과 일본과의 친연관계에 대해서도 더욱 주목하는 계기가 되었다. 원래 무령왕릉 발굴보고서에서는 왕릉의 관재를 육안으로 판단한 정도였다.33) 이에 대해 박상진(朴相珍)은 목관 시료를 목재조직학적인 방법으로 분석하여 이것이 일본열도의 남부지방에 자생하는 금송(Sciodopitys verticillta), 고야마키(コウヤマキ)라는 사실을 밝히고, 아울러 일본으로부터의 도래품으로 인정하였다. 동시에 관재로 가공하기 전의 원목은 직경 1.3미터, 길이 3미터, 무게 3.6톤, 수령 300년 이상의 것으로 추정하였다.34) 한국의 경우 고대에 금송이 분포하였다는 증거가 아직 없다는 점, 경상도 지역에서 고대의 관재가 확인된

---

31) 이병도, 「백제 무녕왕릉 출토 지석에 대하여」『한국고대사연구』, 1976, p.555
32) 이도학, 앞의 「한성 말 웅진시대 백제왕계의 검토」, p.16
33) 문화재관리국『무령왕릉 발굴조사보고서』, p.16
34) 박상진, 「백제 무령왕릉 출토 관재의 수종」『백제문화』21, 1991, pp.175~176
    및 공주대학교 백제문화연구소, 『백제 무령왕릉』, 1991, pp.336~340 참조.

바 있으나, 그 수종은 주목, 상수리나무, 느티나무 등으로 확인된 바 있어, 왕릉 관재가 일본으로부터의 것임은 의심의 여지가 거의 없는 것으로 받아들여졌다. 그후 박원규는 왕릉 관재의 재검토를 통하여 앞의 박상진의 결론을 재확인하는 한편으로, 왕릉 관재와 함께 보관되어 있는 목편에서 역시 일본산의 삼나무(Crptomeria japonica)를 검출함으로써 무령왕릉을 매개로 한 일본과의 연관성을 더욱 보강하였던 것이다.35)

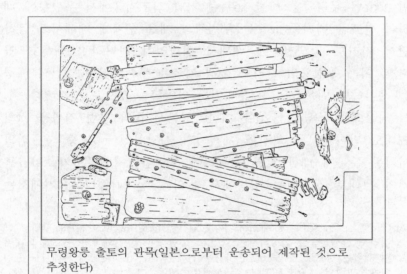

무령왕릉 출토의 관목(일본으로부터 운송되어 제작된 것으로 추정한다)

각라도 출생을 신빙하지는 않지만, 곤지의 도왜가 확실한 만큼 이를 서로 연결, 461년 곤지의 도왜, 462년 무령왕 출생(지석에 의

---

35) 박원규, 「무령왕릉 출토 관목분석을 통한 고대 한일관계」『백제문화를 통해본 고대 동아시아세계』심포지움자료집, 2002, 공주대학교, pp.113~131 참고. 이 연구에서는, 왕릉의 관목이 서로 다른 나무에서 채취되어 수령 350~600여 년 의 거대목 수십 본이 벌채된 것으로 추정하였다.

한 계산)이라는 정리에 의하여 무령왕의 일본출생 및 성장 가능성
이 긍정적으로 받아들여지기도 하였다.36) 그러나 근년에 이르러
기록 그대로 무령왕이 북큐슈의 한 섬(각라도)에서 출생하였다는
견해들이 점차 확산되어가고 있다. 처음 무령왕 출생 전승에 대하
여 극히 부정적이었던 이도학도 그후 각라도의 출생 전승과 관련
하여서 "곤지가 왜로 건너간 시기나, 무령왕의 출생연대와 그 출
생장소에 관해서는 수긍되는 바 있다"는 의견을 피력하였다.37) 한
편 2001년 무령왕릉 발굴 30주년 기념 심포지움에서 무령왕에 대
하여 발표한 이기동 교수는 무령왕의 계보 문제에 대해서 언급하
면서 각라도 출생전승에 대해서 비평없이 간략히 소개하고 있
다.38) 이는 무령왕의 각라도 출생 기록을 무시해왔던 그간의 배경
을 생각하면 매우 달라진 분위기를 반영하는 것으로 생각된다.

　　최근에는 무령왕 출생에 대한 『일본서기』의 관련 기록을 거의
그대로 받아들이는 의견도 제시되기 시작하였다. 노중국은 위의
이기동 논문에 대한 토론을 통하여 무령왕의 『일본서기』 자료를
거의 그대로 신빙하는 입장에서 논의를 전개하였다. 여기에서는

---

36) 山尾幸久, 「5世紀代の朝鮮關係記事」『古代の日朝關係』, 1989, p.158. 다만 그는
　　각라도 출생전승을 신빙하지는 않았고, 무령왕이 실제 왜국의 수도에서 태어
　　나 귀국한 것으로 추정하였다. 이같은 견해는 근년 田中俊明에 의해서도 동일
　　하게 피력되었다.(田中俊明, 「百濟と倭の關係」『古代日本と百濟』, 大巧社,
　　2002, p.26)
37) "무녕왕의 출생연령이 「무녕왕릉매지권」과 비교할 때 1년 차이 밖에 없기 때
　　문이요, 그가 출생하였다는 가카라시마는 이키시마와 후쿠오카현 북쪽 해안
　　에 소재한 가라쓰(唐津)시를 직선 거리로 잇는 바다 위에 소재한 가카라시마
　　(加唐島)로 비정되는데, 한국에서 건너온 여인이 허리띠를 풀고 아이를 낳았
　　다는 전설이 남아 있기 때문이다." (이도학, 『새로 쓰는 백제사』, 푸른역사,
　　1997, pp.185～186)
38) 이기동, 「무령왕대의 국내외 정세」국립부여문화재연구소·국립공주박물관 『무
　　령왕릉과 동아세아문화』무령왕릉발굴 30주년 기념 국제학술회의 발표자료집,
　　2001, p.16

출생지 문제를 구체적으로 언급하지는 않았지만, 곤지가 잉부를 대동하고 도일하던 중 출산하는 내용을 상세히 논의하고, 아울러 "곤지는 잉부를 데리고 가다가 아이를 낳자 아이는 본국으로 보내고 잉부와 같이 왜에 머물렀을 것이다"고 하였다.[39] 김현구 교수는 『일본서기』의 무령왕 자료를 인용 소개하는 한편, 이를 그대로 긍정하는 의견을 피력하였다.

> 과거 우리나라에서는 개로왕(재위 455~475)이 동생을 일본에 보내면서 임신한 부인을 하사했다든지 하는 황당한 내용 때문에 무령왕이나 동성왕이 일본에서 귀국하여 즉위했다는 『일본서기』의 내용을 믿으려고 하지 않았다.

라고 하고, 그러나 "개로왕이 임신한 부인을 동생 곤지에게 하사했다는 기록도 못 믿을 이유가 없다"고 하였다. 그리고 일본 고대사에서 후지와라(藤原)씨의 조상이 되는 나카토미노카마타리(中臣鎌足)의 경우를 예로 들었다. 코우토구 천황(孝德天皇, 재위 645~654)이 임신한 부인을 그에게 하사하여 큰아들 테이에(定惠)를 얻었으며, 그의 다른 아들 후히토(不比等)는 텐지천황이 임신한 부인을 총신인 그에게 하사하여 얻은 것이라는 설이 파다하다는 것이다.[40] 이는 사실상 『일본서기』의 기록을 그대로 신빙하는 입장을 피력하는 것이고, 나아가서는 각라도 출생설을 긍정하는 것이라고 볼 수 있다. 각라도의 기록을 그대로 인정하고 있는 문경현은, 개로왕이 임신한 아내를 동생 곤지에게 주어 도일하게 한 것에 대해서 이러한 풍습이 "당시 북방민족인 부여족에 널리 행해지던 습속

---

39) 국립부여문화재연구소·국립공주박물관, 위의 『무령왕릉과 동아세아문화』, pp.29~30
40) 김현구, 『백제는 일본의 기원인가』, 창작과비평사, 2002, pp.14~17

에 기인한다"고 보았다. 그리하여 형수를 아우가 아내로 삼는 고구려의 사례를 들고 있다.[41]

한편 무령왕의 각라도 출생설을 적극 긍정하는 입장으로 이재석을 들 수 있다. 그는 곤지의 도일 문제를 검토하는 논문에서 무령왕 출생담을 의심하는 견해에 대하여 이를 '근거없는 추정'으로 간주하고, 섬 이름이 구체적으로 거론되고, 또 '주도(主島)'라는 별명까지 소개되고 있는 점에서 "이 출생담이 완전 조작된 것이 아님을 보여준다", 무령왕의 출생전승은 "모두 사실로 보는 것이 타당하다"고 단정하였다. 그리고 이 자료에 신빙성을 부여하는 이유로서 『일본서기』의 관련 자료가 백제계 기록인 『백제신찬』에 근거한 것이라는 점, 전승의 내용이 구체적이고 내용 자체에서 특별한 모순을 발견할 수 없다는 점, 곤지의 도일 연대와 무령왕의 출생 연대가 거의 일치하고 있다는 점 등을 그 이유로 들었다.[42]

이와 같이 근년 무령왕의 일본 (혹은 각라도) 출산설에 대하여 긍정적인 의견이 많아지는 변화가 있는 것은 사실이지만, 그렇다고 의견이 모두 그렇게 집약되고 있는 것만은 아니다. 가령 연민수가 『일본서기』의 무령왕 출산과 관련한 자료에 대하여, "설화의 내용이 괴이하여 쉽게 신용하기 어렵다"는 부정적인 입장을 여전히 피력한 것이 그 예이다.

　　개로왕의 임부(姙婦)를 동생 곤지에게 주었다는 것도 그렇고, 만삭의 임부를 험난한 뱃길인 왜국에 보냈다는 것도 이해하기 어렵다. 개로왕은 아이가 태어나면 본국으로 보낼 것을 지시하는데, 송환을 바랬다면 구태여 곧 출생할 만삭의 임부를 왜국에 보낼 필요는 없는

---

41) 문경현, 「백제 무령왕의 출자에 대하여」『사학연구』60, 2000, p.46
42) 이재석, 「5세기 말 곤지의 도왜 시점과 동기에 대한 재검토」『백제문화』30, 2001, pp.21~22

것이고, 출산후에 보냈어도 늦지 않았을 것이다. 이는 무령왕 출생전 승에 조작의 요소가 가미되었을 가능성이 있다.[43]

연민수의 논의는 무령왕이 개로왕계가 아니고 곤지의 아들이었다는 주장에 초점이 있는 것이었다. 이를 논의하는 과정에서 관련 자료의 신빙성을 부정하면서, 결국 곤지의 잉부(孕婦)는 왜국으로 떠난 남편 곤지와 동행하지 못하고 백제에서 사마를 출산하였다고 단정하였다.[44] 그리고 출산과 관련된 전승은

왜국에 있던 그의 후예라고 주장하는 씨족들에 의해 상당부분 윤색 첨가된 것으로 보인다. 사마의 일본식 발음인 시마(섬, 島)를 음차하여 도군(島君)을 만들어냈던 것은 아닌가 생각한다.

고 하였다. 즉 무령왕의 일본과의 관계를 강조하기 위하여 일본에 거주하던 그의 후예들이 고의적으로 꾸며낸 이야기라는 의미인 것 같다.

필자는 무령왕의 출생과 관련한 『일본서기』 기록이 상당히 신빙성이 있는 자료라는 점을 인정하고 싶다. 그 이유는 이 전승이 조작이라고 보기에는 지나치게 적나라하고 내용이 구체적이라는 점이다. 연교수의 의견처럼, 이 자료가 무령왕의 후예들에 의해 후대에 조작된 것이라면, 좀더 그럴듯하고 점잖은 줄거리로 구성하

---

43) 연민수, 「고대 한일외교사─삼국과 왜를 중심으로」, 『고대 한일관계사의 새로운 조명』 한국고대사학회 합동토론회 자료집, 2002. 2, p.136

44) 여러 사람들의 견해대로 만일 무령왕의 각라도 출생 전승이 후대의 조작된 것이라 한다더라도, 무령왕의 일본 출생설을 부인하기는 쉽지 않은 듯하다. "무령왕묘지에 의하여 (무령왕이) 462년생이라는 것이 확인되었고, 그 전해에 왜에 파견된 곤지의 아들이라면, (무령왕은) 왜에서 태어난 것이 된다."(田中俊明, 「百濟と倭の關係」, 『古代日本と百濟』, 大巧社, 2002, p.26) 고 하는 의견이 이같은 추이를 반영한다.

는 것이 얼마든지 가능하였을 터인데, 하필이면 그토록 '괴이한 줄 거리'로 조작했을 리가 있을 것인가하는 의문인 것이다. 무령왕의 '斯麻(시마)'라는 이름만 하더라도, 이것이 섬에서의 출생을 반영하는 것이라는 『일본서기』의 기록을 부정하는 것은 매우 무리한 입론이라는 생각이다.45) 백제사람들이 그 섬을 '임금의 섬'이라 불렀다는 이야기의 경우도 이의 사실성을 뒷받침하는 점이 있다고 보여진다. 단순히 음차에 의한 꾸며진 이야기라면, 그같은 '임금의 섬'이라는 이야기는 덧붙여질 수 없었을 것이다.46) 이러한 점에서 무령왕의 일본 각라도 출생 기록에 대한 긍정적 입장을 표하고자 한다.

3. 각라도(各羅島), 가당도(加唐島)인가

위에서 언급한 것처럼 『일본서기』에 기록된 무령왕 출생 전승을 긍정적으로 검토하려는 의견이 크게 신장된 것은 큰 변화라 할 수 있다. 이 문제는 다시 기록상의 무령왕 출생지 각라도가 과연 오늘의 어떤 섬인가하는 관심으로 이어진다. 그리고 여기에서 제

---

45) 사마(斯麻)의 5세기 당시 발음은 '시마'였다고 한다. 즉 斯麻와 斯摩는 '시마'를 표기한 이표기(異表記)라는 것이다. 이 점에 대해서는 권인한, 「고대 한국한자음에 대한 몇가지 생각 - '斯'의 고대 한국한자음 문제를 중심으로 - 」『제28회 전국학술대회 발표논문집』, 구결학회, 2003. 8, pp.23~24 및 정재영, 「백제의 문자생활」『제28회 전국학술대회 발표논문집』, 구결학회, 2003. 8, p.86 참조.

46) 『일본서기』의 관련 기록에서, '사마(시마)왕'을 '도왕(嶋王)'이라고도 적고 있는 점도 유의할 점이다. 무령왕이 섬과 아무 관련이 없이 단지 이름만의 유사성에서 가당도 출생설이 만들어졌다는 것은 관련 사료의 구체성을 지나치게 간과하는 견해로 생각된다.

시된 것이 기록상의 각라도(各羅島)는 오늘날 사가(佐賀)현 진서정 (鎭西町)의 작은 섬, 가당도(加唐島)라는 주장이다,

각라도(各羅島)와 가당도(加唐島)는 한자상으로는 다른 섬인 듯 하지만, '가카라시마'라는 똑같은 이름이다. 가당도는 한반도와의 관계에서 거의 최단거리 직선에 해당하는 지점이고, 임진왜란 당시 왜군이 집결하여 한반도로 향한 나고야성(名護屋城) 바로 앞 연안에 자리하고 있다. 이같은 지리적 위치 혹은 지명만으로도 각라도가 곧 오늘의 가당도일 가능성으로 쉽게 연결될 수 있다.[47] 더욱이 가카라시마(가당도)에 고대 한반도로부터의 임금의 출생전승과 관련 유적이 전한다는 것은 매우 흥미로운 일이라 하지 않을 수 없다.

무령왕의 가당도 출생에 대하여 적극적으로 이를 입증하려는 연구로서는 문경현의 주장을 들 수 있다. 그는 무령왕의 출생설화가 '황당무개'한 사료가 아니며, 다분히 개연성이 있는 설화라고 보았다. 그리하여 이를 가당도에 전하는 전승과 연결시켜 정리 소개하였다.[48]

무령왕의 출생처로 떠오른 사가현의 가당도는 행정구역상으로는 사가현 진서정에 속해 있고,[49] 호자정(呼子町)의 항구로부터 배로 20분 거리에 위치한다. 면적은 2.8㎢, 섬의 둘레는 12㎞, 인구는 60여 세대, 250인 정도로 되어 있다. 가당도에는 백제 왕의 생모가 갑작스러운 산통으로 섬에 상륙하여 아들을 낳았다는 동굴이 '오

---

47) 각라도에 대한 언급에서 "壹岐・唐津 간에 있는 長崎縣 가당도일까라고 한 다" (山尾幸久, 「五世紀代の朝鮮關係記事」 『古代の日朝關係』, 塙書房, 1989, p.157)고 한 것은 이같은 간단한 연결을 반영한다.
48) 문경현, 「백제 무령왕의 출자에 대하여」 『사학연구』60, 2000, pp.33～60
49) 진서정은 소규모 행정구역 합병책에 의하여 2005년 1월부로 인근 가라츠(唐津)시에 병합되었다.

비야우라(浦)'라는 해안가에 남아 있다. 또 포구 바로 옆의 골짜기
에는 해산 후 아기를 씻겼다는 작은 샘이 전한다.

한편 이 전설은 신공황후와 관련이 있다고도 한다. 즉 신라를
정벌하기 위해 출진하였던 신공황후가 갑자기 태풍 속에서 상륙하
게 되어 이 섬에서 왕자를 해산하였다는 전설이다. 그러나 신공황
후의 실존인물 여부도 불확실할 뿐만 아니라, 신라 정토 운운의
사실 자체가 인정되지 않고 있어, 신공황후의 가당도와의 관련성
을 역사적으로 뒷받침하기는 쉽지 않다.[50] 이에 비하여 『일본서
기』의 무령왕 출생 관련 기록은 가당도와의 관련성을 보다 구체화
하는 근거가 되고 있다.

한편 2001년 1월 진서정의 무령왕실행위원회가 주최가 되어 문
경현 선생을 초청하여 심포지움을 개최하였다. 이에 대하여 토론
자였던 니시다니(西谷 正) 선생은, 무령왕의 가당도 출생설을 뒷받
침할 적극적 고고학 증거는 가지고 있지 않지만, 몇 가지 정황상
그 가능성을 배제할 수 없다고 하여 이 의견에 대체적인 동의를
표한 바 있다. 그리고 2002년 공주대학교에서의 무령왕릉 심포지
움에서 이를 정식으로 거론하면서, 무령왕 출생지로서 가당도의
가능성을 다음과 같이 긍정적으로 언급하였다.

---

50) 가령 연민수는 "신공기 편자는 시대를 달리하면서 대일관계에 관련된 인물들
을 일괄적으로 신공황후라는 한 인물의 이야기 속으로 편입하여 신라정벌 기
사로서 완성"시킨 것으로서 "신공기의 신라정벌 기사는 실제의 역사적 인물
과 사건을 결합시켜 꾸민 한갓 픽션에 불과"하다고 정리하였다.(「일본서기 신
공기의 사료비판」, 『고대한일관계사』 혜안, 1998, p.39) 문경현 선생은 신공황
후 자체가 실존 인물이 아닌 가공이라 하여 가당도 전승의 신공황후와의 관
련 가능성에 대해서는 일소에 붙이고 있다.(문경현, 「백제 무령왕의 출자에 대
하여」, 『사학연구』 60, 2000, p.59) 신공기 기사의 여러 논의에 대해서는 이기
동의 「백제의 발흥과 대왜국관계 기사의 성립」(『백제사연구』 일조각, 1996,
pp.207~220)이 많은 참고가 된다.

加唐島の位置

か からしま
加唐島

小川島

馬渡島

松島

加部島

波戸岬

呼子町

鎮西町

玄海町

唐津市

鎮西町

福岡

佐賀

長崎

熊本

大分

진서정 가당도의 위치

　　무령왕릉의 매지권에 의하여 『일본서기』 웅략기나 무열기의 일
부에 신빙성이 인정된다면, 무령왕이 축자(筑紫)의 각라도에서 태어
났다는 전승도 진실성을 띠는 것이 아닐까. 『일본서기』가 말하는 축
자는 현재 북부 큐슈에 대한 고대의 호칭이다. 그리고 북큐슈에 있
어서 각라도를 찾는다면 과연 현해탄에 면한 큐슈 북안부에 해당하
는 사가현 동송포군 진서정에서 가당도를 발견하게 된다. 가당도는
원시 고대로부터 현대까지 한반도와 큐슈를 잇는 교량으로 알려진
대마도, 일기도와 함께 대마 해협에 떠 있는 대소 여러 섬 중의 하
나이다. 그러한 지리적 위치에서 보아 가당도가 무령왕의 출생지였
을 가능성은 충분하다고 생각된다.51)

가당도 오비야우라(무령왕탄생전숭지)

다만, 무령왕의 가당도 출산설을 지지할 경우 문제로 남는 것이 있다. 곤지가 왜 하필 가당도에 상륙하였는가 하는 문제이다. 가당도가 한반도와 연결성이 좋은 지점의 하나인 것은 사실이지만 당시 백제에서 지금의 오사카 방면을 향하여 갈 때에 가당도가 일반적인 정박처였는지, 아니면 일종의 비상시의 정박이었는지 하는 문제이다. 가당도의 지리적 여건, 그리고 무령왕 출산지로 전하는 오비야 포구의 입지 조건 등으로 보아 당시 곤지 일행이 가당도에 상륙한 것은 비상적 조치였던 것으로 생각된다. 즉 잉부의 출산이 박두한 긴급 상황에서의 조치였을 것으로 본다. 혹시는 태풍으로 인하여 긴급 피난하고 있던 중에 마침 출산이 이루어졌을 가능성도 생각해 볼 수 있다. 『일본서기』에서는 무령왕의 출산이 6월 1일(음)의 일로 되어 있는데 이 기간이라면 장마와 태풍 같은 기상 상태가 있을 수 있는 기간이기 때문이다.

가당도 상륙은 곤지 일행이 긴급 피난하였던 비상조치였던 것으로 보았다. 그러나 여기에서 우리는 가당도가 당시 백제와 일본의 항로상에 위치하였으리라는 사실을 주목할 필요가 있다. 앞에 인용하였던 『일본서기』의 자료이지만 다시 인용한다.

---

51) 서곡 정, 「무령왕릉을 통해본 고대의 동아시아세계 – 고고학의 입장에서」, 『백제문화』31, 공주대 백제문화연구소, 2002, p.48

(무열기 4년) 곤지가 왜에 향하였을 때 축자도(筑紫島)에 이르러 사마왕을 낳았다. 섬에서 도로 보내 서울에 이르기 전에 섬에서 낳았으므로 그렇게 이름지었다. 지금도 각라(各羅)의 바다 속에 주도(主島)가 있다. 왕이 탄생한 섬이라하여 백제인들은 '주도(主島)'라 이름하였다.

이에 의하면 각라도는 왕이 탄생한 섬이라 하여 이후 '주도(ニリムシマ)'라고도 불렀다는 것이며, '주도'라는 이름은 백제사람들이 그렇게 불렀다는 것이다. '임금님의 섬'이라는 뜻일 것이다. 가당도를 그렇게 불렀다는 백제사람들이란 이후로도 연안을 항행하던 백제선의 승선자들이었을 것이다. 이는 당시 일본과 백제간의 항행로가 가당도가 바라보이는 곳에 설정되어 있었음을 암시하고 있는 것이다. 가당도는 당시 백제 선박이 기항하는 곳은 아니었지만, 이를 멀리 바라보며 항행 하였고, 때로 비상시에는 조난을 위한 피항지로서 가당도는 이용되었을 것이다. 무령왕 즉위 이후 가당도는 일본을 왕래하는 백제인들에게는 특별한 의미를 갖게 되던 것이다. '주도(主島)', '니리므세마', '임금님의 섬'이라는 가당도의 별칭이 이를 잘 말해준다.

곤지 일행이 일본의 서울에 도착한 것은 7월의 일이었다. 도중 무령왕의 출산이 있었지만, 대략 3개월 정도의 여행이었던 셈이다. 기록을 그대로 신빙한다면, 곤지 일행의 각라도에서의 체류 기간도 매우 짧았던 것 같다. 앞에서 언급한 바와 같이 이는 무령왕의 친부가 개로왕임을 암시하는 것이기도 하다. 무령왕이 가당도에서 출산하였다고 하지만, 체류기간은 많지 않았음을 알 수 있다. 가당도의 오비야 포구에 무령왕의 출산지로 전하는 장소는 해안 바닷가에 면한 자연동굴이다. 따라서 체류 자체가 매우 불편하였을 것임을 짐작케 하는데 이는 곤지 일행의 가당도 체류가 짧았다는 것

오비야우라 원경(우측의 동굴이 무령왕의 탄생지로 전하는 곳이다.)

무령왕이 태어난 것으로 전하는 오비야우라의 동굴(내부)

에 부합한다. 무령왕의 가당도 체류는 짧았지만, 그 인연은 짧지 않았다. 그는 섬에서 태어났다는 의미의 '사마(시마)'라는 이름을 갖게 되었으며 이 '사마(시마)'라는 이름은 왕릉의 지석에까지 새겨졌기 때문이다.

무령왕의 이름(斯麻)이 새겨진(→) 우전팔번 신사의 인물화상경

맺는말

이상 무령왕의 출생과 즉위에 대한 정리와 논의를 통하여 언급한 필자의 의견을 간략히 요약하면 다음과 같다.

첫째, 무령왕의 아버지는 곤지라고 말할 수도 있지만, 실제 그는 '개로왕의 아들'이었다는 의견을 필자는 지지한다. 그의 모친이 곤지의 아내가 되어 왜에 가는 도중 출생하였고, 아마도 출생후 생모의 손을 떠나 한성으로 돌려보내진 것으로 생각된다. 그의 나이 15세 쯤에 한성마저 함락되었으므로, 그의 어린 시절과 성장기가 순탄하지 않았으리라는 것은 금방 짐작 할 수 있다. 무령왕이 실제 개로왕의 아들이었다는 『일본서기』의 기록을 부인할만한 적극적인 근거를 인정하기 어렵다는 점에서 필자는 무령왕의 '개로왕 아들'설에 동의한다.

둘째, 무령왕이 일본의 북큐슈 지방(筑紫)의 섬 각라도에서 출생하였다는 기록도 역시 신빙할 수밖에 없다. 앞의 무령왕 출자문제와 서로 묶여진 자료일 뿐아니라 461년(혹은 462) 곤지의 도왜, 그리고 이 시기 무령왕의 출생이라는 사건이 서로 합치되는 점에서 관련 사료를 긍정적 입장에서 검토하지 않을 수 없기 때문이다.

셋째, 사료상의 각라도가 현재 사가현 진서정의 연안에 있는 가당도라는 의견에 동의한다. 가당도의 고대 왕 출생전승, 지명이 동일한 점, 현지의 입지적 여건 등과 관련, 『일본서기』 기록의 이 부문을 문면대로 읽어주는 것이 매우 중요하다는 생각이다. 무령왕 이후 이 섬을 지나던 백제 사람들이 이 섬을 가리켜 '임금님의 섬(主島)'이라 불렀다는 것도 자료로서의 생생한 느낌을 준다.

『삼국사기』는 무령왕에 대하여 "인자관후하여 민심이 귀부하였다"고 특별히 극찬의 평가를 하였다. '미목여화(眉目如畵)'의 인물이 어떻게 '인자관후'하기까지 할 수 있었을까, 이것은 인간 부여 사마(시마)의 수수께끼의 하나이다. 이는 백제국의 국왕에 오르기까지 무령왕의 세월이 험난한 길이었음을 암시하는 것은 아닐까. 험난하였던 인생의 고단한 여정이, 그로 하여금 진정한 위인으로서의 품격을 연마할 수 기회를 제공하였으리라는 추리가 반드시 비약은 아닐 것이다. 그런 의미에서 무령왕의 출생과 관련한 복잡한 사연은 그가 경험할 인생의 험로를 예고한 것처럼 보인다.[*]

---

[*] 이 논문은 『백제문화』32, 2003에 실린 같은 제목의 논문을 다소 수정 보완한 것임.

무령왕의 왕위 계승에 대하여

머리말

무령왕은 불혹의 나이에, 그것도 국왕의 피살이라는 비상사태에 직면하여 비로소 백제의 왕위에 오를 수 있었던 인물이다. 유력한 왕자, 혹은 왕족의 위치에 있었음에도 왕위는 그의 것이 아니었던 것처럼 되어 있었기 때문에, 그의 왕위 계승은 어떤 점에서는 그의 출생만큼이나 극적인 느낌을 주는 것이 사실이다.

필자는 무령왕의 출생문제를 다룬 논문을 통하여[1], 그가 462년(461) 곤지의 도왜 도중 일본의 한 섬에서 출생하였으며, 그 섬이 현재 사가현(佐賀縣) 진서정(鎭西町) 소재의 가당도(加唐島)라는 전승을 긍정하는 논의를 전개하였다. 또 그가 곤지의 아들로 되어

---

1) 윤용혁, 「무령왕 '출생전승'에 대한 논의」『백제문화』32, 2003

있으면서도, 실제로는 개로왕의 아들이었다는 『일본서기』의 기록
을 지지하는 입장을 표명하였다. 이같은 의견은 물론 새로운 것은
아니었지만, 이러한 정리를 통하여 지금까지 무령왕의 출생을 둘
러싼 제반의 논의를 나름대로 정리하여 제시하고 싶었던 것이다.[2]

　　무령왕의 출생을 둘러싼 문제와 함께 출생 이후 왕위에 이르기
까지의 과정이 궁금해지는 것은 당연한 것이었다. 그러나 무령왕
이 왕위에 오르기까지의 40년 세월은 거의 아무런 기록이 없기 때
문에, 그 궁금증을 해소할만한 새로운 묘안이 있을 리 없다. 그럼
에도 불구하고 선학에 의하여 이루어진 단편적 논의를 다시 정리
하면서, 특히 무령왕의 왕위 계승 문제에 대한 수수께끼에 접근해
보려 한 것이 금번의 글이다. 새로운 안목을 제안하는 것이기보다
는, 새로운 안목을 기대하는 차원에서 현재까지의 논의를 정리하
며 필자 나름의 소박한 의견을 덧붙이는 것이라 할 수 있다.

---

2) 필자의 글이 발표된 것과 거의 같은 시기에, 동일한 주제의 논문이 발표되었
다. 오계화, 「백제 무령왕의 출자와 왕위계승」(『한국고대사연구』33, 2004)이
그것이다. 이 논문에서는 무령왕이 결국 '곤지의 아들'이며 동성왕의 이모형
(異母兄)이라는 의견을 지지하고 있다. 무령왕이 한성 함락시 다른 왕족과 달
리 죽음을 모면할 수 있었던 점, 웅진시대 초기의 위험한 정치상황에서 생존
할 수 있었던 점이 무령왕이 개로왕의 아들이 아니었음을 방증한다는 것이다.
개로왕은 곤지를 왜에 파견함으로써 그를 백제의 중앙 정계에서 배제하는 효
과를 기대했다는 것이며, 개로왕이 곤지의 장자라 할 사마를 구태여 되돌려보
내도록 요구한 것은 왜병을 이용한 반란 도모의 가능성을 우려하여 일종의
인질로서 백제에 체류시킨 것이라 하였다. 또 무령왕의 일본과의 긴밀한 관계
도 그가 개로왕의 아들이 아닌 곤지의 아들이었기 때문에 가능한 것이었다고
덧붙이고 있다.(pp.251~269) 무령왕이 혹 곤지의 친자(親子)였을 지는 모르나,
이를 입증하기 위한 근거로서 위의 논의들은 지나치게 상상적이다. 다시 말해
서 위에 든 근거들로서는 무령왕이 개로왕의 아들이 아니라는 점이 부정되지
않는다는 것이 필자의 생각이다.

1. 무령왕, 어디에서 자랐나

무령왕의 출생에 대해서는 『일본서기』에 큐슈의 가카라시마(各羅島) 출생전승을 기록하고 있고, 이 섬은 현재 사가현 진서정의 가카라시마(加唐島)로 추정되고 있다. 이같은 『일본서기』의 기록에 대해서는 그동안 별로 주목하는 사람이 없었지만, 근년 이를 지지하는 적극적 의견이 늘어나고 있는 것이 사실이다. 한편 무령왕은 일본에서 출생하였을 뿐 아니라, 동성왕의 경우와 같이 일본에서 성장하였다는 의견도 없지 않다. 가령 야마오(山尾幸久)는 『일본서기』의 기록중, 각라도 출생이라는 것은 아무래도 이상하고, 아마 "야마토(大和)의 '서울'에서 태어나 귀국한 것"으로 추정하였고,[3] 김현구 교수는 무령왕이 일본에서 태어나 살았을 뿐 아니라, 결혼하고 자녀까지 두었을 가능성을 언급한 바 있다.[4] 무령왕이 출생 이후 왜경(倭京)에서 자랐을 뿐 아니라 즉위하기까지 줄곧 일본에서 활동하며 백제왕의 후왕(侯王)의 지위에 있었다는 견해도[5], 일본에서의 성장설의 하나라 할 수 있겠다.

출생후 무령왕이 일본에서 생활하고 혼인하여 자녀까지 두었으리라는 추정은, 우선 즉위 이전까지 40년 동안 무령왕에 대한 기록이 전혀 전하지 않는다는 점에서 비롯된다. 반면 『속일본기』(797년 완성)의 기록에 무령왕에게 순타태자(淳陀太子)라는 아들이 있었다는 것[6], 순타태자에 대해서 도일(渡日)한 기록은 없고 513년

---

3) 山尾幸久, 「5世紀代の朝鮮關係記事」『古代の日朝關係』, 塙書房, 1989, p.158
4) 김현구, 「백제왕실과 일본천황가의 인연」『백제는 일본의 기원인가』, 창작과 비평사, 2002, pp.21~24 및 「백제와 일본간의 왕실외교」『백제문화』31, 2002, pp.37~38.
5) 소진철, 「백제 무령왕의 出自에 관한 소고」『백산학보』60, 2001, pp.68~70
6) 순타태자는 『속일본기』에 의하면 환무천황(재위 781~806)의 백제계 어머니

사망 사실만 언급되어 있는 점(『일본서기』), 무령왕릉의 관목이 일본산이라는 점이 시사하는 바와 같이 무령왕의 일본과의 특별한 관련성 등을 그 이유로 들고 있다. 그리하여 "순타태자가 일본에서 태어났다면 그는 무령왕이 귀국하기 전에 일본에서 얻은 아들이며, 무령왕도 일본에서 결혼한 셈이 된다", "동성왕과 무령왕은 수 십년 간 일본에서 머물렀고, 일본의 황녀를 부인으로 맞았을 것"이라 추정하였다.[7] 즉위 이전 40년간 무령왕에 대한 기록이 전무하다는 점도 혹 그가 일본에 체류하고 있었던 탓이 아닐까 생각되기도 한다. 그러나 현재로서 무령왕이 일본에서 성장하였다는 의견을 뒷받침하기는 상당히 어렵다는 생각이다. 그 이유는 『일본서기』의 무령왕 관련 기록에 무령왕이 출생 직후 곧바로 백제에 돌려보내진 것으로 되어 있기 때문이다.

　　(웅략기 5년) 6월 병술 삭(1일), 임신한 부인은 과연 가수리군(加須利君:개로왕)의 말대로 치쿠시(筑紫)의 가카라시마(各羅島)에서 출산하였다. 그래서 그 아이의 이름을 도군(嶋君)이라 하였다. 군군(軍君)은 배 1척을 마련하여 도군(嶋君)을 백제에 돌려보냈다.

어린 사마의 귀국조치는 출발이전 개로왕의 간곡한 부탁 때문이었던 것으로 되어 있다.[8] 따라서 무령왕 관련의 『일본서기』 기

다카노노 니이카사(高野新笠)(? ~789)의 선계(先系)가 된다. 이 『속일본기』의 기록은 2002년 아키히토 천왕의 발언으로 많은 관심을 끌었다. 그러나 이러한 기록에도 불구하고, 그것이 반드시 '그렇다고 확언하기는 어렵다'는 신중한 의견도 제시되고 있다. 이근우, 「환무천황 모계는 무령왕의 후손인가」, 『한국고대사연구』 26, 2002, p.216.

7) 김현구, 앞의 『백제는 일본의 기원인가』, pp.22~23

8) "가수리군(개로왕)은 임신한 부인을 곤지(軍君)에게 장가들여 '내 임신한 부인은 이미 산월(産月)이 되었다. 만일 도중에서 출산하면, 부디 같은 배를 태워서 어디에 있든지 속히 나라로 돌려보내도록 하여라'라고 말하였다. 드디어 헤어져 조정에 보냈다." (『일본서기』 14, 웅략기 5년 4월)

록을 신빙할 경우, 그 기록중의 무령왕 귀국 기사를 부정하기가 어렵다는 것이다.[9] 별다른 근거가 마련되지 않는 한, 무령왕은 462년(혹은 461), 출산이후 곧바로 수도 한성으로 되돌려 보내졌고, 친부 개로왕의 슬하에서 한성에서 그의 유년기와 소년기를 보냈으리라는 생각이다.[10]

무령왕의 인생에 큰 계기가 된 것은 필시 475년 한성의 함락과 개로왕의 죽음이었을 것이다. 당시 무령왕의 나이는 14세에 해당하는데, 소년기의 무령왕에 있어서 아버지의 비참한 죽음과 나라의 위기 상황은 커다란 충격의 사건일 수밖에 없었을 것이다. 아마도 그는 평생토록 이 한성함락과 개로왕의 죽음이라는 백제의 비극을 뇌리에서 지우지 못하였을 것이다. 동성왕과는 달리, 무령왕은 501년 그가 왕위에 오른 이후 바로 고구려에 대한 강공책을 줄곧 구사하였다. 흔히 이것은 고구려의 압박을 견제하기 위한 선제적 조치로 이해되며, 무령왕의 고구려에 대한 일관된 강공책은 대외정책에 있어서 성공적인 '북방정책의 추구'로 비추어졌다.[11] 고

---

9) 출산 이후 곧 무령왕이 백제로 귀국하였으리라는 점은 오계화도 동의하고 있다, 다만 씨는 이것이 곤지의 반란을 우려한 개로왕의 조치였다고 추정하였다. 즉 무령왕은 일종의 정치적 인질로서 백제에 되돌려 보내졌다는 것이다. (오계화, 앞의 「백제무령왕의 출자와 왕위계승」, pp.262~268) 일본에 파견된 곤지가 왜병의 도움으로 반란을 일으킬 것을 우려하였다는 것도 이해할 수 없는 것이지만, 이미 일본 땅에 들어와 출산한 첫 아이를 자신을 정치적으로 배제시킨 개로왕에게 인질로 보낸다는 것도 상식에 맞지 않는다. 근본적으로 곤지의 도왜가 정치적 배제 의도의 결과였다고 볼 수 있는 근거가 없다.
10) 오계화는 한성 함락 당시 백제 왕족들이 한꺼번에 희생된 정황에도 불구하고 무령왕이 생존한 점에 주목하고, 아마도 무령왕은 왕실과는 "다소 독립된 생활을 했을 가능성이 있다"(p.274)고 하였다. "궁실 밖에 거주하는 왕족" 혹은 "외가에서 성장하였을 가능성"이 그것이다.(p.274의 주 57) 그럼에도 불구하고 무령왕이 어린 시절을 한성에서 보냈으리라는 것은 부정하고 있지 않다.
11) 정재윤, 『웅진시대 백제정치사의 전개와 그 특성』, 서강대박사논문, 1999, pp.135~142

무령왕의 왕관식
(1971년 왕릉유물특별전 도록의 표지)

구려에 대한 이러한 일관된 강공책은 물론 웅진시대 백제가 처한 환경에서 적절한 대외정책의 방향이었다. 그러나 이같은 정책의 일관된 추구가 가능한 데에는 무령왕에게 깊이 심겨진 고구려에 대한 적개심과 복수심의 발로와도 관련이 없지 않았을 것이다. 이러한 측면에서 무령왕의 대고구려 정책을 검토할 필요가 있다. 무령왕 21년 양에 보낸 표문에서 고구려에 대한 지속적 공격의 성공과 관련, "여러 번 고구려를 깨뜨리고 ...... 다시 강국이 되었다"고 언급한 것은 무령왕이 고구려의 극복을 대외정책의 최우선에 놓고 있었음을 잘 말해준다.[12]

---

12) 이같은 견해는 이도학 교수가 피력한 바 있다.(『새로 쓰는 백제사』, pp.188~189) 한편 무령왕 즉위 이후의 일관된 대고구려 정책은, 그가 대고구려 전선에서의 실질적인 업무 수행 경험을 가지고 있었기 때문에 가능한 것은 아니었을까하는 추측을 자아낸다. 무령왕의 즉위 이전의 행적을 상정하는 바에 있어서 유의해야 될 점의 하나인데, 이점에 대해서는 뒤에서 재론하고

정치적으로 불안정하였던 5세기 말의 상황에서 혹시는 무령왕이 좀더 일찍 왕이 될 수 있는 가능성이 전혀 없지도 않았을 것이다. 그러나 개로왕의 참살로 나라가 풍지박산이 된 상황에서 왕위는 무령왕의 삼촌에 해당하는 문주에게 돌아가게 된다. 문주는 개로왕대에 최고위직인 상좌평의 지위에 있었고, 한성이 함락의 위기에 직면하였을 때는 왕명을 받아 신라로부터 구원군을 이끌고 왔다. 결국 위기시대의 이같은 정황이 무령왕 대신 문주왕의 즉위, 그리고 백제의 공주 천도로 이어지게 되는 것이다.[13]

2. 무령왕, 왕이 될 수 없었던 이유

무령왕은 출산 이후 곧 귀국하여 백제의 험난한 소용돌이를 경험하고 있었다. 고구려에 의한 한성의 함락과 개로왕의 죽음, 그리고 웅진 천도 등이 그것이다. 462년 출생설을 취할 경우 웅진으로 천도하는 475년에 그는 14세의 나이였다. 문주왕이 해씨의 정변세력에 의해 살해당하고, 아들 삼근이 13세의 어린 나이에 옹립되었지만, 삼근왕은 불과 3년 만에 사망하고 만다.[14] 479년, 그때 무

자 한다.

13) 개로왕 이후 가장 유력한 왕위계승자로서 정재윤은 곤지를 꼽고 있다. 한성 함락이라는 당시의 비상한 정국으로 문주의 즉위가 이루어졌다는 것이다. (정재윤, 『웅진시대 백제 정치사의 전개와 그 특성』 서강대 대학원 박사논문, 1999, pp.55~58) 그러나 왕위의 계승이 반드시 정치세력의 크기에 비례하여 결정되는 것은 아니기 때문에, 만일 개로왕의 왕통이 정상적으로 계승되었다면, 무령왕도 가능한 왕위 계승 후보중의 하나였을 것이다.

14) 삼근왕의 단명에 대하여 이도학은 그를 호족의 발호로 재위 2년 만에 사망한 고려초 혜종과 비슷한 상황이었을 것으로 보았다. 그만큼 백제 왕권의 불안정성을 반영한다는 것이다.(이도학, 「한성말 웅진시대 백제왕위계승과 왕권의 성격」 『한국사연구』 1985, pp.22~23) 필자도 같은 의견이다.

령왕의 나이 18세이다. 삼근왕의 죽음으로 다시 왕위 계승 문제가 대두되었다. 정치의 주도권을 쥐고 있던 진씨(眞氏) 세력은 아직 어린 나이인 곤지의 제2자 모대(牟大)를 멀리 일본으로부터 불러들여 왕위에 올렸다. 무령왕은 정치의 중심에서 줄곧 제외되어 있었다. 동성왕의 정치 상황으로 보아 무령왕은 그가 왕위에 오르기까지 내내 권력의 중심에서는 벗어나 있었다고 생각된다.

무령왕은 개로왕의 아들이며 매우 훌륭한 외모와 체격의 소유자였다. 왕실의 주변에 줄곧 머물고 있었을 것이기 때문에 세인의 관심을 끌기에 충분한 조건이다. 그럼에도 불구하고 그는 삼근왕 사후 왕위에 오르지 못하고, 도리어 일본에 살고 있던 동생 모대(동성왕)가 귀국하여 왕위에 올랐다. 그 이유는 무엇일까.

이에 대하여 이도학은 그것이 당시 실권을 장악하고 있던 진씨(眞氏)와 같은 귀족들의 계획적 책략이었다고 보았다. 즉 어린 유년왕의 즉위에 의한 왕권약화에 편승하여 자기 세력을 구축하려는 의도였다는 것이다. 이점에서 사마(시마)보다는 어리고 국내 정세에 어두운 모대가 '관리'에 용이하다는 판단이었다는 것이다.[15] 노중국 역시 모대가 일본에 장기 체류하여 국내에 정치적 기반이 없는 점을 이용한 것이라 하였다.[16] 이에 대하여 연민수는 백제의 친왜국책, 왜국 중시의 외교 노선에 의한 것으로 추정하였다. 이는 해구 토벌과정에서 실권을 장악한 진씨 귀족세력의 정치적 판단이었다고 하였다.[17] 일본측에서는 『일본서기』의 기록에 근거하여 왜

---

15) 이도학, 「한성말 웅진시대 백제왕위계승과 왕권의 성격」『한국사연구』50 · 51, pp.16~17
16) 노중국, 「웅진천도와 신진세력의 등장」『백제정치사연구』, 1988, p.152
17) 연민수, 「5세기 후반 백제와 왜국」, pp.425~426. 단 연민수는 동성왕을 곤지의 제2자로 보지 않고 제3자로 보았다. 곤지의 '5자'는 백제에 있는 무령왕을 제외하고 일본에서의 5자이며, 따라서 모대 위에 어머니를 같이하는 형이 있었으리라는 것이다. 그럼에도 모대가 발탁된 이유에 대하여 동성왕이 '유년

왕에 의한 동성왕 책봉설이 일찍 제기되었고[18], 혹은 왜에 세력을 확보한 백제귀족 목협만치의 도움설[19]과 같은 주장이 나온 적이 있다. 이같은 주장과 관련하여 이재석은 동성왕의 왜왕 책봉설의 근거가 되는『일본서기』의 관련기록을 비판하여 이것이 당시 백제, 왜와의 양국관계의 실상을 표현한 것이 아니라는 점을 분명히 하였으며[20], 정재윤은 동성왕의 즉위 배후에 이같은 왜(河內)에서의 곤지계의 영향력을 주목한 바 있다.[21] 동성왕의 즉위에는 당시 백제의 대내외적 여건이 복합적으로 작용하였을 것이지만, 어떻든 쉽게 정리하기 어려운 사정임을 짐작할 수 있다. 이기동교수는 아예 "어쨌든 무령왕을 배제한 채 모대가 즉위하게 된 사정은 잘 알 수가 없다"고 고백하고 있다.[22] 그러나 그 복잡성만큼 여기에는 여러 가지 당시 백제사의 비밀이 감추어져 있을 것임이 분명하다. 이러한 점에서 이 의문은 풀리지 않으면 안될 문제이기도 하다.

필자는 정재윤이 말한 바와 같이, 동성왕의 즉위에 있어서 곤지계의 영향력과 당시 백제의 대일본 관계의 중요성이라는 측면을 주목하고 싶다. 당시 국제적으로 크게 위축되어 있던 입장에서 백제는 왜국과의 관계가 매우 중요하였으며, 여기에 곤지가 구축한

총명'하였던 데 비하여, "상대적으로 첫째아들은 왕자(王者)로서의 자질이 부족했을 지도 모르겠다"고 하였다.

18) 坂元義種,『古代東アジアの日本と朝鮮』, 吉川弘文館, 1978, p.201, 367, 517
   鈴木靖民,「東アジア諸民族の國家形成と大和王權」『講座日本歷史』1, 東京大學
   出版會, 1984, pp.203~208
19) 山尾幸久,『日本國家の形成』, 1978, p.35
20) 이재석,「5세기 말의 백제와 왜국 – 동성왕의 대왜국관계를 중심으로」『일본역사연구』14, 2001, pp.8~15
21) 정재윤,『웅진시대 백제정치사의 전개와 그 특성』, 1999, pp.64~75
22) 이기동,「고대 동아시아 속의 백제문화」『백제문화』31, p.5

정치적 영향력이 발휘되었다. 왜국에서 자란 어린 동성왕이 백제의 국왕으로 옹립된 것은 곤지의 영향력의 결과였으며, 동시에 당시 백제와 일본의 긴밀한 정치적 관계에서 도출된 것이라는 점을 주목하게 된다. 곤지는 462년 도일 이후 477년 귀국하여 문주왕대 내신좌평을 지냈다. 가와치(河內) 아스카로 불리는 지역을 거점으로 곤지의 정치적 영향력은 특별하였던 것 같다. 오사카의 하비키노(羽曳野)시에 지금도 남아

일본 오사카의 하비키노(羽曳野)시에 지금까지 전하는 곤지의 아스카베(飛鳥戶)신사

있는 곤지의 신사의 존재가 이를 뒷받침한다.23) 동성왕의 즉위에는

23) 곤지의 신사인 아스카베(飛鳥戶)신사는 일찍이 이도학 교수에 의하여 소개된 바 있다.(이도학, 『새로 쓰는 백제사』, 1997, pp.187～188) 2003년(9.21) 이 신사의 존재로 인하여, 하비키노시에서는 <河內飛鳥와 무령왕>이라는 주제의 심포지움을 개최한 바 있다. 여기에는 上田正昭, 笠井敏光, 문경현, 임동권 등 제씨가 참여하였는데, 그중 笠井은 「河內飛鳥와 곤지」라는 주제로 아스카베신사에 대하여 "아스카베신사의 제신은 곤지이다. 곤지의 자손은 飛鳥戶造씨가 되고, 河內飛鳥에 거주하였다. 그들은 뒤에 개성(改姓)하여 百濟宿彌가 되고, 藤原氏와 연결되어 淸和천황에 이르는 계보를 갖는다" "飛鳥千塚고분군의 조영 주체는 飛鳥戶造 일족이고 백제색이 진한 묘제가 660년 백제 멸망까지 계속적으로 보여진다"고 소개하였다. 발표 요지는 KOREA TODAY(大阪, 2003년 10월호) p.7에 의함.

정치의 주도권을 유지하려는 귀족들의 계산도 이에 부합하였을 것이다. 이같은 분위기 속에서 무령왕은 정치적인 주목을 받지 못한 채 한 켠에 비켜서 있었던 것이다.[24]

3. 즉위 이전의 무령왕

무령왕이 정치적으로 매우 어려운 입장이 된 것은 역시 동성왕의 즉위 이후였을 것 같다. 이 시기에 무령왕은 어떤 세월을 보냈을까. 이에 대해서 가장 흥미 있는 이야기를 제시한 것은 이도학이다. 이도학 교수는 무령왕이 동성왕 때 익산 지역에 '담로장'으로서 파견되어, 경제적 정치적 기반을 축적해 간 것이 아닌가 추측하였다. 이를 뒷받침하기 위하여 그는 유명한 서동설화를 무왕 대신에 무령왕과 연결시켰다. 요는, 즉위 이전의 무령왕이 중앙에 거주하며 왕권에 부담을 주었던 것이 아니라, 지방에 분봉되어 중앙과 일정한 거리를 유지하고 있었으리라는 것이다.[25]

동성왕대 무령왕의 존재가 서로에게 불편한 존재였으리라는 점을 생각하면, 무령왕이 지방에 파견되어 중앙과 일정한 거리를 유지하였다는 것은 가능한 일 중의 하나라 생각된다. 더욱이 동성왕의 전제적 정치로 정치적 갈등이 야기되고 민심이 이반하는 시기에 무령왕이 같은 도성에 함께 있다는 것은 매우 위험천만한 일이었을 것 같다. 이러한 점에서 서동설화를 재해석한 무령왕의 '담로

---

24) 만일 무령왕이 곤지의 아들이고 동성왕의 형이었다고 한다면, 동성왕의 즉위는 좀더 어려운 문제가 되었을 것으로 생각된다. 사마의 존재에도 불구하고 멀리 일본으로부터 어린 나이의 모대를 귀국시켜 즉위케 할 수 있었던 것 자체가 두 사람이 친형제(동모)가 아니었을 가능성을 암시한다는 생각이다.

25) 이도학, 앞의 「한성 말 웅진시대 백제 왕위계승과 왕권의 성격」, pp.17~19

장' 설은 그럴듯한 설명중의 하나이다. 즉 무령왕은 담로장으로 익산에 파견되어 호남평야의 경제적인 부를 토대로 자신의 정치 기반을 다져나갔다는 것이다. 그러나 이를 구태여 익산지역과 연결시키는 것은, 흥미 있는 것이기는 하지만, 아무래도 주어진 자료를 무리하게 맞추는 듯한 느낌이 크다.[26]

그런데 최근 오계화는 이 '익산 가설'을 다시 꺼내어, 한 걸음을 더 나가고 있다. 즉 익산 미륵사 창건 내지 서동설화의 주인공이 사실은 무왕이 아니고 무령왕이었다는 것이 그것이다. 왕위에 오르기 전 무령왕의 생활을 불교와 연결짓고, 마를 캐던 서동의 생활을 무령왕의 '수행적 생활'로 해석하였다. 서동과 선화공주와의 혼인 설화를 근거로 무령왕이 신라 여성과 혼인했을 가능성을 언급하고, 나아가 익산 미륵사의 창건을 무령왕대의 일로 끌어올린 것이다.[27] 서동이야기와 미륵사의 창건을 무령왕과 연결시키는 발상이 기왕에도 없었던 것은 아니지만[28], 이것은 역사적 맥락에 부합하지 않는 점이 많을 뿐 아니라, 무왕대로 보는 견해를 부정할 만큼 논리적 근거가 마련되어 있는 것도 아니다.[29]

서동을 무령왕과 연결짓는 해석은 논리의 비약이라 생각하지만, 즉위 이전 무령왕이 불교의 세계에 깊은 연을 대고 있었으리라는 의견[30]에 대해서는 크게 공감되는 바가 있다. 『삼국사기』에

---

26) 무령왕과 서동전설과의 연관에 대해서 이도학교수는 시론으로서, 결론은 '유보'한다고 하였으나(이도학 「한성말 웅진시대 백제왕위 계승과 왕권의 성격」 『한국사연구』 50 · 51, 1985, pp.17~19) 책을 통하여 무령왕의 익산 담로장설을 강조하였다. (이도학, 앞의 『새로쓰는 백제사』 p.189)

27) 오계화, 앞의 「백제 무령왕의 출자와 왕위계승」, pp.276~281. 특히 미륵사의 창건을 무령왕대로 끌어올리는 것은, 서동설화의 주인공을 무왕 대신 무령왕으로 설정한 데서 초래된 무리한 입론이다.

28) 사재동, 「서동설화연구」 『지헌영선생화갑기념논총』, 1971

29) 서동을 무왕으로 보는 견해의 근거에 대해서는 노중국, 「백제 지배세력의 변천」 『백제정치사연구』, 일조각, 1988, pp.192~193에 잘 정리되어 있다.

서 무령왕의 인물에 대해 한마디로 '인자관후'한 인물로 묘사하고 있거니와 무령왕의 이같은 인품은 어떻게 가능하였을까. 무령왕을 둘러싼 끊임없는 위기적 상황, 다시 말해서 고난을 극복하는 과정에서의 인격적 연마의 결과였고, 그리고 그 배후에는 불교라고 하는 종교적 내용이 자리잡고 있었으리라는 생각 때문이다. 불교와의 연관을 어떤 식으로 가져갔는지 역시 짐작하기 쉽지 않지만, 그렇다고 후대의 수도승과 같은 은둔적인 생활태도였다고 보기는 어려울 것이다.[31]

즉위 이전의 무령왕의 행적을 알 수 있는 자료는 사실 전무하다. 그럼에도 불구하고 무령왕이 왕이 되기 이전의 행적을 추구하는 것은 무의미한 일이 아닐 것이다. 결론부터 언급하자면 즉위 이전 무령왕은 일정한 정도 현실의 정치 상황에 관련을 가지고 있었으리라는 것이 필자의 생각이다. 그것은 무령왕이 재위 기간을 통하여 보여준 원숙한 정치가로서의 면모 때문이다. 국왕의 시해라는 복잡다단한 정치상황 속에서, 사건에 관련된 세력을 단호히 제거함으로써 자신의 정치적 입지를 확보하고, 고구려의 압박을 선제공격으로 맞섬으로써 대외적 불안을 해소하고, 중국 양과의 외교관계를 심화하여 정치적 안정을 추구하고, 수리시설의 확충을 통한 농업 여건의 개선 및 토지에서 유리한 농민들의 정착을 적극적으로 추진하는 등 무령왕대 일련의 정치적, 외교적, 군사적, 경제적 책략은 유능한 정치가, 원숙한 행정가로서의 면모를 그대로 보여주고 있다. 이러한 현실감 있고 균형 잡힌 국가 경영의 전략을 일관성 있게 추진하는 것은 일정한 정치 행정상의 실무적 경험

---

30) 오계화, 앞의 「백제무령왕의 출자와 왕위계승」, pp.276~278
31) 오계화는 무령왕의 불교와의 연관을 곧 은둔적인 생활로 인식하는 경향이 있다. 그러나 백제의 초기 불교 상황에 비추어 불교에의 종교적 귀의가 현실 사회에서의 은둔적 생활을 의미한다고 보기는 어려울 것으로 생각된다.

이 전제되지 않고서는 불가능하다고 보기 때문이다.

무령왕이 즉위 이전 일정한 정치적 실무 경험을 가진 인물이라는 것은 자칫 현실 정치의 복잡한 전개에 의하여 희생물이 될 수도 있었음을 의미한다. 그럼에도 불구하고 무령왕은 웅진시대의 정치적 혼란기에 자신을 보존하였으며 위기의 시기에 직면하여 왕위에 오르는 것까지 가능하였다. 이점을 생각하면, 그가 남천 이후 줄곧 웅진의 도성에서 버티고 있었다고는 생각되지 않는다. 즉 내일을 담보하기 어려운 복잡한 중앙정치의 무대에서 그가 생존할 수 있었던 것은 역시 지방에의 파견에 의하여 중앙 정계와는 일정한 거리를 두고 있음으로 가능하였으리라는 생각이다. 왕족들을 임용하는 담로장과 같은 직책을 띠고 일정기간 지방에 파견되어 있었으리라는 이도학 교수의 추측은 이러한 맥락에서 가능성 있는 일이었다는 생각이다. 무령왕이 일정 기간 도성 외의 지방에 연고를 가지고 생활하였다고 한다면 어느 지역이 될 것인가. 하나의 가설로서 필자는 충남 서부지역, 내포지역을 주목할 필요가 있다는 생각이다. 충남 서부지역은 남양만으로부터 태안반도를 거치는 해로를 통한 고구려군의 남하시 그 방어선이 된다는 점에서 군사적 중요성을 가지고 있다. 육로의 경우에 있어서도 공주, 부여의 도성을 우회하여 접근할 수 있는 경로에 해당한다. 웅진천도 이후 중요방어 거점의 하나가 이곳에 설정되었을 것이며, 이러한 군사적 필요성에서 중앙의 귀족과 왕족이 파견되어 있었을 것을 추측할 수 있다.[32] 이같은 전제에서 무령왕이 충남 서부 지역에서 군사적 임무를 수행하였을 가능성을 하나의 가설로서 제안한다.[33]

---

32) 유원재 교수는 대두성(大豆城)을 아산의 영인산성으로 비정한 바 있거니와, 웅진시대 초기 중요한 거점의 하나로 등장하는 대두성이 아산 지역으로 비정되는 것도 이같은 추정에 시사를 준다. 유원재, 「웅진시대 북경의 요새, 탕정성과 대두산성」 『웅진백제사연구』, 주류성, 1997, pp.94~98 참조.

즉위 이전의 무령왕의 처지와 관련, 일본에의 파견 혹은 왕래 가능성도 상상해 볼 수 있다. 백제시대에는 정치적 외교적 필요에 의하여 종종 왕족의 파견이 있었다.34) 개로왕에 의한 곤지의 파견도 그 한 예이거니와, 이같은 차원에서 동성왕대 무령왕이 일정 기간 일본에 보내졌을 가능성도 상정해 볼 수 있다. 무령왕은 513년(무령왕 13) 5경박사 단양이(段楊爾)와 장군 저미문귀(姐彌文貴)를 일본에 파견하였다. 저미문귀는 1년 8개월 후 귀국하였고, 단양이는 3년 후 516년에 고안무(高安茂)와 교대되었다. 백제의 관원

---

33) 삽교천을 내륙수로로 끼고 있는 내포지역은 백제시대에 있어서 몇 가지 점에서 주목되는 점이 있다. 첫째는 수덕사와 같은 사원의 건립 및 백제의 도성에서도 볼 수 없는 백제시대의 뛰어난 불교조각 작품들의 존재이다. 서산의 마애삼존불을 비롯하여, 태안의 마애불 및 예산의 사면불은 백제시대 이 지역의 불교문화의 발전을 웅변하는 자료이다. 백제의 불교가 기본적으로는 중앙 귀족들의 종교였으리라는 점에서 내포지역이 당시 백제에서 차지하고 있었던 정치적 의미에 대하여 깊은 논의를 필요로 하는 부분이다. 다른 하나는 660년 사비함락 이후 이곳이 백제부흥운동의 거점이 되었던 사실이다. 백제시대에 있어서 내포지역 불교문화의 발전과 부흥운동의 중심 거점이 되었던 점은 매우 밀접한 연관이 있다. 흔히 내포지역의 불교문화 발전을 중국과의 교통의 편의성, 중국문화 유입의 관문이라는 측면에서 생각하는 경향이 있지만, 이것만으로는 이 지역 불교문화 발전을 설명하는 데 충분하지 않다. 웅진, 사비시대에 있어서 내포지역의 중요성을 필자는 군사적인 측면에서 논의할 필요가 있다고 본다. 고구려와 대치하고 있는 상황에서 내포지역은 전략적으로 매우 중요한 의미를 갖기 때문이다. 남양만이나 태안반도 일대는 고구려와 직접 접촉되는 지점이고, 고구려가 해상으로 남하할 경우 그 방어선이 남양만 혹은 태안 반도연안에서 형성되기 때문이다. 이 방어선이 무너질 경우 고구려의 수군은 금강 하구에 이르게 된다. 이러한 점에서 내포지역은 고구려의 수군세력을 방어하는 왕도 방어의 중요 전략 거점이었다고 볼 수 있다. 이러한 이유로 백제는 공주 남천 이후 군사적 거점을 내포지역에 설정하고 유력한 중앙귀족을 이곳에 파견하였으리라 생각된다. 이것이 바로 백제시대에 있어서 내포지역의 불교 발전, 부여 함락 이후 부흥운동의 거점화 등으로 연결된다는 생각이다.

34) 전지·곤지·斯我君·惠·아좌·풍장·翹岐(교기) 등이 그 예이다. 新齊都媛·適稽女郎·池津媛 등 백제 왕녀의 파견도 5세기의 기록(『일본서기』)에 나타난다.

및 학자의 일본 파견은 이에 의하여 정례화 되고, 이후 부여시대
에 백제의 기술과 문화는 훨씬 대규모적으로 일본에 전수되었다.
그 단초를 연 장본인이 무령왕이었던 것이다. 관원과 학자를 정기
적으로 파견하는 제도의 도입은 그 이전의 산발적 교류를 보다 정
비한 것이라 볼 수 있고, 즉위 이전 무령왕과 일본과의 관계 형성
이 그 기초가 되었을 가능성도 배제할 수 없다. 더욱이 동성왕은
왜국에서 태어나 성장한 인물이었으며, 자연히 그의 재위시 양국
간의 인물의 왕래도 빈번하였을 것을 추측할 수 있다. 이러한 점
에서 수수께끼로 남아 있는 무령왕 즉위 이전의 행적에 일본과의
연관 가능성을 또 하나의 가설로서 언급하여 둔다. 최근 공주 우
성면 단지리에서 발굴된 약 20기 분량의 횡혈묘 자료 역시 동성왕
대를 전후한 시기 한일간의 깊은 교류의 양상을 예측케 한다는 점
에서 주목되는 바 있다.[35]

4. 무령왕, 즉위문제를 둘러싸고

동성왕은 재위 23년 되던 서기 501년 연말에 권신 백가에 의하
여 제거되었다. 사냥을 나갔다가 폭설을 만나 고립된 한 벽촌에서

---

35) 공주 단지리의 횡혈묘는 일본열도에 널리 분포한 횡혈묘의 기원 문제와 관련,
한일 고대사의 '획기적 자료'로서 주목되었다. 이 단지리 횡혈묘는 일본열도
의 초기 횡혈묘와 유사성이 크며 그 조성 시기는 일단 웅진 천도 이후 대략
동성왕대에 해당하는 '5세기 후반'으로 비정된 바 있다. (충청문화재연구원, 「공
주 단지리 횡혈묘군」,<국도 32호선 신풍-우성간 도로건설 공사 구간내 문화
유적 발굴조사 1차 현장설명회 자료> 2004.4, pp.25~26) 이 자료는 5세기 후
반~6세기 전반으로 추정하고 있는 일본의 초기 횡혈묘의 조성이 웅진시대
백제와의 인물 교류에 의한 것임을 암시하는 것일 수 있다는 점에서 앞으로
의 분석이 주목된다.

의 밤이 그 틈을 주었던 것이다. 동성왕은 권신 백가의 사주를 받은 자객의 칼을 맞아 중상을 입고 얼마 후인 12월에 사망하였다. 이러한 『삼국사기』의 기록에 더하여, 『일본서기』에 인용되어 있는 『백제신찬』에서는 "말다왕(동성왕)이 무도 포학하므로 국인(國人)이 그를 제거하고 무령왕을 세워 왕으로 삼았다"고 설명하고 있다.36) 동성왕의 제거가 당시 백제의 정치적 갈등, 민심의 반영임을 암시하고 있다. 사실 동성왕은 그 말년에 왕권을 과시하는 듯한 무리한 토목공사를 연이어 일으켰고, 신하들의 간언을 철저히 배척하는 입장을 고수하였다. 다른 한편으로 정신적 피로감 때문이었는지 질펀한 연회를 베풀곤 하였는데, 그것은 마치 우리 현대사에서의 유신 말기의 정치적 분위기를 연상시킨다. 결국 그는 권신이 보낸 자객의 칼에 절명하였는데, 이 저격 사건은 이반한 민심의 적극적 뒷받침을 받았던 것임에 틀림이 없다.

그런데 흥미로운 것은 이 '웅진시대의 10.26'이라 할 동성왕 시해 사건에, 무령왕이 구체적으로 개입되어 있었다는 의견이 끈질기게 제기되고 있다는 점이다. 동성왕 시해의 장본인이라 할 백가의 배후에는, 정작 무령왕이 도사리고 있었다는 주장이다.

노중국 교수는 동성왕 사후 무령왕의 옹립에 대하여, 백가 세력이 동성왕 제거 후 자신들의 필요에 의하여 무령왕을 옹립하였을 가능성과 무령왕이 동성왕 제거의 배후 인물로서 실제 거사에 간여하였을 가능성 가운데 후자에 표를 던졌다. 만일 백가 세력이 왕을 옹립한다면 조정하기에 용이한 인물을 선택하였을 것이며, 그렇게 보면 무령왕의 옹립이란 어려웠을 것이라는 생각이다. 따

---

36) 여기에서 말하는 '국인'의 구체적 실체는 다소 모호하지만 대체로 군신 내지 지역의 세력들에 대한 범칭으로 생각된다. 고구려사에서의 '국인'에 대해서 논의한 최의광, 「고구려의 '국인' 연구」(『사총』 58, 2004)가 참고된다.

라서 501년 무령왕의 즉위는 거사의 배후에 무령왕 자신이 있었고, 무령왕은 민심의 이반 및 백제 지배층 내부의 정치적 갈등을 이용하여 거사에 성공한 것이라는 추측이다.[37] 이에 대하여 정재윤도 동성왕 제거의 주모자가 무령왕일 가능성이 크다고 동의하였고,[38] 연민수는 동성왕의 시해를 '친무령왕파에 의한 쿠데타'로 간주하였다.[39] 사실 여부를 떠나 일단 흥미 있는 추리가 아닐 수 없다.

동성왕에서 무령왕으로 넘어간 정치적 사건에 무령왕 자신이 적극 개입되어 있었으리라는 이같은 견해는 일본쪽에서 먼저 제기된 바 있다. 가령 가사이(笠井倭人)는 동성왕의 치세와 관련, 『삼국유사』와 『삼국사기』의 사이에 26년과 23년으로 3년의 차이가 있는 것에 착안, 동성왕과 무령왕간의 무력적 대결을 상정하고 일시적인 정권의 '병립(並立)' 가능성까지 제기하였다.[40] 후루가와(古川政司)는 동성왕의 퇴위와 무령왕의 즉위를 '정변'으로 파악하고 이같은 견지에서 당시의 정세를 정리하였는데[41], 이러한 견해는 주위에서 일정한 지지를 받고 있다.[42]

501년 무령왕의 즉위가 자연스러운 '옹립'이 아닌, 자신의 직접

---

37) "무령은 동성왕의 피살 사건에 배후세력으로 작용하였을 가능성이 큰 것으로 생각된다. 즉 그는 왕권을 강화하려는 동성왕과 그것에 대항하는 백가를 필두로 하여 귀족들이 대립하는 상황을 이용하여 반왕세력들과 연결을 가지면서 반왕세력으로 하여금 동성왕을 제거하게 하였던 것같다. 그리고 동성왕이 마침내 반왕세력에 의하여 피살되자 왕위에 오른 것이 아닐까 한다."(노중국, 「백제 무령왕대의 집권력 강화와 경제기반의 확대」, 『백제문화』21, 1991, p.12)

38) 정재윤 『웅진시대 백제정치사의 전개와 그 특성』, 1999, p.128, p.134

39) 연민수, 「5세기 후반 백제와 왜국」, 『고대한일관계사』, 혜안, 1998, p.427

40) 笠井倭人, 「三國遺事百濟王曆と日本書紀」, 『朝鮮學報』24, 1962, pp.95~97 및 pp.100~103

41) 古川政司, 「六世紀前半の日朝關係」, 『立命館史學』1, 1980, pp.40~44

42) 山尾幸久, 「隅田八幡鏡の銘文」, 『日本古代王權形成史論』, 岩波書店, 1983, p.423

적 설계와 기획에 의하여 가능하였다는 주장을 부정하기는 쉽지 않은 것이 사실이다. 무령왕은 뛰어난 정치적 능력과 식견을 가진 인물이었다. 이점은 파산 상태의 웅진시대를 안정시키고 사비시대 개막의 토대를 다진 그의 치적을 통하여 충분히 입증된다. 그의 치적은 내치에서만이 아니라 고구려와의 군사적 대결, 중국 혹은 일본과의 우호적 외교와 같은 외치에 있어서도 괄목할만하다.[43] 폭 넓은 국제정세의 안목과 함께 밑바닥의 민심까지도 아우르는 정치적 식견과 능력을 두루 갖춘 인물이다. 일본에서 생장하여 국내 기반이 취약하였던 동성왕과는 달리, 무령왕은 출생 이후 줄곧 백제의 역경과 위기를 직접 체험해온 인물이다. 대인관계 혹은 갈등의 조절 능력도 특별한 인물이었다. 그러한 그가 백제에서 나름의 정치적 영향력이 없지 않았을 것이다. 한편 동성왕에게는 이러한 무령왕의 존재가 대단히 부담스러웠을 것만은 분명하다. 동성왕의 말년은 정치적 갈등과 민심 이반으로 동성왕이 정치적 위기에 몰려 있던 때이다. 상대적으로 무령왕의 존재가 주목될 수 밖에 없는 시점이었다. 이것은 무령왕에게는 신변의 위협으로 연결될 수도 있었을 것이다. 이같은 정황을 생각할 때 동성왕 제거의 배후에 무령왕이 있었을 것이라는 추측은 상당한 개연성을 갖는 것이 사실이다.

그럼에도 불구하고 논자들 간에 논의되는 바와 같이, 정변이 무령왕에 의하여 '주도' 되었을 것이라는 것에 대해서는 회의적이다. 동성왕 시해에 대한 무령왕 개입설에 대하여 이기동 교수는

---

43) 坂元義種은 2004년 6월 27일 나고야성박물관(사가현 鎭西町 소재)에서 열린 무령왕 심포지움의 기조발표 「고대 동아시아사에 있어서 무령왕」에서, '무령(武寧)'이라는 시호가, 군사력의 회복과 적극적 대외정책, 그리고 이를 바탕으로한 백제의 정치사회적 안정을 표현한 것이라는 의견을 특별히 강조하였다. 이같은 의견은 공감되는 바가 많다.

그 가능성을 부정하지 않으면서도, "인자 관후했다는 무령왕을 쿠데타의 주모자로 보는 데는 수긍하기 어려운 점도 없지 않다"고 하여, 정변의 '무령왕 주도설'에 대해서는 다소 회의적인 입장을 취한 바 있다.44) 이점에서 동성왕 시해사건의 성격에 대하여 중요한 시사를 주는 것이 '국인이 함께 제거한 것'45)이라는 『일본서기』 소재 『백제신찬』의 기록이다. 즉 동성왕 시해 사건은 특정 세력의 특정 인물에 의한 거사였다기보다는 여러 세력이 함께 관련된 사건이었다는 점이다.46) 『삼국사기』의 기록에 의하면 동성왕 제거의 주모자는 권신 백가였다. 그러나 이 사건은 무령왕과 연계된 백가의 단독적 거사였다고 보기 어렵다는 것이다.

만일 동성왕 시해의 사건이 무령왕에 의해 주도되었다고 한다면, 가림성주 백가는 무령왕과 결탁한 동일 세력이었다고 할 수 있다. 그러나 무령왕 즉위 후 백가는 반란을 일으켰고 이에 무령왕은 반란세력을 무력 진압하였다. 만일 두 사람이 같은 세력이었다고 한다면 이처럼 양자가 곧바로 대결상황이 전개되기는 어려웠을 것이기 때문이다. 『삼국사기』의 찬자는 무령왕이 백가를 '즉시 죄주지 않고' 반란을 일으킨 후에 처단한 것이 늑장대응이었다고 비판하였다. 동성왕의 전제권력에 대해 백가는 위사좌평을 지낸 실력자였고, 따라서 백가는 동성왕 제거 이후 정국을 직접 주도하려는 의도를 가지고 있었다고 볼 수 있다. 그럼에도 불구하고 그가 정부에 반란을 일으키고 나선 것은, 동성왕 시해에 대한 수습책에서 그가 혁명가가 아닌 시해자로 몰렸기 때문일 것이다. 그리

---

44) 이기동, 「무령왕대의 국내외 정세」, p.19 및 「고대 동아시아 속의 백제문화」, p.5
45) "百濟新撰云 末多王 無道 暴虐百姓 國人共除 武寧立" (『일본서기』 무열기 4년)
46) 연민수는 '國人共除'라 한 동성왕 시해에 관한 기록이 '무령왕 즉위의 정당성을 주장하기 위해' '조작의 혐의가 짙은' 기록이라고 보았다. 연민수, 앞의 「5세기 후반 백제와 왜국」, p.427

고 정국이 이같이 전개된 데에는 동성왕 제거의 배후에 다양한 여러 세력이 존재하였기 때문일 것이다.

　무령왕이 백가가 아닌, 그 이외의 다양한 세력들로부터 정치적 뒷받침을 받을 수 있었다는 것은 백가와의 연결 고리가 강하지 않았던 것임을 암시한다. 이점에서 백가와 무령왕이 결탁하여 동성왕을 제거하였다거나, 무령왕이 백가를 움직여 동성왕을 제거하였다고 보기는 어려운 것이 아닌가 한다. 만일 이같은 절대적 관계가 있었다면 양자의 정치적 결탁 관계는 좀더 길게 지속되었을 것이었기 때문이다.

　논의를 요약하자면, 501년 동성왕 제거의 배후에 무령왕이 있었을 것이라는 주장은 당시 무령왕을 둘러싼 제반 상황을 고려할 때 상당한 가능성을 포함하고 있는 것이 사실이다. 그러나 일부에서 주장하는 바와 같이 동성왕의 제거가 무령왕의 기획 혹은 조정이었다는, '무령왕 주도설'에 대해서는 동의하기 어렵다는 생각이다. 동성왕의 전제정치가 길어지면서 반동성

무령왕 심포지움(나고야성박물관, 2004년 6월) 안내 포스타

왕적 공감대가 상하에 축적되면서 자연스럽게 형성된 공조관계가 그 기본 흐름이었다고 보기 때문이다. 이러한 점에서 『백제신찬』의 기록이, 동성왕의 죽음을 '국인이 함께 제거한 것'(國人共除)이라 한 것은 상황의 전개에 중요한 시사를 준다는 생각이다. 무령왕의 즉위는 기본적으로는 여러 정치세력에 의한 옹립의 결과로서 인식된다.[47]

마지막으로 무령왕의 즉위 연대에 대해서 언급하고자 한다. 『삼국사기』에 "모대가 재위 23년에 죽으매 즉위하였다"라고 하였다. 동성왕(모대왕)은 23년(501)의 12월에 사망하였으므로, 자연 무령왕은 그해(501) 12월에 즉위한 셈이 되는 것이다. 무령왕 역시 23년간 재위하고 523년(계묘년)에 사망하였으므로, 501~523년이라는 재위연대는 별다른 문제가 없는 것으로 보인다. 그러나 일본에서 나오는 논저 혹은 자료에는 종종 무령왕의 즉위가 502년으로 정리되어 있다. 그것은 동성왕의 제거 및 무령왕의 즉위에 대한 관련 기사가 『일본서기』에 무열기 4년, 즉 502년조에 기재되어 있기 때문인데 이로써 『삼국사기』의 기록과는 1년의 편차가 발생하는 셈이다. 한편 『삼국사기』의 이 시기 기록에도 문제점이 있는 것이 사실이다. 이 같은 혼란 때문에 일본측에서는, 『삼국사기』의 이 부분 기술이 '명료한 착간(錯簡)'이라 하여 무령왕의 즉위는 실제 '502년 12월'이라고 단정하기도 하였다.[48] 무령왕의 즉위 시기와 관련하여 『삼국사기』의 기록에 편집상의 혼란이 있는 것이 사

---

47) 오계화는 무령왕에 의한 정변 주도설을 정면으로 부정하면서, 왕제(王弟)가 즉위하는 경우가 많았던 전례에 비추어, 무령왕의 즉위는 정변 이후 '정상적인 왕위계승'이었다고 보았다. 즉 전왕의 형으로서 자연스럽게 즉위하였다고 파악하였다. 오계화, 앞의 「백제 무령왕의 출자와 왕위계승」, pp.282~286.

48) 山尾幸久, 「隅田八幡鏡의 銘文」『日本古代王權形成史論』, 岩波書店, 1983, p.423, p.467의 주 38 참고.

실이지만, 무령왕의 즉위는 501년 12월이라고 보아야 할 것이다. 연민수는 이를 즉위칭원과 유년칭원(踰年稱元)이라는 사서의 성격과 관련하여 간단히 정리하고 있다. 즉 『삼국사기』가 즉위한 해를 원년으로 하는 즉위칭원을 채용하고 있는 데 대하여, 『일본서기』에서는 즉위 이듬해를 원년으로 하는 유년칭원을 채택하고 있기 때문에 『일본서기』에서 1년의 차이를 가져왔다고 한다.[49]

한편 위의 논리와는 좀 다른 차원에서 무령왕의 즉위를 502년으로 보는 견해도 있다. 동성왕의 죽음이 501년 12월의 연말이었고, 그의 죽음이 비상적 상황이었던 연유로 실제 무령왕의 즉위는 이듬해 502년 초에 이루어졌으리라는 생각이다.[50] 당시의 정치상황 및 『삼국사기』 무령왕대 초기 기록의 혼란을 감안하면, 전혀 가능성 없는 일은 아니다. 그러나 좀더 명백한 증거와 이유가 있지 않는 한 이러한 논의는 불필요한 혼란을 가져오는 무의미한 논의라는 생각이다.

맺는말

무령왕과 무령왕릉은 1천 5백년 전, 6세기 초 동아시아 세계를 들여다 볼 수 있는 문이다. 무령왕은 큐슈 해변의 한 섬에서의 출생 이후, 40의 늦은 나이에 백제 왕위에 올라 중국 남조 왕조와의 교류를 강화하였다. 중국의 문물은 무령왕을 통하여 백제에 정착

---

49) 연민수, 「고대한일외교사」 『한국고대사연구』27, 2002 ; 『고대한일교류사』, 혜안, 2003, p.188의 주 25.
50) 이강래, 「삼국사기 本紀間 共有記事의 검토」 『삼국사기 典據論』, 민족사, 1996, pp.104~105
소진철, 「백제 무령왕의 출자에 관한 소고」 『백산학보』60, p.68

하였고, 그 문화는 다시 일본으로 건너갔다. 이같은 교류에 의하여 동아시아 세계는 하나로 묶어져 갔던 것이다. 무령왕릉은 이같은 세계를 그대로 보여준다. 최근 한반도를 중심으로 동아시아권이 다시 하나의 권역으로 떠오르고 있다. 이러한 점에서 무령왕릉은 동아시아 세계의 우호적 교류의 상징적 의미를 갖는다. 한반도를 중심으로한 이념전쟁이 완화되면서 동아시아 세계의 복원이 점차 진전되고 있는 21세기에 무령왕과 무령왕릉은 하나의 상징적 의미를 가질 수 있을 것이다. 이제 본고에서 논의한 내용을 간단히 요약하면 다음과 같다.

첫째, 무령왕의 출생에서 일본과의 연관성이 논의되면서, 무령왕의 일본 거주 혹은 성장까지 추정되는 경우가 있으나, 관련 자료의 내용으로 보아 이는 지나친 확대 해석으로 생각된다. 따라서 무령왕은 한성에서 성장하여 14세 때 공주로 내려왔던 것으로 간주하지 않을 수 없다. 이러한 점에서 왕릉의 관목에도 불구하고, 무령왕의 일본과의 사적 관계를 지나치게 강조하는 것은 적절하지 않다고 생각된다.

둘째, 개로왕의 가계를 이은 그는 왕위 계승에의 기회를 얻지 못하였다. 적어도 손 아래 동성왕이 멀리 왜국으로부터 귀국하여 왕위를 계승한 상황에서, 그는 백제의 왕이 되기는 어려운 위치에 있었음을 알 수 있다. 이러한 점에서 501년의 왕위 계승은 동성왕의 시해라는 정변을 통한 국면 전환의 성격이 크다. 이점에서 근년 끈질기게 주장되는 무령왕의 정변 개입 혹은 정변 주도설을 전적으로 부인하기는 쉽지 않다. 다만 정변이 무령왕의 주도에 의한 것이라기보다는 여러 귀족세력과의 공조에 의한 반동성왕 정권의 성립이라는 수순으로 진전된 것이라 생각한다.

셋째, 즉위 이전 무령왕은 일정한 정치적 행정적 경험을 가진 것

으로 보인다. 그리고 그것은 상당기간 지방에서의 파견 근무를 포함
하는 것으로 생각된다. 필자는 하나의 가설로서 충남 서부, 내포지역
과의 연관성을 제안하였으며, 왜국에의 사행과 같은 왕래도 있었을
것이라 추측하였다. 그러나 자신의 신변에 위험성이 상존하였고, 이
러한 여건에서 불교에의 종교심을 깊게 한 것으로 생각된다.*

---

* 이 논문은 International Journal of Korean History, Vol.6, 2004(Center for Korean
  History Institute of Korean Culture)에 실린 영문논문 King Muryŏng's Ascension to
  the Throne의 원문임.

8세기의 효자, 향덕과 그 유적

- 백제고지(故地)에 대한 유교적 교화책 -

머리말

역사도시 혹은 관광 · 교육도시로서 알려져 있는 공주에서는 지역사회의 통합 원리로서 효의 진작이 매우 강조되고 있다. 효는 우리의 전통사회, 특히 조선조 유교의 영향으로 인하여 매우 강조되었던 것이 사실이지만, 유교의 사회적 영향력이 후퇴하고 사회윤리의식이 달라지면서 충(忠) · 효(孝) · 열(烈) 등의 윤리 덕목도 함께 쇠퇴하였다. 충이 개인과 국가의 관계를 강조한 것이라고 한다면, 효와 열은 가족관계의 원칙을 정립한 것이라 할 수 있다.

충 · 효 · 열과 같은 전통시대의 윤리는 시대의 변화와 함께 그입지가 매우 약화되었다. 그러나 충은 임금에 대한 것을 국가간의 관계로서 해석하고, 열의 경우도 부부관계의 중요성을 강조하는 것으로서 그 원리를 재해석할 여지를 남기는 정도로 되어 있다. 오직 효의 경우만은 전통시대의 윤리로서 뿐만 아니라 오늘에 있어서 그대로 강조되어도 좋을 공감대를 가지고 있는 듯하다. 효의 경우, 유교윤리의 약화에도 불구하고 오늘에 있어서도 강조 되어 야할 덕목으로 되어 있는 것은 효 자체가 유교적 이념을 넘어서 있는 인륜의 원칙에 바탕을 두고 있기 때문일 것이다. 그러나 공주지방에서 특히 '효향 공주' 등의 케치프레이즈가 내세워질 수 있는 배경에는, 공주가 효자로서 우리나라에서 가장 오래 전의 인물이라 할 향덕의 출신지라는 점이 있다.

공주시 소학동 국도변에는 8세기 신라 경덕왕대의 효자로 널리 알려진 향덕(向德)의 비석이 남겨져 있다. 이 유적은 이 지방에서는 오래 전부터 알려져 온 것일 뿐아니라 인근에 이와 관련한 각종 전설이 구전되고 있어서 일찍부터 관심의 대상이 되어 왔었다.

향덕의 유적은 몇 가지 점에서 우리의 흥미를 끈다. 첫째, 『삼국사기』와 『삼국유사』를 비롯한 각종 문헌에 그에 관한 기록이 실려 있다는 점이다.[1] 특히 『삼국사기』의 경우는 향덕의 열전이 별도로 설정되어 있을 뿐 아니라 본기 중에서도 그 기사의 요점을 삽입하고 있어 사실상 상당한 관심이 베풀어져 있는 상태인 것이다. 둘째는 향덕 관련의 유적이 현재 잔존하고 있다는 점이며, 셋째는 통일신라시대 대민(對民) 교화시책으로서의 유교적 예속의 보급 내지 장려라는 역사적 측면을 생각하게 하기 때문이다. 특히 이같은 대민교화책의 첫 대상지가 백제의 왕도였던 웅천주에서였다는 점은 유의할만한 부분이다.

본고는 이상과 같은 문제의식에 바탕하여, 향덕의 효행이 갖는

---

1) 『삼국사기』 『삼국유사』 외에 『동국통감(東國通鑑)』(권 10), 『동사강목(東史綱目)』(제4, 하), 『동국신삼강행실(東國新續三綱行實)』(권 1), 『신증동국여지승람』(권 17) 등에 향덕에 관한 기사가 나타나나 이들은 대체로 『삼국사기』의 내용이 전재 혹은 발췌된 것이다. 또한 주민들 간에 구전되어온 향덕의 전설은 후대의 부회가 심하여 자료로서의 활용성은 크지 않다.

역사적 성격과 의미를 고찰하면서, 아울러 향덕 유적의 현황을 소개하고자 한다.

1. 향덕의 효행과 정려 건립

향덕의 인물에 대해서는 다음과 같은 간략한 기록이 있다.

> 향덕은 웅천주의 판적향(板積鄕) 사람이다. 그의 아버지는 이름이 선(善), 자(字)가 반길(潘吉)이라는 사람으로 천성이 온량(溫良)하여 향리(鄕里)에서 그의 행실을 추앙하였다. 어머니는 그 이름을 모른다. 향덕도 역시 효순(孝順)으로서 세상에서 칭찬을 받았다.(『삼국사기』 48, 향덕전)

즉 웅천주의 판적향(板積鄕)2)에 사는 향덕은 이미 일찍부터 부모에 대한 효순으로서 주위의 칭찬의 대상이 되었었고, 그의 아버지 역시 마을 사람들로부터 존경받는 인물이었다는 것이다.

향덕(향득)3)이 효행으로서 세상에 그 이름이 드러난 것은 당

---

2) 판적향(板積鄕)은 향덕 이후로 '효가리(孝家里)'로 불리워졌다고 한다. 『삼국사기』의 향덕전에서 "至今人呼其地云孝家"라 하였고, 『여지도서』 등 조선조의 읍지류에 '효가리'가 등장하고 있다. 소학동에서 국도를 따라 남쪽 논산방면으로 멀지 않은 공주시 신기동에 '효포' 등의 지명이 있으나, 이곳은 향덕과는 무관한 지명으로 생각된다.

3) 향덕의 이름이 『삼국유사』에는 '향득(向得)'으로 표기되어 있다.(『삼국유사』 권 5) 강헌규 교수에 의하면 向德(향덕)과 向得(향득)은 모두 '상득'으로 발음되었을 것으로 보았다. 德(덕)과 得(득)은 15세기(『동국정운』『월인천강지곡』)에 모두 '득'으로 발음되었으며, 따라서 신라시대 한자음 역시 모두 '득'이었을 것으로 보았다.(강헌규 「삼국사기와 삼국유사에 나타난 효자 '向德·向得'에 대하여」,『백제문화』18·19합집, 1989) 그러나 본고에서는 편의상 '향덕'으로 통일한다.

천보(天寶) 14년, 즉 통일신라 경덕왕 14년(755)의 일이다. 따라서 향덕의 생존시대는 대략 8세기 중반으로서, 이 무렵은 백제가 멸망한지 약 1세기가 되며 통일신라시대의 화려한 문화가 꽃핀 전성기에 해당한다. 그런데 향덕과 관련하여 먼저 주목되는 것은 그가 '향(鄕)'의 주민, 즉 '웅천주의 판적향(板積鄕)' 사람이라는 것, 그리고 '사지(舍知)'라는 신라의 관위(官位)를 가진 인물이라는 점이다.4) '향(鄕)'이라 하면 부곡(部曲)과 함께 신라 통일초의 군현제 개편5)이나 개간지의 확대와 함께 새로운 촌락이 형성되면서 발생한 것이다. 그리하여 독립적인 군현으로 존속하거나 성립하기 어려운 지역을 향, 혹은 부곡으로 편제하였다는 것이다.6) 향의 성립에 대해서는 15세기의 다음 기록이 주목된다.

> 지금 살펴보건대 신라가 주와 군을 설치할 때 전정(田丁)과 호구 (戶口)가 현이 될 수 없는 곳을 향이나 부곡으로 하여 그곳이 소재하였던 곳에 소속시켰다. (『신증동국여지승람』7, 여주목 登神莊條)

이 같은 향의 성격상 향이나 부곡은 일반 군현에 비해 소규모이고 성립기부터 본읍(소재지읍)의 지배를 받아왔기 때문에 예속적 성격이 강하였다.7) 또 전남지방의 경우이지만, 향(鄕)은 강이나 해안 근처의 평지에 다수 분포하고, 지리적 조건에서 배산임수(背山臨水)를 특징으로 하여 농업에 적합한 지역적 조건을 갖추고 있다한다.8)

---

4) 『삼국사기』 48, 향덕전 및 『삼국유사』 효선 '向得舍知割股供親'
5) 노중국, 「통일기 신라의 백제고지 지배」 『한국고대사연구』1, 1988, pp.142~145
6) 박종기, 「부곡제의 형성」 『지배와 자율의 공간, 고려의 지방사회』, 2002, 푸른역사, pp.132~133
7) 박종기, 「부곡제의 형성」, p.138
8) 이병희, 「고려시대 전남지방의 향·부곡」 『지방사와 지방문화』, 1998, pp.235

그런데 『삼국유사』에서는 향덕을 '향득사지(向得舍知)'라 적고 있다. 주지하다시피 '사지(舍知)'는 신라 17관등중 13위이며, 골품으로서는 적어도 4두품의 관위에 해당하는데 과연 향덕이 '사지(舍知)'의 관위를 가지고 있었던 인물이었을까는 상당히 의문되는 바가 없지도 않다. 그러나 4, 5두품의 경우 평민과 실제 일상생활에 있어서 별 차이가 없었으리라는 점, 신분과 경제적 여건을 반드시 일치하지는 않는다는 점, 그리고 효행에 관한 기록에 있어서 『삼국사기』와 『삼국유사』가 별도의 원전에 근거하였다고 생각되므로, 후자의 기록을 일방적으로 부인하기는 곤란하다.

기록에는 없지만, 어쩌면 향덕은 그의 효행에 대한 포상으로 정부로부터 관품을 받거나, 아니면 백제 귀족의 후예로서 그 선대가 신라에 '귀순'함으로써 일정한 사회적 처우를 받았을 수도 있다.[9] 여하튼 지역에서 향덕이 '사지'라는 관위의 소유자였다는 것은 그가 원래 판적향의 유력한 인물이었으며 신분상으로도 일반농민과는 구별되는 지위에 있었음을 의미하는 것 같다. 그리고 그가 판적향의 향사(鄕司)의 업무와도 관계하고 있었던 때문에, 그의 효행이 바로 웅천주에 보고되는 것이 가능하였다고 생각된다. 향덕이 평민과는 다른 신분이었다는 전제 하에서 볼 때 앞에 인용한 향덕의 열전에서 그의 아버지가 "천성이 온량하여 향리(鄕里)에서 그의 행실을 떠받들었다"고 한 것도 그 신분상의 차이와 관련이 있지 않은가 생각된다.

그러나 향덕이 4, 5두품의 신분을 가지고 있었다 하더라도 그

~238 참조.
9) 문무왕 13년(673) 신라가 내투한 백제인에 대한 처우 규정을 만들 때 '사지'(13등)는 백제의 한솔(扞率)(16관품중 제5품)에 대응하는 관등이었다. 『삼국사기』 직관 하, 百濟人位 및 노중국, 「통일기 신라의 백제고지 지배」 『한국고대사연구』1, 1988, pp.124~127 참조.

의 실제 생활조건은 매우 궁핍하여 일반농민들과 큰 차이가 없었다고 보아야할 것이며, 이는 『삼국사기』의 본기에서 그가 "가난하여 봉양할 수 없었다"는 기록에서도 확인된다.[10] 향덕이 장성한 후인 경덕왕 14년(755) 봄 심각한 기근이 전국을 휩쓸었고 거기에 설상가상으로 전염병까지 돌기 시작하였다. 경덕왕대에 들어서면서는 유난히 흉년과 기근이 자주 농민들의 생활을 위협하고 있었다.

> 경덕왕 4년 4월에 서울에 계란 크기만한 우박이 내렸다. 5월에는 가뭄이 들었다.[11]
> 6년 가을 가뭄이 들고 겨울에는 눈조차 내리지 않았다. 백성들이 굶주리고 또 유행병까지 돌았다. 이 때문에 왕이 사람을 10도에 보내어 안무케 하였다.[12]

그리고 다시 경덕왕 13년에는 "8월에 가뭄이 들고 황충(蝗蟲)이 일어났다"고 적고 있다. 결국 이해의 가뭄과 병충해는 이듬해(경덕왕 14년) 봄의 전국적인 기근을 몰고 왔던 것이다.

이에 대하여 『삼국사기』는 "14년 봄에 곡식이 귀하여지고 백성들이 굶주렸다"고 기록하고 있다. 이와 같은 재해는 국가적으로도 크게 문제되어 경덕왕 15년 2월에는 상대등 김사인(金思仁)이 연년 갖가지 재이(災異)가 일어남을 가지고 여러 차례 왕에게 상소, 당시 시정의 득실을 극론하였거니와[13] 경덕왕 13, 4년의 흉년과 기근은 그만큼 일반 농민들에게 커다란 타격을 주게 되었던 것이다.

이와 같이 전국적으로 기근이 만연하자 향덕은 부모공양의 길이 막연해지게 되었다. 더군다나 거기에 역병까지 겹쳐 부모가 모

---

10) 『삼국사기』 9, 신라본기 경덕왕 14년
11) 『삼국사기』 9, 신라본기 경덕왕 4년 4월
12) 『삼국사기』 9, 신라본기 경덕왕 6년 가을
13) 『삼국사기』 9, 신라본기 경덕왕 15년 춘2월

두 굶주림과 질병으로 빈사상태에 빠지고 말았다. 이에 향덕은 부모의 공양과 치유를 위하여 전력을 다하는데 『삼국사기』에서는 이러한 향덕의 행적을 다음과 같이 기록하고 있다.

> 향덕이 밤낮으로 옷도 풀지 않고 정성을 다하여 위안하였으나 봉양할 수가 없었다. 이에 자기의 넙적다리 살을 베어먹이고 또 어머니의 종기처를 입으로 빨아내어 모두 평안하게 되었다.(『삼국사기』 48, 향덕전)

평소의 부모봉양 이외에 여기에는 두 가지 유형의 극한적 효행 사례가 포함되어 있다. 종기를 입으로 빨아내는 '윤종(吮腫)'과 자신의 몸을 베어내는 '할고(割股)'의 공신적(恭身的) 효행이 그것이다. 종기는 옛날에는 큰 병으로 생각되었고 특히 이를 치유하는 데는 입으로 직접 고름을 빨아내는 것이 가장 큰 처방으로 생각하였던 듯하다. 이 때문에 조선시대 시병 (侍病) 효행례중에는 변을 맛보는 '상분(嘗糞)'과 함께 '윤종(吮腫)'의 효행이 흔히 기록되어 있는 것이다.

한편 할고(割股) 역시 부모의 질병 치유 등을 위하여 고려나 조선시대에도 행해졌던 것인데, 이에 대해서는 『당서(唐書)』 효우열전(孝友列傳)의 서문에서도

> 당나라 때 진장기(陳藏器)가 『본초습유(本草拾遺)』를 지어 인육(人肉)이 영질(羸疾)을 다스린다는 것을 말한 이후로, 백성들 간에서는 부모가 병이 들면 넙적다리 살을 베어드리는 일이 많아지게 되었다.

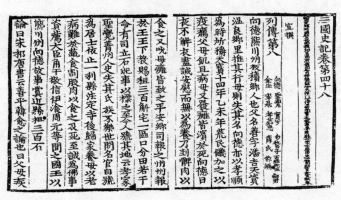

『삼국사기』의 향덕전

고 하여 그 연원이 단순하지 않음을 말해주고 있다. 통일신라시대의 할고례는 향덕 이외에도 성각(聖覺)과 신효거사(信孝居士) 등의 사례가 보여지고 있는데 그렇다고 하여 반드시 『본초습유(本草拾遺)』에서 말하는 "인육이 병을 다스린다"는 이유에서 행해진 것은 아니었다. 가령 향덕의 경우 기근으로 인한 부모의 굶주림에도 그 이유가 있었으며, 성각(聖覺)의 경우는 할고의 동기가 노모가 '소식(蔬食)'이 어려웠기 때문이었다. 즉 성각은 불가에 귀의한 몸으로서 살생을 범하지 않기 위하여 스스로 할고하게 된 것으로 믿어지는 것이다. 때문에 『당서』에서 말하는 또는 후대에 행하여지는 병을 치료하기 위한 할고와는 차이가 있는 것이다. 『당서(唐書)』에서는 할고의 효행을 놓고

　　착하다 한유(韓愈)의 논(論)이여, 그가 가로되 부모가 병이 들었을 때는 약을 달여드리는 것이 효도라하지만, 지체를 훼상(毁傷)하면서까지 효를 행한다는 것은 아직 듣지 못하였다. 진실로 의(義)를 손

상하지 않는 행위라면 성현(聖賢)이 다른 사람보다도 먼저 했을 것
이다. 이것이 만일 불행하여 그로 인해서 죽게된다면 훼상멸절(毁傷
滅絶)의 죄가 돌아올 것이니 어찌 그집에 정문(旌門)을 세워 표창할
것이라 하였다.

고 하여 한유의 할고불효론을 전제하면서도

　　비록 그러하나 의젓잖은 동네의 누추한 곳에서 학술예의의 자질
이 있는 것도 아닌데 능히 제몸을 잊고 그 어버이에게 봉사함이 마
음에서 나왔으니 역시 칭찬할만한 것이므로 열기한다.

고 하여 신체를 훼손하는 것이 성현의 근본정신에 어긋나는 것은
사실이나, 그것이 순수한 효성에서 나온 것이기 때문에 그 가치를
인정하지 않을 수 없음을 말하고 있다.

　　할고에 대한 평가에 있어서 『삼국사기』는 앞에서 인용한 『당서
(唐書)』효우전(孝友傳)의 내용을 그대로 인용한 다음 말미에 "향덕
같은 사람도 적어둘 만한 자일 것이다"라고 하여 그 평가에 대하
여 상당히 신중한 태도를 견지하고 있다. 그러나 통일신라 당시에
있어서 할고 등의 공신적(供身的) 효행은 효의 극치로서 인정되었
던 것이 분명하며, 이는 향덕이나 성각과 같은 할고 효행자에 대
한 파격적인 포상조치 등에서도 확인된다. 뿐만 아니라 고려시대
역시 할고에 대한 비판은 실제 보이지 않고 최대의 효행으로 포
상되고 있을 뿐이라 하거니와,[14] 이점은 조선시대도 마찬가지였을
것으로 생각된다.

　　웅천주 관아로부터의 보고를 통하여 향덕의 효행에 대하여 알
게된 왕은 곧 향덕에 대한 포상을 시행하였다. 즉

----

14) 이희덕, 「고려시대 효사상의 전개」 『역사학보』55, 1972, pp.61～62

판적향의 향사(鄕司)에서는 이 일을 웅천주에 보고하고 주(州)에
서는 왕에게 아뢰었다. 왕이 하교(下敎)하여 조(租) 300곡(穀), 집 1채
와 구분전(口分田) 약간을 내리고[15] 관계 기관에 명하여 석비를 세
우고 사실을 기록하여 표시케 하였다.(『삼국사기』 48, 향덕전)

는 것이다. 여기에서의 '입석기사 이표지(立石紀事 以表之)'가 곧
정려(정려비)의 건립을 의미한다는 것은 향덕의 효행을 들은 왕이
"하사(下賜)를 자못 후히 하는 동시에 그 문려(門閭)를 정표(旌表)
하도록 하였다"는 본기의 기록에 의하여 확실시된다.

경덕왕이 향덕의 효행 사실을 특별히 기록하여 정려를 세우도
록 조치한 것은 대민교화(對民敎化)를 목적으로 한 일종의 정표(旌
表) 교화시책으로서 우리나라에 있어서 그 시원(始原)이 아닌가 생

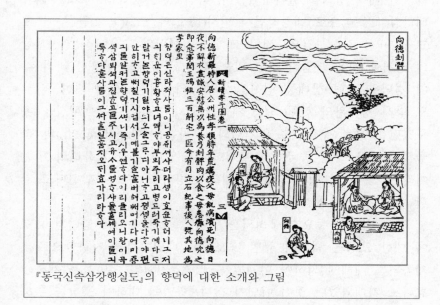

『동국신속삼강행실도』의 향덕에 대한 소개와 그림

---

15) 『삼국유사』에서는 '景德王 賞賜租五百碩'이라고만 하였다.

각된다. 이같은 경덕왕의 조치는 통일신라시대를 통하여 다시 그 유례가 나타나고 있지 않으나 당시 당(唐)의 경우는 효행·열행 등에 대하여 그 문려(門閭)를 정표(旌表)하는 것은 상당히 일반화되어 있었다.

경덕왕의 향덕에 대한 문려정책의 조치는 대체로 다음과 같은 두 가지 점, 즉 한화정책(漢化政策)의 추진이란 정책상의 기본전제와 재이(災異)가 빈발하는 당시의 특수적 상황이라는 양 측면에서 이해가 가능할 것 같다.

경덕왕은 그의 재위 기간을 통하여 주군현 명칭의 개호(改號), 관부의 개편 등 일련의 한화정책(漢化改策)을 계속적으로 추진해 나가는 한편 당과의 밀접한 교류관계를 유지함으로써 한문화의 적극적인 채택 정책을 일관하였었다. 특히 그는 종래의 국학(國學)을 태학감(太學監)으로 개칭하면서 박사(博士)와 조교(助敎)를 두어 그 교육능력을 강화시킴으로써 유교적 통치이념의 수용이라는 정책상의 성격을 더욱 분명히 하고 있는 것이다. 앞에서 인용한 바와 같이 경덕왕 15년 상대등 김사인(金思仁)의 '시정득실에 대한 극론'도 당시 경덕왕의 한화(漢化) 개혁책에 대한 비판이 그 핵심을 이루었던 것으로 추측되고 있거니와,[16] 이같은 한문화(漢文化)의 적극적 도입은 당시 중국에서 보편화되어 있던 유교적 윤리의 구현이라는 면에서의 일종의 효치주의의 표방과도 서로 부합한다고 말할 수 있지 않을까 한다.

당시 민심의 동요가 우려되는 어려운 상황 속에서 향덕의 효행에 대한 포상은 덕치의 규범을 보이고 대민교화를 지향함으로써, 계속되는 재해에 의하여 야기될 수 있는 민심의 이반을 억제하는 효과도 기대되었던 것이 아닌가 싶다. 향덕에 대하여 포상을 후하

---

16) 이기백, 「상대등고」 『역사학보』19, 1962, pp.23~28

게 하고 문려를 정표하도록 한 그 해 7월, 경덕왕이 죄인을 사하고 노질자(老疾者)와 환과고독(鰥寡孤獨)을 위문하여 곡식을 내린 것도,[17] 향덕의 효행에 대한 포상과 이 점에 있어서 같은 맥락의 조치로서 생각되어진다.

이와 관련하여 한 가지 주목하고 싶은 것은, 이상과 같은 경덕왕의 다소 파격적 조치가 내려진 향덕의 지역이 백제의 왕도였던 웅천주라는 점이다. 향덕의 시대는 신라에 의한 백제 병합이 아직 1백 년이 지나지 않은 시점이고, 따라서 웅천주는 백제에 대한 회고지심이 어느 지역보다 강한 지역이었다고 생각된다. 향덕의 효행에 대한 신라 정부의 각별한 조치는 결국 구 백제지역 민심의 위무라는 차원도 배제할 수 없다는 생각이다.

향덕이 허벅지의 살을 베는 모습
(『동국삼강행실도』의 그림)

---

17) '노질자'의 의미가 무엇인지는 불확실한 점이 있으나, '노인과 폐질자·독질자'를 의미하는 것으로 보인다. 여기에서 독질자는 일종의 불치병자, 폐질자는 신체장애인을 의미한다. 노인, 독질자, 폐질자는 자활능력이 없는 이들로서, 기본적으로는 다른 사람의 도움과 구호를 필요로 하는 사람들이다. 이들의 진휼은 국가의 책임이기도 하고, 국왕의 '시혜'를 필요로하는 부분이기도 하였다. 그 이론적 근거는 『예기』 등의 유교 경전에서 비롯된 것으로서 유교적 덕치의 구현으로 이해되었다. 이에 대해서는 김삼섭·나정희, 「고려시대 장애인정책 연구」, 『특수교육연구』9-1, 국립특수교육원, 2002, pp.6~7 참조.

2. 통일신라시대의 효행 사례와 향덕

『삼국사기』와 『삼국유사』는 효순자(孝順者)에 대한 몇 가지 사례를 수록하고 있다. 전자는 효우열전(孝友列傳) 등으로서 독자의 편차는 특별히 설정하지 않았으나 열전 제8권 중에서 향덕을 비롯하여 성각(聖覺)과 효녀 지은(知恩) 등 3인의 열전을 수록하고 있고 후자의 경우는 효선편(孝善篇)을 별도로 마련, 진정법사(眞定法師)와 김대성(金大城) 외에 향득(向得), 손순(孫順) 및 빈녀(貧女)(『삼국사기』에 의하면 효녀 지은)의 효행을 수록하였다. 그런데 양자간에는 전체의 성격이나 세부내용에 있어서 약간의 차이가 있다.

우선, 『삼국유사』는 이 효선편을 불교적 측면에서 다루었다는 점이 그 두드러진 특징이다. 불교의 환생설화와 결합된 진정법사와 김대성의 이야기는 전형적인 불교적 효행설화이며 손순과 빈녀 역시 마지막에 홍효사(弘孝寺)와 양존사(兩尊寺)라는 절을 각각 건립하는 것으로 하여 불교와 연결시키고 있는 것이다.[18] 향덕의 경우만이 불교적인 색채를 가미하지 않은 유일한 예인데, 대신 『삼국사기』와는 달리 극히 간략한 서술에 그치고 있다. 『삼국사기』소재의 3인과 『삼국유사』의 5인 중에서 양자가 서로 겹치는 것은 향덕과 지은(知恩)의 2건 뿐이거니와, 이들은 그 줄거리는 같으나 세부 내용의 기술에 있어서는 적지 않은 차이가 드러나고 있다. (표 1 참조)

---

18) 효는 유교만이 아니고 불교에 있어서도 '만행(萬行)의 근본 계(戒)'로 이해되었다고 한다. 불가에 있어서의 효는 "부모에 대한 보은 감사와 또 그 부모로 하여금 삼보(三寶)를 신(信)하게 하고 성불(成佛)케 하는 데에 있는 자연적 인과적인 것"이라는 것이다. 안계현, 「신라 세속오계와 국가관」『한국사상강좌』3, 고구려문화사, 1960, pp.83~85 참조.

표 1. 『삼국사기』와 『삼국유사』의 기술내용 차이

구분＼출전	『삼국사기』	『삼국유사』	구분＼출전	『삼국사기』	『삼국유사』
이 름	향 덕	향 득	인 명	지 은	?(빈녀)
신 분	?(鄕人)	사 지	마 을	韓岐部(경주)	芬皇寺之東里
포 상	조 300각(斛) 집 1채 구분전 약간	조(租) 500석(碩)	연 령	32	20좌우
			몸 값	쌀 10여 석	곡(穀) 30석
			포상자(왕)	대왕(定康王)	眞 聖 王
			고친마을이름	「孝養坊」	「孝養里」
	〈향 덕〉			〈지 은〉	

이와 같은 내용상의 차이는 『삼국사기』와 『삼국유사』의 편찬시 참조하였을 원전(原典)의 차이에 근본적으로 기인하는 것이 아닌가 생각된다. 특히 독실한 불교신도로 『삼국사기』에 나타난 성각에 대하여 삼국유사에서 전혀 언급하고 있지 않은 점도 이 때문이라고 보여진다. 이점을 고려하게 된다면 『삼국유사』에서 향덕을 '향득'으로 표기하고 또 그가 '사지'였다는 기록에 대해서도 어느 정도의 긍정성을 부여할 수 있게될 것이다.

다음으로 『삼국사기』와 『삼국유사』에 수록된 효행중 진정법사와 김대성에 관한 불교적 효행설화를 제외한 나머지 4인(향덕·성각·손순·지은)의 효행내용, 포상내역 등을 정리하여 그 성격을 파악해 보도록 하겠다. (표 2 참조)

표 2. 통일신라시대의 효행 사례

구분＼효행자	시 대	출신지	신분	효행내용	포 상 내 역 조	집	전	역	출전	비 고
향 덕	경덕왕 8C·중	웅천주 (板積鄕)	4두품	割股·吮腫	300곡	1구	약간	—	사기	「旌表門閭」「立石紀事」
성 각	혜공왕 8C·후	菁州 (진주)	귀족	割股	300석	—	—	—	사기	—
손 순	흥덕왕 9C·전	경주 (牟梁里)	6두품 (?)	埋兒奉母	歲給 粳50석	1구	—	—	유사	—
지 은	정강왕 9C·후	경주 (韓岐部)	평민	賣身奉母	500석	1구	—	면역	사기	「孝養坊」

앞에서 언급한 바와 같이 향덕과 성각은 대표적인 할고(割股) 효행의 사례이며, 손순의 경우는 노모봉양을 위하여 어린 아들을 매장해버리려 하였고[19], 지은은 홀어머니의 봉양을 위해 자신의 몸을 팔아 스스로 종이 되었다는 것이다.[20] 이 4건의 효행 내용을 후대의 그것과 비교하면 큰 차이가 있다. 그것은 우선, 고려나 조선시대에 있어서 여묘(廬墓)와 같은 부모 사후의 봉사적(奉祀的) 효행이 가장 우세한 비율을 차지하고 있는데 비하여 이들은 한결같이 부모 생전시의 봉양적 효행이었다는 점이다.[21] 허벅지를 베는 할고의 효행은 고려 이후 큰 비중을 차지하지 못하며[22] 손순이나 지은과 같은 사례는 고려 이후 나타나고 있지 않다. 이것은 무엇보다도 당시 유교적 관념으로서 분식된 효사상의 보급이 아직 두드러지고 있지 않다는 데 기인한다고 보아진다.

향덕을 비롯하여 지은이나 손순은 대체로 극빈의 상태를 면치 못하는 빈궁한 생활환경이었고 학문적 소양을 갖출 수 있는 여건에 있었다고 보아지는 것은 4인의 효행자중 오직 성각 한 사람 뿐인데 그 역시 독실한 불교신자였다. 따라서 통일신라시대까지 유교적 예속으로서의 효행은 아직 나타나고 있지 않다고 할 수 있으며, 후술하겠지만 국가적 차원에서도 실제 이를 대민교화의 수단으로서 권장하는 측면은, 향덕의 경우가 있기는 하나 크게 드러나

---

19) 『삼국유사』 5, 효선 9, '孫順埋兒'條
20) 『삼국유사』 5, 효선 9, '貧女養母'條
21) 여묘(廬墓)는 고려시대 효행자 가운데 가장 많은 비중을 차지하고 있고, 조선시대의 경우 여묘와 상제(喪祭)를 합한 봉사적(奉祀的) 효행이 『동국신속삼강행실도』의 640건중 200건으로 전체의 31.3%를 차지하고 있다. 이희덕, 「고려시대 효사상의 전개」『역사학보』55, pp.62~63 및 이광규, 『한국가족의 사적연구』, 일조각, 1977, pp.341~343 참조.
22) 조선시대의 경우 허벅지를 베는 할고는 640건중 31건에 불과하며(4.8%), 고려의 경우 1인이 있을 뿐이다. 이광규, 위책, p.342 및 이희덕, 위 논문, p.61 참고.

고 있지 않다고 보아진다. 이러한 점에서 볼 때 신라시대의 효행은 봉사적(奉祀的) 효행이 많아지는 고려시대, 또 그것이 더욱 격식화하고 장기화하는 경향을 띠는 조선시대의 효와는 그 배경이나 성격의 면에서 큰 차이가 있다고 할 수 있겠다.

다음으로 효행자에 대한 포상 내용을 보면 향덕에 대한 '정표문려(旌表門閭)'와 구분전의 지급, 지은에 대한 정역(征役)의 면제 이외에는 조와 가택의 지급이 공통적으로 나타나고 있다. 여기에서 확인되는 것은 대체로 그 포상이 생활상의 기본요소인 식(食)과 주(住)의 제공이라는 사물적(賜物的) 성격이 강하다는 점이며 이와 같이 원초적인 단순한 형태의 포상은 관직의 제수 내지 의수(擬授), 정표·정려가 일반화되어 있는 당시 중국 당의 경우나 고려 초 이후의 내용과는 매우 다른 양상을 가진다.[23] 이것은 효행에 대한 포상이 아직 제도화 내지 격식화되어 있지 않음을 의미한다. 효행에 대한 포상이 규격화되어 있지 않았음은 성각에 대한 포상에서 "웅천주 향덕의 고사(故事)에 의거하여" 가까운 고을의 조 300석을 내렸다는 기록으로서도 알 수 있듯이 기록상으로 처음 등장하는 향덕의 예가 그 후 포상의 기준이 되고 있는 것이다. 그리하여 '정표문려'를 제외한다면 향덕에게 내려졌던 주식(住食)의 예가 그대로 이어지고 있고, 효행자 개인의 처지에 따른 약간의 조절만이 있을 뿐이다.

이상의 논의에서 보는 것처럼 비록 당시 『효경』을 비롯한 유학 경전이 자식인들 간에 읽혀졌다고는 하나 유교적 차원의 대민교화 시책으로서의 효행 등에 대한 적극적인 국가적 여행(勵行)은 신라

---

23) 가령 고려시대 효행자로 기록에 남겨진 79인의 효행자중 포상 내용이 밝혀진 것은 52인인데, 52인중 47인이 정문(旌門)·정려(旌閭)되고 있다. 이희덕, 「고려시대 유교의 실천윤리」 『한국사연구』10, 1974, pp.75～77 참조.

의 경우 아직 두드러지게 나타나는 것 같지는 않다. 따라서 유교적 예제의 정비를 통한 효순자(孝順者)에 대한 적극적인 포상, 효윤리의 실천을 위한 제도적인 제조치, 효렴자(孝廉者)의 발탁, 불효자에 대한 법적 제재, 국왕의 효치주의적 수범(垂範) 등 격식화된 내용은 고려시대 유교 통치이념의 채용 이후부터 본격화한다고 볼 수 있겠다.

이제 이상의 내용을 참작하면서 향덕의 경우를 다시 정리해보면, 향덕은 기록상으로 나타나는 최초의 효행 포상 사례이며, 우리나라 정표(旌表) 시책의 시원적 예이다. 향덕의 경우가 후대에 효행 포상의 기준으로 활용되었던 것이나, 『삼국사기』의 본기에서까지 그 기사의 요점을 삽입하고 있는 것도 이러한 이유 때문일 것이다. 특히 향덕에 대한 포상에 있어서 '입석기사(立石紀事)'와 '정표문려(旌表門閭)'는 한국의 고대에 있어서는 그 유례를 찾아볼 수 없는 특별한 예로서 주목되며, 이같은 조치는 이미 서술한 바 있듯이 경덕왕 당대의 유교적 정치이념에 입각한 정책상의 기본 전제에 의하여 설명이 가능하다고 생각된다. 그러나 동시에 여기에는 웅천주가 갖는 구백제 정치적 거점으로서의 지역 특성문제도 연관이 있는 것으로 생각된다.

3. 신효거사와 반길의 묘비

신라시대 공주는 향덕 이외에 신효거사(信孝居士)라는 또 하나의 각별한 효자에 대한 기록이 있다. 『삼국유사』에서는 신효거사의 효행에 대하여 다음과 같이 적고 있다.

(신효거사)의 집은 공주에 있었는데 어머니를 봉양함에 효성을 다하였다. 그의 어머니는 고기가 아니면 식사를 하지 않았으므로 거사는 고기를 구하려 산과 들로 나다니었다. 길에서 학 다섯 마리를 보자 쏘았더니, 학 한 마리가 깃을 떨어뜨리고 가버렸다. 거사가 그것을 집어 눈을 가리고 사람을 ·보았더니 사람이 모두 짐승으로 보였다. 그래서 고기를 얻지 못하고 자기의 넙적다리 살을 베어 어머니에게 드렸다. 뒤에 출가하여 자기 집을 내놓아 절로 삼았는데 지금의 효가원(孝家院)이다.[24]

　신효거사 역시 공주사람으로서 어머니를 봉양하기 위하여 자신의 넙적다리 살을 베어 드렸던 인물이다. 그는 후에 자기 집을 절로 삼고 스님이 되었다는 것이다. 향덕과 신효거사는 별개의 다른 인물에 대한 이야기일 수 있지만 동시에 동일인물에 대한 기록일 가능성도 없지 않다. 절의 이름이 '효가원'이었다는 것은 그의 동리가 '효가리'가 되었던 것과도 상통한다. 혹 동일인물이었다고 한다면, 향덕은 후에 출가하여 신효거사라는 스님이 되었다는 이야기가 된다. 혹자는 신효거사의 효가 "『법원주림(法苑珠林)』에 나오는 석가의 전생담에서 유래한 습속"으로 보았으나,[25] 이는 논의가 다소 비약 하였다는 느낌이다.
　향덕과 관련하여 또 한가지 흥미로운 기록이 있다. 『신증동국여지승람』 17, 공주목 명환조에는 한서의(韓恕意)라는 인물이 실려 있다. 그리고 그에 대해서는 다음과 같은 기록이 적혀 있다.

　당의 천보(天寶) 년간에 (한서의가) 웅천주의 조교가 되어 웅천주 사람 번길(番吉)의 묘비문을 지었다. 지금의 효가리에 그 비가 있다.

---

24) 『삼국유사』 탑상 4 「臺山月精寺五類聖衆」
25) 이희덕, 『고려 유교정치사상의 연구,』 일지사, 1984, pp.185~186

라고 한 것이 그것이다. '당 천보년간'이라 하면 8세기 신라 경덕왕대의 일이다. '조교'란 유학을 가르치는 교수로서, 한서의가 웅천주의 조교가 되었다는 것은 그가 유학의 교수관으로서 중앙으로부터 파견 되었던 사실을 말해준다. 즉 당시 신라는 유학의 진흥을 위하여 지방의 주요 도시에 '조교'직의 교수관을 파견하고 있었던 것이다. 그런데 더욱 흥미 있는 것은 한서의가 웅천주의 '번길'이라는 사람의 묘비명을 작성하였고, 그 비가 조선조까지 전해오고 있었다는 사실이다.

한서의가 묘비명을 지은 웅천주인 '번길'은 누구일까. 앞서 인용한 『삼국사기』의 향덕열전에 의하면 향덕의 아버지는 이름이 선(善), 그리고 자(字)가 '반길(潘吉)'이라 하였다. 여기에서 '번길(番吉)'과 '반길(潘吉)'이 같은 이름이라는 사실은 의심할 여지가 없다. 다시 말해서 웅천주 조교 한서의는 향덕의 아버지가 세상을 떴을 때 그 묘비명을 지었고, 그 묘소는 향리인 '효가리'에 세워졌으며, 그 비가 조선 초까지 현지에 유존 하였다는 사실이다.

당시 개인 묘비가 드물었던 점을 생각하면 반길의 묘비는 더욱 특별한 흥미를 일으킨다. 아마도 묘비의 건립에는 향덕의 효행을 정표했던 맥락에서 특별히 제작되었던 것으로 생각된다. 이러한 점에서 생각할 때 반길 묘비문의 중요한 포인트는 아마 아들 향덕의 효행에 대한 것이었을 것이다. 그러나 아깝게도 아버지 반길의 묘비는 현재 그 행방을 알 수 없다. 향덕의 집안이 이주하거나 절손(絶孫)된지 오래되면서 정려와 묘비 등은 점차 돌아보는 사람이 없어지자 피폐하게 된 것 같다. 아마도 묘비는 흙속에 묻히게 되었을 것이다.26)

---

26) 향덕의 아버지 반길의 묘는 아마도 마을에서 멀지 않은 곳, 월성산의 서쪽 산자락에 있었을 것이다. 향덕 자신도 같은 곳에 묻혔을 것이다. 묘비는 오랜

4. 향덕 유적의 개황

1) 향덕의 마을

향덕의 비는 현재 공주시 소학동, 공주·논산간의 23번 국도변에 위치하여 있다. 비석은 표석으로 보이는 중수비(重竪碑:舊碑)와 조선시대 건립의 신비(新碑)가 동향으로 병렬되어 있으며, 비석의 전면 좌우로는 통일신라 양식의 건물 초석 2매가 유존하여 있는데, 이들 비석 및 초석들은 원위치에서 약간의 이전이 있었던 것으로 보인다. 1982년 '공주 소학리 효자향덕비'가 도 유형문화재 제99호로 지정된 바 있다. 이 비들이 남아있는 마을이 바로 향덕의 마을일 것이다.

비석의 주변에는 도나무(道木) 23호로 지정된 높이 15m의 느티나무 노목이 들어서 있는데 수령이 거의 다하여 고사(枯死) 단계의 상태이다. 비석의 정면 동측으로는 바로 국도가 횡단하고, 경작지(논) 사이로 향덕의 전설과 관련된 혈흔천(血痕川)이 흐르고 있다. 이 혈흔천은 향덕이 넓적다리 살을 벤 후 상처가 아물기도 전에 부모공양을 위해 이곳에서 물고기를 잡을 때 다리 살 베인 곳에서 피가 흘러내려 간 데서 '혈흔(血痕)'이라는 내 이름이 붙게 되었다는 것이다.[27]

세월이 흐르면서 땅 속에 묻히게 되었을 것인데, 앞으로 발견될 가능성도 배제할 수 없다. 만일 반길의 묘비가 발견된다면, 묘비의 비문이 역사적으로 중요한 자료가 될 것은 물론, 8세기 통일신라기 공주에서의 고분의 유형을 확인할 수 있으리라는 점에서 고고학적으로도 매우 중요한 발견이 될 것이다.

27) 『공주군지』 1957, 제1편 31장. 혈흔천의 이름은 현지의 국도상(國道上)에 세워진 간판에 '혈저천'이라는 한글이름으로 붙여져 있다. '혈저(血底)'란 '혈흔(血痕)'을 잘못 읽은 결과인데, 여러 차례의 지적에도 불구하고 아직 시정되어

향덕의 당시 출신지로 등장하는 '판적향(板積鄕)'은 현지에 남겨진 '납다리'와 같은 어원이며, 원래는 '널다리(板橋)'에서 기원한다는 것이다.[28] 향덕의 효행 이후 그의 마을은 '효가리(孝家里)'로 불리웠다. 15세기에는 이곳에 역원(驛院)이 설치되어, '효가리원'이라 하였다. 호남에서 서울로 연결되는 대로이고, 공주의 금강을 건너기 직전이라 역원제의 시행에 의하여 효가리원이 설치되었음을 알 수 있다. 이 무렵 정추(鄭樞)의 시라 하여, 향덕의 마을에 대한 다음과 같은 시가 전한다.[29]

단풍잎 몰아치고 원(院) 마을 비었는데 黃葉成堆 院落空
산 앞에 있는 옛 빗돌 석양에 붉었네 山前古碣 夕陽紅
넓적다리살 베인 효자 지금은 어디 있느냐 割髀孝子 今何在
밤마다 저 달빛이 거울 속에 떨어지네 夜夜銀蟾 落鏡中

이에 의하면 15세기 당시에 향덕의 옛 비가 여전히 서있다고 하였다. 이 비는 현재 단편(斷片)이 남아있는 구비이거나, 아니면 지금은 남아있지 않은 다른 비인지도 모른다.[30]

있지 않다. 이에 대해서는 강헌규, 「혈흔천에 대하여」『웅진문화』9, 1996 참조. '혈저천'의 명칭이 시정되지 않은 이유는 이것이 국토지리원의 지도에서 잘못된 것이기 때문이다. 따라서 '혈흔천'의 회복을 위해서는 지도상의 이름이 바뀌지 않으면 안된다.

28) 강헌규 교수는 '판적향(板積鄕)'의 어원이 판교(板橋), 즉 널다리에서 기원하였으며, 현재 주변에 남겨진 '납다리'라는 것도 '널다리'라고 해석하였다. 이에 대해서는 강헌규, 「삼국사기와 삼국유사에 나타난 효자 '향덕·향득'에 대하여」『백제문화』18·19합집, 1989, p.125 및 강헌규, 「혈흔천에 대하여」『웅진문화』9, 1996, pp.81~82 참조.

29) 『동국여지승람』17, 공주목 역원

30) 위의 『동국여지승람』 기록에는 역시 향덕의 효가리원에 대한 다음과 같은 시도 함께 실려 있다. "한줄기 맑은 강물 푸른하늘 담겼는데/ 양쪽 산 단풍나무 바람과 싸움하네/ 효가원이 어디메인가/ 희멀건 가을빛 속으로 새날아 없어지네" (번역은 민족문화추진회 『신증동국여지승람』3, 1969, p.18에 의함)

향덕의 유적이 있는 이 효가리는 지금은 소학동의 '높은행길'이라 불리는 마을로서, 일제시대 제작된 지도에는 '향효포(向孝浦)'라는 지명으로 나오고 있다. 이 '향효포'라는 이름 역시 향덕의 효행에서 비롯된 지명이라 생각되는데, 연변에 국도가 정비되면서 '높은행길'이라는 이름으로 불려지게 되었던 것이 아닌가 한다. 요컨대 현재 향덕의 비가 서있는 이 마을이 바로 신라시대 향덕이 살던 그 마을이었을 것이라는 것이다.

향덕 유적 전경

2) 구비(舊碑)

현재 남아 있는 구비는 절단된 채 아랫부분만 잔존하여 있는

데, 음각(陰刻) 종서(縱書)로된 명문은 그 전면 중앙에 '之閭(지려)'라 한 것과 좌측의 '丑三月日重立(축삼월일중립)'이라는 글자만이 남아있을 뿐이다. '지려(之閭)'라 한 것은 '孝子向德之閭(효자향덕지려)'를 의미한 것일 것이며 「丑三月日重立(축삼월일중립)」은 중수(重竪)의 시기를 밝힌 것이라 하겠다. 비석의 다듬은 상태로 보아 측면이나 뒷면에는 원래부터 명문이 없었을 것으로 보이는데 중앙부 이상의 절단으로 말미암아 건립 연대의 확인은 불가능한 실정이고 다만 '重立(중립)'이라 한 것으로서 향덕의 효행 사실을 기록하여 세웠다는 경덕왕 당시의 건립은 아닌 것으로 판단된다. 절단면의 상태로 보아 비석 상반부의 절단되어 없어진 것은 아주 오래 전의 일인 듯하며 조선시대의 신비(新碑)는 이 때문에 건립하게된 것이라 믿어진다.

잔존부분의 현상을 살피면 모양은 대체로 하광상협(下廣上狹)의 사다리꼴에 가깝고 면(面)을 전혀 다듬지 않은 관계로 자연석에 가까운 느낌을 주고 있다. 비석이 이처럼 어떤 격식 없이 조형된 점이라든가 서체에 아직 고졸(古拙)한 맛이 남아 있는 것으로써, 혹 나말(羅末)의 어느 시기에 중립한 것이 아닌가 하며, 정려의 표석(標石)에 해당하는 것이었다고 생각된다. 비석의 실측치는 현재 높이 40, 아랫변 폭 60, 윗변(절단면) 폭 40, 두께 33cm 내외이다.

3) 신비(新碑)

신비는 구비가 파손된 이후인 것으로 보이는 영조 17년(1741)에 건립되었다. 이는 '唐天寶十四年乙未旌閭後九百八十七秊莘酉自里中立'이라 한 비문에서 확인된다. 비신(碑身)을 약간 높은 8각의 대석(臺石) 위에 올리고 있는 이 비석은, 앞면 중앙에 「新羅孝子向德

之閭(신라효자향덕지려)」라 하고, 그 하단부에 향덕의 효성을 찬양
하는 다음과 같은 명(銘)을 잔 글씨로 음각해 놓았다. 향덕의 효행
을 칭송하는 비명의 원문과 그 번역은 다음과 같다.

允矣孝子　　미쁘도다 효자여 !
克全彛性　　능히 천성을 온전히 하였구나 !
旣刲其股　　그 다리를 가르고
亦厥吮廛　　또한 종기를 빨았도다.
王庸是嘉　　왕이 이를 아름다이 여기시어
爾田爾宅　　밭을 주고 집을 주셨도다.
地以人名　　그 이름으로 지명을 삼으니
百世不泐　　백세토록 멸하지 않으리라.31)

정려의 표석으로 생각되는 구비(우)와 1741년에 세워진 향덕비(좌)

---

31) 비명의 번역은 충청남도 『문화유적총람』(금석문편), p.68에 의거하였다.

한편 비석의 뒷면에는

唐天寶十四年乙未旌閭後九百八十七季辛酉自里中立
方伯 趙 榮 國 銘
通判 李 德 顯 書
　　　　　　營建庫直吳幕立

이라 하여 신비의 건립 연대는 정려 이후 987년이 지난 영조 17년
(1741)이라는 것, 마을사람들과 영건고직(營建庫直) 오막(吳幕)에 의
하여 비석이 건립되었다는 것, 당시 충청도관찰사 조영국(趙榮國)
이 명을 하고 공주판관 이덕현(李德顯)이 글씨를 썼다는 것 등을
말해주고 있다.[32] 실측치는 전체 높이 160, 비대(碑臺) 높이 37, 비
신(碑身) 높이 123, 비신 폭 43, 두께 12cm이다.

4) 礎石

비석의 전면 좌우에 옮겨진 2매의 화강암 초석은 방형의 돌에
원형의 주좌(柱座)를 2단 조출(造出)시킨 전형적인 통일신라기 양
식을 보이고 있는데 주좌 상면의 마멸이 상당히 심한 편이다. 대
체로 같은 크기 같은 모양인 이 2매의 초석을 통일신라기의 제작
이라고 한다면, 이를 경덕왕 당대의 정문 초석으로 보아도 좋지
않을까 한다.

초석의 실측치는 다음과 같다. (cm)

---

32) 조영국은 향덕비 건립 전년인 영조 16년(1740) 충청도관찰사로 공주에 부임하
여 그 이듬해(1741) 이임하였으며, 이덕현은 영조 17년(1741) 공주판관에 부임
하였다.(『공주군지』 1957, '도선생안' 및 '역대 목사, 판관, 현감, 군수의 명단'
참고)

초석 A : 초석 대(臺) 1변 52, 원좌(圓座) 바깥지름 45, 안지름
34, 원좌(圓座) 1단높이 2, 2단높이 0.5cm
초석 B : 초석 대(臺) 1변 62, 원좌(圓座) 바깥지름 46, 안지름
35, 원좌(圓座) 1단높이 3, 2단높이 0.1cm

맺는말

본고는 통일신라 경덕왕14년(755), 효행으로 인하여 '입석기사'
'정표문려'되었던 향덕에 관하여 『삼국사기』의 기록을 중심으로한
문헌적 고찰과 더불어 공주시 소학동에 남아 있는 유적의 개황을
소개해 보았다.

향덕의 효행은 효행을 국가적으로 포상한 우리나라 최초의 사
례로서 생각할 수 있으며, 동시에 통일신라시대 아직 일반화되지
않았던 정표건립의 기록상 유일의 사례이다. 통일신라시대는 고려
나 조선시대에 비하여 효행의 내용면이나 그에 대한 국가적 시책
등에서, 보다 단순·소박한 형태를 가지며 유교적 예제(禮制)의 관
념 등으로 격식화되는 양상은 두드러지지 않는다. 향덕에 대한 입
려(立閭) 포상은 경덕왕 당대의 정책과도 관련을 가진다고 보아지
거니와 그후의 효행에 대한 신라왕조의 포상행위에 한 기준이 되
기도 하였다. 우리는 향덕의 예를 통하여 통일신라시대 유교적 예
속의 수용과 그 시행에 대한 초기적 양상의 일면을 엿볼 수 있을
것으로 생각하며, 동시에 그것은 경덕왕대의 한화정책(漢化政策)
내지는 전제왕권의 유지를 위한 노력과 더불어 당시 경덕왕의 정
치적 성격을 더욱 선명히 하여 주는 것으로 믿어진다.

향덕과 관련하여 한 가지 주목하고 싶은 것은, 향덕의 지역이

백제의 왕도였던 웅천주라는 점이다. 향덕의 시대는 신라에 의한 백제 병합이 아직 1백 년이 지나지 않은 시점이고, 따라서 웅천주는 백제에 대한 회고지심이 어느 지역보다 강한 지역이었다. 향덕의 효행에 대한 신라 정부의 각별한 조치는 결국 구 백제지역 민심의 위무라는 차원도 배제할 수 없다는 생각이다. 이러한 점에서 향덕에 대한 포상과 정려 건립은 경덕왕대의 정책적 방향과 웅천주라는 지역적 특성이 맞아떨어진, 백제 고지에 대한 유교적 교화책의 한 사례로 주목할만한 사건이라 생각된다.

향덕의 마을에 현재 남아있는 유적으로서는, 정려의 표석으로 생각되는 절단된 구비(舊碑), 영조 17년(1741) 건립의 신비(新碑) 등 2기의 정려비(旌閭碑)와 함께 8세기 신라 경덕왕 당대의 것으로 생각할 수 있는 정문(旌門)의 초석 2매가 유존되어 있다. 고대 기록의 사실과 관련한 유적이 아직 남아 있다는 사실이 매우 중요하며, 이것은 공주가 갖는 효향(孝鄕), 혹은 '양반고을'이라는 이미지와도 부합한다는 점에서 중요한 지역의 역사문화자원이 된다. 공주시에서는 이에 근거하여 1990년대 적극적인 효운동을 전개한 바 있으며, 공주대학교에 세계적으로 아마 유례가 없을 '효문화연구소'가 설치되어 있는 것도[33] 향덕의 인물과 유적에 근거하는 것이라 할 수 있을 것이다. 기록에 의하면 8세기 당대에 향덕의 아버지 반길의 묘비까지 세웠다고 하므로, 언제일지 알 수 없으나 소학동 인근 월성산 기슭의 고분지역에서 이 신라 묘비가 발견될 가능성도 있으리라는 기대를 마지막으로 강조하여 두고 싶다.*

---

33) 효문화연구소(소장 이일주교수)는 1996년 설치되었는데, 설치와 운영에 주도적 역할을 담당한 것은 윤리교육과의 '이효범(李孝範)' 교수였다.
* 본고는 「신라효자 향덕과 그 유적」(『백제문화』 11, 1978)을 보완한 것임

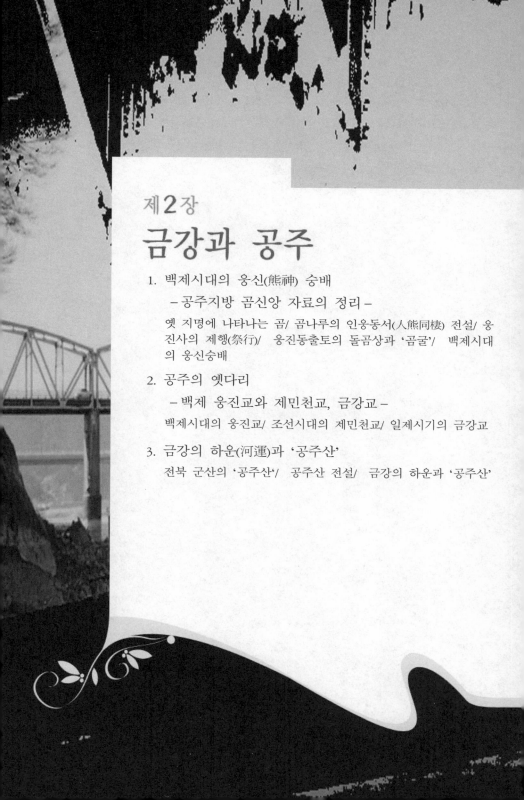

제2장
금강과 공주

1. 백제시대의 웅신(熊神) 숭배

   – 공주지방 곰신앙 자료의 정리 –

   옛 지명에 나타나는 곰/ 곰나루의 인웅동서(人熊同棲) 전설/ 웅
   진사의 제행(祭行)/ 웅진동출토의 돌곰상과 '곰굴'/ 백제시대
   의 웅신숭배

2. 공주의 옛다리

   – 백제 웅진교와 제민천교, 금강교 –

   백제시대의 웅진교/ 조선시대의 제민천교/ 일제시기의 금강교

3. 금강의 하운(河運)과 '공주산'

   전북 군산의 '공주산'/ 공주산 전설/ 금강의 하운과 '공주산'

백제시대의 웅신(熊神) 숭배

- 공주지방 곰신앙 자료의 정리 -

머리말

우리의 가장 오랜 건국신화인 단군신화는 화인(化人)한 곰이 천자(天子)와 결합하여 단군을 낳고 그가 곧 나라를 열게된다는 줄거리를 가지고 있다. 여기에 나타나는 곰의 존재는 단군신화의 많은 구성요소 중에서도 특히 가장 중요한 대목으로 취급되어 역사 · 민족 · 고고 · 신화 등 여러 학문적인 입장에서 해석이 분분하게 시도되어 왔던 것은 누구나 다 아는 일이다. 그리고 이 같은 연구의 진전으로 동북아시아 일대에서 곰에 대한 숭배가 구석기시대 이래의 오랜 전통이었다는 광범위한 곰 신앙에 대한 지식을 바탕으로 하여 단군신화에 나타나는 곰에 대한 대목이 바로 우리 민족의 출자를 설명해주는 중요한 자료라는 것이 논의된 바 있었다.[1]

---

1) 김정배, 「고조선의 민족구성과 문화적 복합」 『백산학보』12, 1972

이러한 이유로 우리나라에 있어서 곰 신앙의 자료는 특별한 흥미를 불러일으킬 수 있는 요소를 내포하고 있다고 할 수 있는 것이다. 그러나 실제 곰 숭배에 관련한 구체적 자료는 우리나라에 별로 남아있지 않고, 또 소개되고 있지도 않다.

본고는 위와 같은 점에 착안하여 공주지방의 곰에 관한 자료를 수집, 종합해보려는 의도에서 이루어진 것이다. 여기에는 두 가지의 문제가 따르게 된다. 첫째는 오늘날 찾을 수 있는 관계자료들이 과연 어느 만큼의 원형을 지니고 있고 또 곰 신앙의 내용을 어느 정도로 설명해줄 수 있는가 하는 자료의 원형에 관한 문제이고, 둘째는 이들 자료에 대한 해석상의 문제이다. 이러한 기준에 비추어 볼 때 상당한 한계점을 가지고 있기는 하지만, 본고에서는 본론을 위한 초보적 단계로서 주로 자료의 소개라는 점에 주력하면서 백제시대 곰신앙의 존재라는 데 그 초점을 맞추어서 정리해보고자 한다.

1. 옛 지명에 나타나는 곰

공주지방의 곰과의 관련성을 우선 지명에서부터 논의해보기로 하겠다. 우리나라는 곰과 관련시킬 수 있는 지명이 많이 분포하고 있다. 가령 『삼국사기』에서는 웅곡(熊谷)·웅곡악(熊谷岳)·웅지(熊只)·웅신현(熊神縣)·웅원(熊元)·웅현성(熊峴城)·웅현정(熊峴停) 등의 이름이 보이며, 우리나라의 현재지명을 수록해 놓은 한 지명사전에 의하면 웅도(熊島, 충남 서산)·웅천(熊川, 경남 창원)·웅봉(熊峰, 강원 정선)·웅산(熊山, 경남 양산)·웅석산(熊石山, 경남 산청)·웅양(熊陽, 경남 거창)·웅제(熊堤, 전북 김제)·웅천(熊川,

충남 보령)·웅촌(熊村, 경남 울주)·웅치(熊峙, 전남 보성)·웅포
(熊浦, 전북 익산)등 '웅(熊)'을 머리글자로 갖는 지명들이 다수 나
열되어 있다.2) 말하자면 공주
의 옛 이름 웅진(熊津)·웅천
(熊川)도 그러한 예의 것이다.3)

'웅' 등의 문자를 가진 지명
이라 하여 이것이 모두 곰 신
앙과 결부될 수 있으리라는 것
은 아니지만, 이같은 땅이름의
존재가 바로 고대 곰 숭배와
맥이 닿아 있다는 생각이다.4)
'웅진'이라는 이름이 사서에 처
음 나타나는 것은 475년 『삼
국사기』 웅진천도에 관한 기
록에서이지만, 지명의 기원이
이보다 훨씬 거슬러 올라가리
라는 것은 당연한 일이다.5) '웅

기와에 찍힌 '웅천(熊川)'

2) 손성우,『한국지명사전』, 경인문화사, 1974
3) '웅(熊)'자 이외에도 "금마(金馬), 고마(古馬), 고미(古彌), 금(今), 감(甘), 금(琴)
   등이 첫 음절에나 끝 음절에 쓰인 것은 모두 곰계(系)로서 곰 토템에 연원한
   다"는 의견이 제시된 바 있다. 조재훈,「백제어연구서설」『백제문화』6, 1973,
   p.25, p.41.
4) "곰을 신으로 숭배하는 것은 동북아시아 제민족 사이에 널리 행하여지고 있
   다. 조선에는 각지에 웅신산, 웅산 등의 지명이 있는데, 이것은 역시 웅신(熊
   神) 신앙의 흔적이라 볼 수 있겠다."(김정학,「단군신화와 토오테미즘」『역사
   학보』7, 1954, p.281)
5) '웅천(熊川)'이라는 지명은『삼국사기』에서 온조왕대(13년)에 이미 등장하고 있
   다. 초기 백제의 영역에 대하여 언급하는 "遂劃定疆場 北至浿河 南限熊川 西
   窮大海 東極走壤"이라 한 데서 '웅천'의 이름이 그것이다. 물론 이 자료의 사
   실성 여부에 대해서는 논란이 있을 수 있지만, 웅천의 지명이 일찍부터 등장

진'은 역시 한문자의 차자(借字)에 의한 표기에 불과한 것이므로 당시의 이름은 실제로는 달리 불리어졌을 것이다. 이에 대해서 웅진을 '구마나리(久麻那利)'6) '구마노리성(久麻怒利城)'7) 등으로 표기한 『일본서기』와, 웅진성을 '고마성(固麻城)'으로 적고 있는 중국측의 기록8)은 대단히 좋은 참고가 된다. 음이 고마(구마 : クマ)이고 뜻이 '웅'이라고 한다면 그것은 '곰'일 수 밖에 없다. 따라서 웅진, 혹은 웅천의 이름은 곰으로부터 파생된, 기록만으로도 2천 년을 거슬러 올라가는 오랜 이름이다. 이렇게 볼 때 '웅진', 혹은 '웅천'의 지명이 곰신앙과의 관련하에서 성립되었으리라는 연결을 가능하게 하는 것이다.9)

오늘날까지 공주에는 '곰나루'(고마나루 : 熊津), '곰내'(熊川), '곰냇골' 등의 소지명이 아직 남아있고 이를 포함하는 지역의 일대가 행정구역상 '웅진동'으로 편제되어 있다. 그리고 곰신앙을 엿

___

한다는 것은 이 지명의 오랜 역사성을 입증하고 있다는 점에서 중요한 것이다.

6) 『일본서기』14, 웅략기 21년 3월

7) 『일본서기』 26, 재명기 6년 9월

8) 원래 『괄지지(括地志)』의 기록이며, 『한원(翰苑)』(권 30, 蕃夷部 백제)에 인용되어 전한다. 『양서(梁書)』『남사(南史)』『주서(周書)』 등에서도 '고마' '고마성' 등으로 적고 있다.

9) 웅진, 웅천의 지명이 실제 곰과는 무관하게 성립한 지명이라는 의견이 간혹 제기된 바 있다. 일찍이 전몽수 씨는 임진(臨津)을 '님〔前〕 나루'로, 웅진을 '곰〔後〕 나루'로 보았다하며(조지훈, 「한국신화의 유형」 『한국문화사서설』, 1964, p.75, 주23), 三品彰英은 '웅천'의 지명에 대하여 "부여, 고구려와 공통의 시조 전설을 가지는 백제로서, 신화적 의미를 가진 듯하다"고 하면서도, " '웅천'이라는 이름이 혹 우연일지도 모른다"는 의견을 첨언하고 있다. 근년 신종원 교수는 곰나루 전설을, 실제 곰과는 아무런 관련이 없는, 수신(水神) 유래담의 일종으로 파악하면서, "애초에 곰나루 전설은 수신의 유래담으로서, 민담에서 흔히 볼 수 있는 원혼(冤魂) 이야기 그 이상도 그 이하도 아니다. 여기에 나타난 곰은 부수적 파생적 존재로서 만주의 신화와 동일선상에서 비교해도 좋을지 주저된다."고 하였다. 신종원, 「단군신화에 보이는 곰〔熊〕의 실체」 『한국사연구』118, 2002, p.28 참조.

볼 수 있는 마지막 잔편도 그 일대로부터 나온 것들이다.

2. 곰나루의 인웅동서(人熊同棲) 전설

무령왕릉이 위치한 송산리 고분군으로부터 동북방 직선거리 약 1km 지점 금강변 일대가 '곰나루'(熊津渡)라 불리는 곳이다. 여기에 이르기 직전에 금강은 서쪽으로 향했던 이제까지의 진로를 급격히 남쪽으로 바꾸어 흐르게 된다. 이 일대는 오늘날 교통기능을 사실상 상실한 상태이나 백제시대 이래 과거에는 중요한 기능을 하였던 것으로 믿어진다. 이른바 '소정방장대(蘇定方將台)'가 있었

곰나루에서 바라본 여미산(김정헌 그림)

다는 곰나루 남쪽 백사장은 일찍이 당나라군이 부여로부터 웅진성을 공격할 때 상륙하였던 지점으로 전해지고 있어, 당시 이 일대가 부여의 '구드레'나루와 같은 기능을 가진 공주의 관문 역할을 하였으리라는 추측과 부합된다. 1957년의 『공주군지』에 의하면 곰나루는 수심이 3장(丈)으로 공주 금강변의 여러 나루중에서도 가장 깊은 곳이라 하며, 특히 수로가 급하게 꺾어지는 지점이기 때문에 물살이 순조롭지 못하다.

이 곰나루에는 예로부터 한 남자가 암콤(雌熊)과 같이 살면서 새끼까지 낳는 곰의 전설이 전해 내려오고 있다. 『공주군지』에서는 이에 대하여 "이 나루 언덕 바위굴에서 곰이 살았고 또는 이 나루턱에서 곰이 빠져죽었고 곰아(熊兒)가 이 물에서 죽었기 때문에 곰나루(熊津) 또는 곰아나루(熊兒津)이라고 이름하여 불러온다"라 하고, 다음과 같은 전설을 싣고 있다.

옛날 어느 때 산곡에는 삼림이 울밀하고 야지(野地)에는 개간이 적었으며 인종(人種)이 지금보다 적어서 촌락도 희소한 시대의 일이다. 채약(採藥)하는 남자 하나이 수목이 많이 있는 지금 여미산(余美山)에 올라가서 약초를 캐러가서 큰 암콤(雌熊)을 만나서 몸이 사로잡힌 바 되어 곰과 같이 굴속에서 동거하게 되었다. 식물에 대하여는 곰이 짐승의 고기나 초근을 날라다가 주면 먹고, 곰이 나갈 때에는 큰 바위로 문을 막고 나가기 때문에 외출의 자유가 없이 혈거를 계속하고 있는 남자는 곰과 더불어 부부의 생활을 하게되는 동안에 암콤은 새끼를 낳았다. 새끼를 낳은 암콤은 남자에게 대하여 믿음이 생겨 도망할 의심이 적어서 외출시에 바위로 문을 막지 아니하였다. 오랫동안 자유를 얻지 못했던 남자는 출문(出門)의 기회를 얻었고 인간촌 생활이 그리워서 곰은 건너지 못할 강수에 몸을 던지어 헤엄하여 동으로 건너갔다. 이것을 발견한 암콤은 굴속에 있던 새끼를 데려 내다보이면서 남자를 유인하여 보았으나 남자는 이것을 불원(不願)하고 강을 건네었다. 이에 실망한 암콤은 새끼를 물에 던지어

죽이었다. 최후로 제몸까지 물에 빠져 죽었다.[10]

　공주지방에 널리 알려져 있는 이 곰나루의 전설에는 곰과 인간 남성이 결합하여 자식까지 낳고 있는 설화적인 전설이다. 이어지는 부분까지를 포함하여, 이야기의 줄거리를 좀더 일반화하여 정리하면 다음과 같다.[11]

① 여미산(연미산)에 사는 암콤이 한 남자를 잡아간다.
② 굴에서 둘이 함께 살면서 암콤이 굴 입구를 막고 남자가 도망치지 못하도록 한다.
③ 암콤은 둘 사이에 새끼를 얻어 낳은 뒤에는 안심을 하고 굴입구를 막지 않는다.
④ 남자가 이 기회를 틈타서 강을 건너서 도망간다.
⑤ 암콤은 새끼와 함께 금강에 빠져 죽는다.
⑥ 마을사람들이 암콤의 원혼을 달래기 위해서 제사를 지낸다.

　이와 유사한 줄거리의 설화는 강원도 인제에서 채집된 바 있으며,[12] 전남 구례 곰소의 전설도 확인되었다.[13] 인웅동서(人熊同棲)

10) 『공주군지』 1957, 제1편 31 – 32장 소재. 곰나루 전설은 최상수님이 1935년도에 수집한 자료가 『충청남도지』 (하권, 1979)에 실려 있고, 그 밖에 임헌도 『한국전설대관』 (정연사, 1973), 한상수 『충남의 전설』(한일출판사, 1979) 등에도 조금씩 다르게 정리되어 실려 있으나, 수집자의 윤색과 정리 때문에 전설의 원형이 변색되어 있다는 문제점이 있다.
11) 김헌선, 「동북아시아 곰신화 비교연구 – 한국, 만주, 아이누의 곰신화를 중심으로」 『아시아문화』14, 한림대 아시아문화연구소, 1998, p.305
12) 今村 鞆, 「朝鮮の傳說 – 人獸交媾說話」 『ドルメン』4 – 5, 1935, pp.27~28
13) 한국정신문화연구원, 『한국구비문학대계』5 – 2, p.781. '곰나루형 전설'로 분류된 이 구례 곰소 전설은 공주 곰나루 전설과 흡사한 점이 많다. 그 줄거리의 대강을 강헌규의 요약을 인용하면 다음과 같다. ①전남 구례 동방천이란 곳에 곰소라는 소가 있다. ② 이 소 속에 물 속으로 징검다리가 놓여 있다. 그 징

(男+子熊)를 비롯한 각종 곰 관련 설화들은 동북아시아 여러 지역에서 널리 수집되고 있는데,[14] 그 가운데는 곰나루 전설과 유사한 줄거리도 확인된다. 중국 소수민족의 하나인 악온극족의 신화는 그 일례이다. 이 신화의 줄거리는 다음과 같다.

① 한 사냥꾼이 수림 속에 사냥하려 갔다가 암콤에게 잡힌다.
② 암콤은 그를 굴속으로 끌고 들어가 함께 살자고 강요한다.
③ 사냥꾼은 위협에 못이겨 할 수 없이 굴 속에 암콤과 몇 해를 산다.
④ 그 사이에 암콤은 새끼 한 마리를 낳는다.
⑤ 나중에 사냥꾼은 기회를 틈타서 굴에서 도망친다.
⑥ 사냥꾼의 도망을 알아차린 암콤은 새끼곰을 품에 안고 뒤를 쫓는다.
⑦ 사냥꾼은 강가에 이르자 뗏목을 타고 도망친다.
⑧ 성이 난 암콤은 그 자리에서 새끼를 두 쪽으로 찢어 한쪽은 사냥꾼에 던져주고, 다른 한쪽은 자기가 가진다.
⑨ 암콤이 남긴 쪽은 곰으로 자라고, 사냥꾼에 던져진 쪽은 악

검다리는 나락 30석 씩 쟁여 놓을만한 바위로 되어 있다. 이 다리를 고무다리, 곰의 다리라고 한다. ③ 괴양산 쪽 사람이 지리산으로 산약(山藥)을 얻으러 갔다. ④암콤에게 붙잡혀 산다. ⑤ 암콤은 밖으로 나갈 때마다 문을 반석으로 막는다. ⑥ 암콤은 반인반웅(半人半熊)을 낳는다. ⑦ 강을 건너 도망하여 숲속에서 암콤을 본다. ⑧ 암콤은 지리산으로 올라가 바위를 굴려 소를 메우다(강을 메워 건너 오려고) 이내 지친다. ⑨ 암콤은 제 새끼를 돌팍에다 내 팽개처 죽여버리고 지리산으로 들어가 버렸다. (강헌규, 「곰나루 전설의 변이형 고찰」『웅진문화』2·3합집, 1990, p.26)
14) 최근의 관련문헌으로서 이정재,『동북아의 곰문화와 곰신화』(민속원, 1997) ; 김재용·이종주, 『왜 우리의 신화인가』(동아시아, 1999) : 김헌선, 「동북아시아 곰신화 비교연구 – 한국, 만주, 아이누의 곰신화를 중심으로」(『아시아문화』14, 한림대 아시아문화연구소, 1998) 등을 들 수 있다.

온큭 사람으로 자란다.

악온큭족의 기원에 대한 위의 전승은 이야기의 끝부분을 제외하면 곰나루 전설과 매우 비슷하다. 구스타프 랏디가 보고한 바에 의하면, 아무르강 중류의 비라알족(퉁구스계)에게도 다음과 같은 곰 이야기가 전한다.

오랜 옛날 아이군의 마을에는 남자들이 브레야 산맥의 모하다산에 사냥을 갔는데, 동료 한 사람이 행방불명이 되어버렸다. 남자들은 여러날 동료를 찾아 헤맸지만 찾지 못한 채 결국 돌아오게 되었다.
그런데 이 행방불명된 남자는 산 속에서 한 마리 암콤에 의하여 붙들려 동굴 속에 갇히게 되었던 것이었다. 갇혀 있는 사이에 남자의 털과 손톱 발톱은 길게 자랐다. 암콤은 남자에게 생고기를 가져다 먹여주었는데 결국 이 포로를 좋아하게 되었다. 암콤이 남자에게 결혼을 청하고 남자가 이에 동의함으로써 부부가 되었고 그 사이에 자식 둘을 두었다.
이때부터 남자에게는 자유가 주어지게 되어, 남자는 사냥을 나가

웅진사가 있었던 곰나루 원경(연미산 '곰굴' 쪽에서 바라봄)

고 암콤은 남편을 위하여 맛있는 열매를 모으며 지냈다. 남자가 산에 머물기 3년째인 어느날 저녁 남자는 사냥에서 돌아오던 도중 사람을 태운 작은 배가 모하야산 아래 대어 있는 것을 보았다. 남자는 오랜만에 동료인 인간을 보고 크게 기뻐하며 그들에게로 달려갔다. 그러나 사람들은 이 남자를 몹시 무서워하였다. 이 남자의 머리카락과 수염같은 것이 자라서 터부룩한 털가죽처럼 되어 있었기 때문이다. 남자가 자기의 운명을 이야기하는 것을 듣고서야 비로소 그들은 이 사람을 가깝게 하였다. 사람들은 이 남자에게 아이군까지 데려가겠다고 약속하고 다음날 아침 함께 출발하였다.

그러나 암콤은 남편이 없어진 것을 밤이 지나서야 깨달았다. 그녀는 강으로 달려가 보았지만, 작은 배는 벌써 기슭을 떠나고 있었다. 격노한 암콤은 집으로 돌아가 두 아이를 데리고 아무르 강으로 달려갔다. 그리고 사람들이 보는 앞에서 미친 듯 화를 낸 암콤은 자식들을 찢어 아무르강에 던져 넣어버렸다.[15]

아무르강을 배경으로한 이 설화는 구제적인 상황 설정만 약간 다를뿐 그 줄거리는 매우 흡사하다. <한 남자가 산에서 암콤에게 붙들린다/남자는 암콤과 동굴에서 함께 생활하게 된다/둘은 아이를 갖게된다/ 강물을 통하여 남자는 도망한다/ 곰이 아이를 데리고 나와 죽인다>는 기본 줄거리는 동일한 것이다.

만일 곰나루의 전설이 곰과는 아무 관련이 없이, '웅진', '웅천'이라는 지명에 맞추어 후대에 만들어진 것이라고 한다면[16], 곰나

---

15) 大林太郎,「神のけもの－北アジアの熊をめぐる神話と儀礼」『北方の民族と文化』山川出版社, 1991, pp.184~185. 이글은 윤용혁에 의해 번역되어 「북아시아의 곰에 대한 신화와 의례」라는 제목으로 『웅진문화』(제8집, 1995)에 소개된 바 있다.

16) 신종원 교수는 곰나루 전설 뿐만 아니라, 단군신화의 경우에서도, 곰이 실제의 곰이라기 보다는 웅(熊)과 신(神)이 의미상 서로 넘나든 데서, 원형과는 무관하게 나중에 부수적으로 붙여진 이야기로 보았다. 즉 단군신화의 웅(熊)도 실제로 곰을 의미하지 않는다는 의미이다. 신종원, 앞의 「단군신화에 보이는 곰(熊)의 실체」 pp.30~31.

루와 악온극족, 혹은 아무르강의 비라알족의 이같은 곰 전승의 유사성을 어떻게 설명할 수 있는지 궁금하다. 특히 여기에서 강이 중요한 클라이막스의 무대가 된다는 점이 일치한다는 점에서도 곰나루의 전설이 수신제(水神祭)에 맞추어 후대에 만들어진 이야기라고 간단히 단정하기는 어렵다. 같은 곰 전승을 악온극족은 종족의 기원을 설명하는 근거로, 곰나루 전설은 웅진단 제사의 기원을 설명하는 것으로 필요에 따라 다소간 변형하였을 따름이다. 요컨대 이들 전승은 대체로 그 지역의 곰 축제, 웅신숭배 전통을 반영하는 설화이며, 곰나루의 전설 역시 이러한 관점에서 볼 때 원래의 곰신앙과 결부되어 후대에 성립되고 다시 시간의 경과에 따라 윤색이 가해지면서 오늘에 이른 것으로 생각되어진다. 곰나루전설을 "신화가 변형되어서 유지되고 있는 전설"로 보고, '진설이 갖는 비극적 결말'이라는 일반적 특징에 맞추어 신화의 성격이 변질된 사례로 파악한 김헌선의 곰나루 전설에 대한 성격 규정은, 이점에 있어서 매우 중요한 시사라 하지 않을 수 없다.17)

3. 웅진사(熊津祠)의 제행(祭行)

금강에는 예로부터 수신(水神)을 제사하는 여러 장소가 있었다. 새로 지은 국립공주박물관에서 가까운 거리의 곰나루 소나무 숲에는 강변쪽으로 웅진단(熊津壇, 웅진사) 터가 있었다. 이 역시 금강과 관련한 제사 공간의 하나이다. 이에 대해서는 다음과 같은 증언이 있다.

---

17) 김헌선, 앞의 「동북아시아 곰신화 비교연구」, p.328

웅진사 터(용당터, 웅진단 터) : (전략) 봄가을에 제사를 지내다가 해방후에 폐지되고 주춧돌만 남아 있다가 1965년에 어떤 사람이 묘를 쓸 때 옛 흔적을 모두 없앴으며, 오직 늙은 팽나무 한그루가 남아 있음.18)

이곳은 원래 '웅진수신제'를 행하던 곳으로 향교에서 제사비용으로 매년 폐포(幣布) 54척을 제공하여 왔는데, 식민지시대 이후 사직단제와 함께 폐지되고 제각(祭閣)도 붕퇴(崩頹) 되었다고 한다.19) 이 곰나루 제사는 오랜 역사를 가지고 있었고, 국가적 제도의 틀 안에서 제행이 이어져 왔다. 앞에서 인용한 바 있는 곰나루의 전설에서는 이 수신제의 기원과 그 폐지에 대해 다음과 같이 적고 있다.

복원한 웅신단 제각

---

18) 한글학회, 『한국지명총람』 충남편(상), 1974, p.45
19) 『공주군지』, 1957, 제1편 57장

모웅(母熊)과 자웅(子熊)이 죽은 이 나루는 수심이 상당히 깊어서 나루턱이 되었고 나루가 된 뒤에는 음풍(陰風)이 간간 일어나서 파선이나 복선(覆船)되는 폐단이 가끔 있었다. 그 후에 사공은 웅신제(熊神祭)를 지내어왔고 공주가 도시로 된 뒤에는 관에서 제단을 설치하고 웅신제를 연중행사로 지내어오더니 지금에는 산에는 수목이 없고 강에는 복사(覆沙)가 밀리어 강심(江深)이 높아져서 곰이 혈거(穴居)하던 암혈(巖穴)은 강저(江底)에 매몰되고 수심도 얕아져서 행선(行船)의 위험도 없으므로 웅신제도 폐지되니라.

여기에서 특별히 주목되는 것은 이 웅진단의 제사가 바로 '웅진수신제' 또는 '웅신제'로 인식되고 있었다는 점이다. 말하자면 곰나루에서 빠져죽은 곰은 일종의 하신(河神)으로 전환되었고[20], 이 하신(河神)이 된 웅신(熊神)을 진정시키기 위한 방편으로서 제사가 시행되었다는 것이다.

조선시대의 경우, 웅진단에서의 제사는 어디까지나 국가적 사전(祀典)의 일환이었고[21], 따라서 곰과의 관련성은 희미해진 것으로 보인다. 『세종실록』에 의하면 악(嶽)·해(海)·독(瀆) 및 명산대천에 대한 제사는 중춘(仲春)과 중추(仲秋) 상순에 연2회 정기적으로 거행되는데, 구체적인 날짜는 한 달 전에 서운관(書雲觀)에서 택일, 예조에 보고하고 예조에서는 왕에게 보고하는 한편 관계기관에 통보함으로써 전국이 일률적으로 실시하였다. 악·해·독의 경우 헌관(獻官)은 관찰사가, 명산대천은 소재 주현의 수령이 맡게 되며 집사관으로서는 헌관 이외에 축(祝)·장찬자(掌饌者)·사존자(司尊者)·찬창자(贊唱者)·찬례자(贊禮者)가 있다. 제사에 당하여는

---

20) 곰은 육서동물(陸棲動物)이기는 하나, 흔히 수정하신(水精河神)으로 인식되었다고 한다. 三品彰英, 「久麻那利考」(上) 『靑丘學叢』19, 1935, pp.56~77 참조.
21) 조선초기 전국적으로 명산 38개소, 대천 22개소에 행제소(行祭所)가 마련되었다. 공주 금강의 웅진사의 제향은 그중의 하나이다. 정두희, 「조선초기 지리지의 편찬」 『역사학보』 69, p.98의 표 참조.

5일 전부터 행사(行事)할 집사관은 재계(齋戒)하고 구체적인 진설(陳設)·행례(行禮) 등의 절차와 내용에 대해서는 이미 상세한 규식(規式)이 마련되어 있어 그 규식에 의거 제사가 집행되는 것이다.22)

고려시대에 있어서 웅진사의 그것과 같은 공주지방의 사전(祀典)에 대한 기록은 거의 없지만 조선시대 사전의 내용이 대체로 고려시대의 계승이라는 점에서 생각할 때 웅진사의 치제(致祭) 역시 고려시대의 그것이 계승되었던 것에 틀림없다.23) 통일신라시대의 경우 웅천하(熊川河)는 신라의 4독(瀆)중 서독(西瀆)으로서 중사(中祀)에 편성되어 있었다.24) 이는 통일 이후 신라 국토의 동서남북 4변(邊)을 원칙으로 선정한 4진(鎭)·4해(海)·5악(嶽) 신앙과 함께 통일신라의 국가적 사전(祀典)으로의 편성은 백제시대 이래의 전통을 내용적으로 계승하였으리라는 것도 당연히 추측할 수 있는 일이다.25)

이상을 다시 요약한다면, 백제시대 곰나루의 제행이 이후 신라·고려·조선에 이르기까지 끊이지 않고 계승되어 내려왔고, 따라서 신라시대 4독(瀆), 고려·선초의 웅진건소(熊津愆所), 그후 웅진사(단)의 제사는 모두 백제시대 이래의 전통을 계승한 것이었다고 보아야 한다는 것이다. 다만 제사의 양상은 시대에 따라 달라졌을 것이며, 그것은 웅신제로서의 성격이 시대를 내려오면서 약

---

22) 『세종실록』 128, 「吉禮序禮」 및 같은 책 130, 「吉禮儀式」 '祭嶽海瀆儀' '祭山川儀' 참조.

23) '웅진건소(熊津愆所)'의 지명이 기록에 보이는 것은 그 증거가 된다. 그러나 고려시대의 산천에 대한 제사는 신라와 같이 대사(大祀), 중사(中祀), 소사(小祀) 등으로 등급이 구분되지 않고 일괄하여 잡사(雜祀)로 분류되었다. 조선시대 이르러 다시 계룡산은 소사, 웅진(고마나루)은 중사로 분류되었던 것이다. 이에 대해서는 김철웅, 『한국중세 국가 제사의 체제와 잡사(雜祀)』 한국연구원, 2003, pp.23~24 참조.

24) 『삼국사기』 32, 잡지 1, 제사조

25) 三品彰英은 신라시대 중사(中祀)에 편성된 웅천하의 제사 및 이후 웅진사의 제사는 "백제시대부터 이어져 내려온 것에 틀림없다"고 단정한 바 있다. 三品彰英, 앞의 「久麻那利考」(下), p.98.

화, 소멸되는 형태였을 것이다.

한편 곰나루의 웅진사 제사에 대해서는, 할아버지(沈載克, 1890
~1979)로부터 들은 이야기라는 심우성 선생의 다음과 같은 중요
한 전언이 있다.26)

"왜정 때까지도 웅신당이 있어 해마다 정월 대보름(음력)에 마을
사람들이 당굿(都堂祭)을 올렸는데, 보통 당굿에서나 제물은 별반 다
름이 없었지만 곰이 좋아한다 하여 도토리묵과 마(山藥)를 쓰는 것
이 특징이다. 또 굿이 끝나게되면 제물의 일부를 나루 한 가운데서
'고시래' 했었다." "당시 필자의 집 뒷동산에는 도토리 나무가 많았
고, 또 '돼지울' 근처에 마를 재배하고 있었는데 할아버님께서는 이
런 것을 보실 적마다 곰이 좋아하는 것이라 말씀 하셨었다."

웅진사의 제사와 관련하여, 도토리와 마 등을 준비하는 등, 이
제사가 곰에 대한 제사임이 유의되고 있었다는 사실이 매우 흥미
롭다. 제사가 끝난 후에는 줄다리기와 같은 놀이도 하였다고 한
다.27) 웅진단의 공식적 사전은 일제 이후 폐지되었지만, 해방 이후
까지도 한동안 이곳은 지역민들이 기우제 등의 제를 지내는 장소
로서 이용하였다.28) 역사를 내려오면서 이 제사는 곰과의 관련성
이 의도적으로 배제되었지만, 지금도 민간에서는 그것이 곰(웅신)
에 대한 제사였다고 생각하고 있다.

---

26) 심우성, 「고마나루의 전설」『고마나루의 수신제연구』(계룡산산신제 학술조사
  발표자료집, 2004.5.2) 계룡산산신제보존회, pp.25~26.
27) "할아버님으로부터 들은 바에 의하면, 옛날에 고마나루 백사장에서는 당굿(웅
  신제)이 끝난 다음 큰 '강다리'(공주지방에서는 줄다리기를 '강다리'라 했었음)
  가 있었다는 것을 보면, 다른 지방의 '도당굿'이나 마찬가지로 '제의(祭儀)'와
  '연희(演戲)'가 함께 어울어졌을 것으로 짐작이 간다."(심우성, 앞의 「고마나루
  의 전설」, p.26)
28) 곰나루에서의 '곰제사'는 일제 때 '미신'으로 철거되었으나 지금 공주 전매청
  자리로 옮겼다가, 전매청이 신축되면서 아주 없어지게 되었다 한다. 심우성,
  위의 「고마나루의 전설」, pp.26~27.

4. 웅진동 출토의 돌곰상과 '곰굴'

1) 웅진동 출토의 돌곰상

공주지방의 곰과의 관련성과 곰신앙을 검토함에 있어서, 고고학적인 관련 유물이 있다는 사실은 대단히 흥미 있는 일이다. 공주 웅진동출토 돌곰상은 무령왕릉이 있는 송산리 고분군 입구의 남쪽 지점의 밭에서[29] 전주(田主)인 이씨(李氏)에 의하여 발견, 출토된 것이라 한다. 곰상은 발견 이후 전주의 집에 보관하여 오던 중 1972년, 공주박물관 김영배 관장에 의해 동 박물관에 수장되게 되었다.[30]

웅진동출토 돌곰상(국립공주박물관)

화강암으로 만들어진 이 곰상은 높이 34cm, 길이 29cm의 크기인데 머리는 약간 위를 쳐들어 전방을 응시하고 있고, 앞의 두 발을 함께 모아딛고 뒷발을 오무려 앉힌 일종의 준좌상(蹲坐像)이며, 등은 활모양으로 둥글게 휘었

---

29) 출토지의 위치는 왕릉으로부터 200m 남쪽의 지점으로, 이후 밤나무 농원으로 조성되었다. 공주사대 백제문화연구소, 『백제문화권의 문화유적』(공주편), 1979, p.31의 '곰상 출토지' 참조.

30) 돌곰상의 출토 및 공주박물관 수장 경위에 대해서는 1978년도 공주지역 문화재현황 조사 과정에서 김영배 관장으로부터 필자가 직접 들은 이야기이다.

다.[31] 선의 처리가 극히 간결하고 조각상의 기교가 전혀 배제되어 있는데, 전체적인 인상은 소박·유순하여 친밀감을 느끼게 하고 사실적이기보다는 함축적인 느낌을 준다. 조각된 선은 원래부터 세부표현이 절제된 데에다, 오랜 풍화로 인한 것인지 선각 자체가 매우 애매한 상태이지만, 역시 곰의 상으로 보는 것이 적합하다는 생각이다.[32]

중국고대(한대)의 청동곰상 (미국 보스톤 가드더박물관 소장)

고고학적인 측면에서 곰상의 사례는 드물지만, 공주 및 인근에서 2건이 보고된 바가 있다. 하나는 공주 석장리 구석기 유적에서의 이른바 '곰의 머리형상 조각'이고[33], 다른 하나는 부여의 부소

---

31) 중국 한대(漢代)의 것으로 보이는 청동곰상이 미국 보스톤의 가드더 박물관에 소장되어 있다고 한다.(김재원, 『단군신화의 신연구』, 탐구당, 1979의 p.111 및 도판 21) 이 곰상은 조각의 표현이 사실적이어서 웅진동의 것과 차이가 많지만, 곰의 앞발을 세우고 뒷발을 주저앉힌 준좌형(蹲坐形)의 포즈와, 등을 활모양으로 둥글게 구부려 표현한 점이 공통되고 있다. 뭉툭하게 내민 주둥이, 자그맣게 붙인 귀의 모양도 느낌이 비슷하다.

32) 이 돌짐승의 상이 '곰상'이라는 것은 유물을 처음 인수한 김영배 관장의 판단에서 비롯된 것이었다. 이 유물은 1970년대 이후 중동의 공주박물관 신관(구 박물관)에서부터 '공주 웅진동 출토 곰상'으로 전시되어 왔는데, 이것이 곰상이 아니라는 구체적인 논의나 주장을 아직까지 필자가 들은 바가 없다. '곰상'이라는 판단이 현재로서 가장 공감되는 의견이라는 이야기이다.

33) "집자리 문 밖에 있었던 것으로서 무너져 떨어진 것을 1968년 4월에 찾은 것으로 곰의 머리 형상 조각이 있다. 빤질빤질하고 곱게 닮은 각섬석, 미사장석 및 석영의 혼성편마암(migmatitic gneiss)인데, 길이가 23.6 cm이다. 눈모양으로 둥그렇게 뚫린 자연의 구멍을 눈으로 그대로 이용하면서 머리부분과 목부분에서 가벼이 떼어내고 뒷면에서는 크게 떼어내서 곰을 상징한 것 같다. 검은

산성 앞 백제건물지 출토의 작은 곰상이 그것이다. 하나는 구석기 유물이고, 다른 하나는 백제 유물인 셈인데, 물론 이들이 실제 '곰상'인가에 대해서는 의문이 제기될 수도 있을 것이나, 곰상 자체에 대한 자료가 희소한 현재로서는 논의에 한계가 있을 수 밖에 없다. 성격은 다르지만, 시베리아에서는 곰숭배와 관련한 석제 혹은 목제의 곰상이 다수 확인되고 있다고 하며[34], 청동으로 만들어진 중국 고대의 곰상이 사진으로 소개된 바 있다.[35]

웅진동출토 곰상에 대하여 가장 궁금한 문제는 이 상이 과연 어느 시기에, 어떤 용도로 만들어진 것인가 하는 점이다. 이에 대하여 돌아가신 김영배 선생은 조각수법의 고졸(古拙)함이라든가 풍화의 진행상태 등으로 보아 백제시대 소작이 거의 틀림없다는 의견이었다.[36]

곰상 출토지 주변이 백제시대 왕족 혹은 귀족들의 무덤 밀집지역이고, 곰나루에서 웅진도성으로 들어오는 길(고개) 가까운데 위치한다는 역사적 환경, 그리고 출토지점의 "부근에서 기와편과 백제 토기편이 확인된다"는 보고는[37] 이 곰상이 백제시대의 것일 가능성을 높이고 있다는 생각이다. 이에 의하여 이 곰상은 공주박물관에서 '백제시대 돌곰상'으로 전시되어 왔다.

곰상의 용도에 대해서는 신앙적 대상물, 혹은 무덤의 진묘수

각섬석의 색깔이 번진 것처럼 보이고 붉게 물들은 장석의 결에서 나타나는 것이 특히 멋있게 보여서 곰으로서의 인상이 독특하다. 크기는 236.2×126.0×103.8mm이고 무게는 4,812 g이다." (손보기, 「석장리의 후기구석기시대 집자리」『한국사연구』9, 1973, p.26)

34) Okladnikov의 「신석기시대 동시베리아 종족의 곰 숭배사상」이 김정배, 『한국민족문화의 기원』(고려대 출판부, 1973)에 번역 게재되어 있다.

35) 김재원, 『단군신화의 신연구』, 탐구당, 1979의 p.111 및 도판 21 참조.

36) 필자가 김영배 관장으로부터 직접 물어, 그 의견을 들은 것임.

37) 공주사대 백제문화연구소, 『백제문화권의 문화유적(공주편)』, 1979, p.31 및 백제문화개발연구원, 『충남지역의 문화유적(공주군편)』, 1988, p.483 참조.

등을 상정해 볼 수 있을 것이다. 근년에 곰나루 부근에 복원한 곰사당(웅신단)에는 이 곰상의 모조품을 안치해 놓고 있는데, 이는 돌곰상이 원래 신수(神獸)로서 제각에 모셔졌으리라는 생각에 근거한 것이라 할 수 있다.

신앙 대상으로서의 곰상 이외에는, 무덤의 부장용일 가능성이다. 돌짐승의 무덤 부장의 사례가 이미 무령왕릉에서 확인된 바 있으므로, 이러한 가능성도 배제할 수 없을 것이다. 만일 곰상이 무덤의 부장용이었다고 한다면, 출토지의 위치상 그것이 백제시대의 것일 가능성은 매우 높다.

여하튼, 불투명한 점이 많기는 하지만, 필자는 이 곰상이 백제시대의 곰신앙을 구체적으로 증거하고 있는 자료이며 이러한 곰신앙은 초기역사시대, 그리고 더 나아가 서는 선사 이래의 신앙적 전통의 계승이었을 것이라는 추정적 결론으로 이 문제를 일단 정리하고자 한다.

웅진동 출토의 곰상 문제와 관련하여, 무령왕릉 출토의 진묘수(석수)에 대해서도 언급하고자한다. 지금까지의 연구에 의하면, 진묘수라는 제도는 중국으로부터였지만, 무령왕릉의 석수는 중국과는 소재의 차이를 보여준다.

이 왕릉의 석수가 기본적으로는 상상적 신수(神獸)이고 따라서 그것이 특정의 동물을 구상화한 것이 아니라는 점은 이의가 있을 수 없다. 그러나 이 동물의 모형(母型)이 어떤 동물이었을 것인가는 검토해볼 문제이다. 이에 대해서는 중국측의 자료 등을 참고하여 소, 돼지, 양 등의 가능성이 검토되면서, 소에 가까운 것이 아닌가하는 의견이 제안된 바 있다.[38] 돼지나 양도 거리가 멀다고 생각되지만, 소의 경우 역시 이에 부합하지 않는다. 소는 무엇보다

---

38) 윤무병, 「무령왕릉 석수의 연구」 『백제연구』9, 1978, p.34

큰 몸통을 받치고 있는 긴 다리가 특징일 것인데, 무령왕릉의 석수는 짧고 굵은 다리모양이 소의 이미지와는 거리가 있기 때문이다. 만일 소였다면, 뿔도 일각(一角)이 아닌 이각(二角)이 되었을 것이다. 이러한 점에서 필자는 이 무령왕릉 석수에 가장 가까운 형태의 동물이 곰이라는 사실을 상기하고자 한다. 큰 몸집, 굵고 짧은 목과 네 다리, 이마쪽 양 옆에 둥글고 납작하게 표현한 귀의 모양이 그렇다. 이러한 점에서 무령왕릉의 석수 조성에 공주의 곰의 이미지가 투영되었다는 것이 필자의 의견이다. 그리고 그것은 백제시대의 신수(神獸)로서의 곰에 대한 이미지가 반영된 것이라 생각된다.

무령왕릉 출토의 석수

2) 연미산의 '곰굴'

연미산(여미산)은 곰나루의 북안에 높이 솟은 산을 말한다. 이 연미산 중턱으로 개설된 고개로부터는 금강과 곰나루가 한 눈에 들어온다. 이 연미산의 곰나루를 향한 쪽에 '곰굴'이라 전하는 작은 자연동굴이 있다. 강헌규 교수가 이 곰굴을 사진 자료로 소개하였으나 별로 주목받지 못하였다.[39] 굴 입구는 가로 세로 1m 가량의 크기이나 안이 깊지 못하여 동굴로서 얼마나 효용성이 있었을지 잘 판단하기 어렵다. 구 국도의 연미산 고개에서 100m 정도의 가까운 거리이나 길이 없어 접근은 용이하지 않다.

연미산 '곰굴'

---

[39] 강헌규, 「곰나루 전설의 변이형 고찰」 『웅진문화』2 · 3합집, 1990, p.22

연미산의 곰굴에 대해서는 연미산 아래 기슭 강변에 있었는데 금강의 모래 때문에 묻혔다는 이야기도 있고,[40] 곰나루 전설은 어디까지나 전설인지라 실제로 '곰굴'이 필요한 것인지도 확신할 수 없다. 연미산의 굴이 정말 전설상의 곰굴이라고 단정하는 것도 쉽지는 않다. 그러나 전설의 장소에 맞추어 작으나마 자연굴이 형성되어 있는 것 자체는 흥미있는 자료라 하지 않을 수 없다.

5. 백제시대의 웅신숭배

공주의 경우를 놓고 백제시대에 웅신숭배가 행하여졌으리라고 보는 의견은 이미 삼품창영·조지훈 등에 의하여 제시된 바 있다. 그들은 모두, 단군신화가 고구려 건국신화와 동일한 패턴을 가질 뿐 아니라, 고구려 신화에서도 단군의 그것과 같은 웅신의 존재가 암시되고 있음에 주목하고 부여·고구려와 동일계로서 공통의 시조전설을 가지는 백제 역시 웅신숭배가 존재하였을 것이라는 논리에서 웅진, 웅천 등의 지명을 이에 관련지어 언급하였던 것이다. 특히 조지훈 선생은 "곰나루는 웅진이요, 백제에 웅신숭배가 있었음은 백제의 고속(古俗) '교천(郊天)'이란 것이 바로 하신(河神) 웅(熊)을 제(祭) 지내는 것임으로써 알 것이다"라 하고, 『통전(通典)』의 교천(郊天) 조 기록을 원용, "백제의 교천은 물론 곤(鯀)이 아니라 주몽의 모(母) 유화(柳花) 같은 하백(河伯)의 딸을 제(祭) 지냈을 것이다"라 하였다. 그리고 더 나아가서 "고속(古俗)의 교천(郊天)은 웅제(熊祭)이거니와 백제의 교천(郊天)은 바로 부여족으로서의 웅제(熊祭)였을 것"이라고 결론지었다.[41] 씨가 논의한 "백제의 고속

---

40) 『공주군지』, 1957, 제1편 31~32장

(古俗) 교천(郊天)"이란 것이 구체적으로 어떠한 자료에 근거한 것인지는 확실하지 않다.42) 그러나 이제까지 살펴온 바와 같이 웅진·웅천이라는 공주의 고지명이라든가, 곰나루의 전설, 신라·고려·조선에 이르는 웅진사와 같은 사전(祀典), 거기다 웅진동출토의 곰상은 백제시대 곰신앙의 존재를 증거하는 데 유용한 자료가 된다는 생각이다.

백제시대 웅진에서 웅신에 대한 숭배가 행해졌다고 한다면 그 신앙적 기반은 지배계층보다는 오히려 민간에 있었을 것이다. 웅진시대의 수다한 사찰의 조영이나 무령왕릉이 보여준 불교적 색채의 농밀성은 당시 불교가 지배층의 종교로서 이미 확고한 지위를 점하고 있었음을 반영하고 있다. 물론 이로써 당시 지배층이 전통적 자연신앙을 일체 배제하였다고는 생각할 수 없겠지만, 그들의 종교에 대한 성향이 불교에 의해 크게 지배될 때 웅신숭배와 같은 전통적인 신앙형태는 약화되어 그 기반이 주로 민간에 남게 되었으리라 생각하게 된다.

백제시대 곰신앙의 연원은 당연히 공주천도 이전의 시기로 소급하여 올라간다. 공주의 곰신앙 역시 웅진시대 훨씬 이전부터 이 지역에 존재해왔던 하나의 신앙형태였을 것이며, 거기에서 '웅진'·'웅천'이라는 이름도 자연스럽게 형성되었던 것임에 틀림없다.

---

41) 조지훈, 앞의 『한국문화사서설』, p.75 및 p.240
42) 혹 『삼국사기』에 나타나는 백제의 제천사지에 대한 기록, 가령 '設大壇祀天地山川'(고이왕 5년 정월)이라든가 '祀天地於南郊'(비류왕 10년 정월) 등의 기록을 가리키는 것은 아닌가 생각한다. 웅진도읍기인 동성왕 11년 10월의 기록에도 역시 '王設壇祭天地'라 한 기록이 보이는데 그러나 이같은 제천사지(祭天祀地)의 기록을 웅신제와 연결시키기는 어렵다고 할 수밖에 없다.

맺는말

이상에서 본고는, 오늘날 공주지방에 산재한 몇몇 유적·유물·전설과 문헌 자료들을 종합 검토하면서, 그것이 백제시대 웅신숭배의 존재를 방증하는 자료일 것이라는 관점에서 논의를 진행시켜 왔다.

곰신앙은 시간적으로는 선사 이래의 오랜 역사를 가지고 있고 공간적으로는 동북 아시아 제지역에서 특히 성행하였다. 고고학적으로 이와 연결되고 있는 한국에서는 개국신화에 등장하는 곰으로 인하여 그러한 신앙형태가 우리나라에 존재했으리라는 것은 부인하기 어렵다. 그럼에도 이후 역사시대에 있어서 곰신앙 문제에 대해서는 구체적인 논의가 이루어진 바가 없었고 심지어는 공주의 곰전설과 지명 등의 자료가 곰과는 관계가 없다는 주장까지 제기되고 있다. 이러한 실정에 비추어 고대의 곰신앙에 대하여 논의한 본고의 의의도 찾아질 수 있다고 믿는다.

본고에서 필자는 곰나루의 전설이 비록 시간의 경과에 따라, 혹은 지역적 여건에 따라 많은 변형이 있었겠지만, 기본적으로는 고대 곰신앙으로부터 기원된 것이라는 점, 지명의 유래 역시 곰신앙과 연관되어 형성되어진 것이라는 점 등을 지적하였다. 곰나루의 곰전설이 곰나루의 특수 형태가 아닐 뿐아니라 유사한 줄거리가 전혀 다른 지역에서도 확인되고 있기 때문이다, 이러한 점에서 곰나루의 곰전설은 그 변형에도 불구하고 고대 우리나라 곰신앙의 존재를 시사한다는 점에서 의미가 크다.

필자는 본고에서 웅진동 출토의 곰상에 대해서도 주목하고, 이를 백제시대 곰상으로 처음 단정한 김영배 선생의 의견에 적극 동의하였다. 웅진동 출토의 곰상은 '백제시대 돌곰상'이라 하면서도,

아직 문화재 지정을 받지 못하고 있다. 학술적으로 모호한 점이 많다는 의미인 듯하지만, 차제에 곰상으로서의 성격을 보다 적극적으로 강조할 필요가 있다. 우리나라에서는 유례를 찾을 수 없는 자료이고, 미술사적으로나 사상사적 측면에서나 대단히 흥미 있는 자료이기 때문이다.

이와 더불어 본고에서는 무령왕릉에서 출토된 석수(진묘수)에 가장 가까운 동물이 곰이라는 것을 제안하였다. 이 진묘수가 기본적으로는 상상적 신수(神獸)인 것은 물론이지만, 그 모델이 되었을 동물의 원형에 대해서는 종래 소(牛形) 등의 제시가 있었던 터이다. 그러나 본고에서 필자는 전체적인 몸집의 이미지, 다리의 뭉툭함, 귀의 모양 등에 의하여 곰이야말로 이에 가장 가까운 동물이라는 의견을 제시하였다. 말하자면 곰에 대한 신수로서의 이미지가 무령왕릉의 진묘수에 영향을 주었으리라는 의견인 셈이다.

웅진동출토의 곰상은, 지견(知見) 있는 전문가에 의하여 보다 본격적인 고찰이 시도되어지기를 고대하고, 아울러 곰나루와 곰상에 대한 문화재의 지정이 시급히 이루어져야 한다는 생각이다. 그리고 국립공주박물관의 곰나루 신축 이전을 계기로 곰나루에 대한 보다 적극적인 보존 및 개발 정책이 요구된다는 점을 강조하고 싶다.

공주의 옛다리
- 백제 웅진교와 제민천교, 금강교 -

머리말

공주는 금강이라는 강을 끼고 도시가 형성되고 발전되어온 곳이다. 따라서 공주와 금강은 나누어 생각할 수 없는 깊은 관계가 역사적으로 형성되었다. 과거 금강이 공주의 도시 형성 및 발전에서 가졌던 기능중 가장 중요한 것은 무엇보다도 교통상의 기능이었다고 할 수 있다. 고대 이래 근세에 이르기까지 우리나라 교통로의 근간은 해로와 내륙수로였고 따라서 공주는 금강을 통하여 국내의 여러 도시 및 중국, 일본과 같은 해외의 여러나라와 직접적인 접촉이 가능하였던 것이다.

금강은 본류에 연결되는 여러 지류를 가지고 있고 또 배가 정박하거나 인물을 건네 주는 진도(津渡) 혹은 포구가 형성되었다. 그러나 인물의 왕래가 많고, 거기에 경제적 혹은 기술적 조건이 허락된다면 선편을 이용하지 않고 직접 도보로 하천을 건널 수 있

는 교량을 건설하게 된다. 그리하여 현재 공주시내의 금강에는 3
동의 대형 교량이 있고 시내를 남북으로 관류(貫流)하는 제민천(濟
民川)을 중심으로 여러 동의 작은 다리들이 시설되어 있는 것이다.
　본고에서는 공주의 다리에 대한 고찰로서 백제시대 가설되었다
고 하는 '웅진교'와 근세의 제민천교, 그리고 근대에 이르러 금강
에 가설한 다리에 대하여 살펴보고자 한다.

1. 백제시대의 웅진교

1) 웅진교의 가설

　우리나라에서 가장 오랜 교량 건설에 대한 기록은 『삼국사기』
신라본기 실성왕 12년(413) 가을 8월의 "평양주(平壤州) 대교(大橋)
를 새로 만들었다"는 기록이다. 참고할만한 관련 기록을 결여하고
있기 때문에 그 이상의 사실을 파악하기는 매우 어렵다. 그러나
신라 실성왕대의 이 다리는 아마도 도성 경주에 가설된[1], 그리고
규모가 매우 큰 것이리라는 추정을 할 수 있다. 여기에서의 다리
가 '대교'임을 감안한다면 보다 작은 규모의 다리가 이전에 얼마
간 조영되었을 것이고, 따라서 우리나라 다리의 역사는 5세기 초
로부터 한참을 거슬러 올라간다고 보아야 할 것이다.
　백제 역시 다리에 관한 자료는 별로 없다. 익산의 백제 미륵사
지에서 조사된 백제다리가 거의 유일한 유적이라 할 수 있다. 미

---

1) 손영식, 『옛다리』(대원사, 1990)에서는 "이때의 평양주는 현재의 양주(楊州)라
　는 설이 있으나 확실치 않다"하였다. 그러나 실성왕대의 이 다리가 경기도 양
　주 소재일 가능성은 전무하다.

륵사지 다리는 원형으로 된 교각의 초석이 2개씩 4열 배치되어 있는데 누교식(樓橋式) 다리였을 것으로 추정되고 있다.[2] 한편 『일본서기』의 추고(推古) 천황 20년(612) 백제의 토목 기술자 노자공(路子工)이 일본에 건너가 현재 일본의 3대 기물(奇物)중의 하나로 치는 '오교(吳橋)'를 만들었다는 기록이 있다.[3]

백제시대 교량 가설에 대한 가장 분명한 기록은 498년인 동성왕 20년에 "웅진교를 가설하였다(設熊津橋)"는 기록이다.[4] 웅진교의 가설은 이 무렵 기록의 신빙성에 비추어 보더라도 분명한 역사적 사실로 인정된다. 동성왕대는 백제 웅진천도 이후 비로소 본격적인 토목 건축사업이 활발히 전개되던 시기이다. 이에 대한 내용을 『삼국사기』 백제본기로부터 발췌하면 다음과 같다.

8년	가을 7월, 궁실을 중수하고 우두성(牛頭城)을 쌓음
12년	가을 7월, 사현성(沙峴城)과 이산성(耳山城)을 쌓음
20년,	웅진교 가설
20년 7월,	사정성(沙井城)을 쌓음
22년 봄,	대궐 동쪽에 높이 5장의 임류각을 건축
	연못을 파고 진기한 물고기를 기름
23년 7월,	탄현(炭峴)에 목책을 세워 신라 침입 방비
23년 8월,	가림성(加林城)을 쌓음

동성왕대는 이러한 빈번한 대토목 건축공사를 통하여 "실추된 왕권의 위엄을 과시하고 권력 집중의 수단으로 이용"하였던 것이다. 위에 간추린 동성왕대 토목 건축공사의 내용을 검토하면 첫째는 새 왕도의 방비를 위한 방어시설의 정비가 일차적이었고, 여기

---

2) 문화재관리국, 『미륵사』, 1989
3) 『일본서기』 推古天皇 20년 5월 5일. 노자공의 다른 이름은 芝耆麻呂였다 한다.
4) 『삼국사기』26, 백제본기 동성왕 20년(498)

에 궁궐 시설의 규모를 갖추는 작업에 노력이 기울어졌음을 알 수 있다. 이같은 토목 건축 사업의 내용은 당시의 대규모 건설 사업이 왕권의 과시와 같은 관념적 측면에서보다는 당시의 실제적 필요에 의하여 추진된 것이었으며, 그것이 동성왕의 권력 확보에 의하여 비로소 가능해졌음을 암시하고 있다.

동성왕대 활발히 전개된 토목 건축사업을 흔히 왕권의 권위 과시라는 측면에서 이해하게된 데에는 이 토목 사업에 대한 『삼국사기』 찬자의 비판적 시각이 크게 작용한 것으로 보인다. 『삼국사기』 동성왕 22년조, 대궐 동쪽에 고층의 임류각을 건축하고, 연못을 파서 진기한 물고기를 길렀다는 기사에 이어, "간관들이 이에 항의하여 글을 올렸으나 대답을 하지 않고 다시 간하는 자가 있을까 하여 아예 대궐문을 닫아 버렸다"고 하였다. 그리고 이에 대하여 덧붙인 찬자의 비판은 다음과 같다.

좋은 약은 입에 쓰지만 병에는 이로우며, 바른말은 귀에 거슬리지만 행함에는 좋은 것이다. 그러므로 옛날 명군(明君)들은 자기를 비워 정사를 물으며 부드러운 얼굴로 간함을 받았다. 그러면서도 오히려 사람들이 말을 하지 않을까 염려하여 북을 단다든가 나무('誹謗木')를 세운다든가 하는 조치를 취하였다. 그런데 동성왕은 간하는 글이 올라와도 반성하지 않고 다시 문을 닫아 거절하였던 것이다. 장자(莊子)가 이르기를 "허물을 알고도 고치지 않고 간언을 듣고도 더 심해진다면, 이를 일러 이리(狼)"라 할 것이다.

동성왕에 대한 김부식의 비판은 매우 준열한 것인데, 그러나 비판의 초점이 토목건축 사업에 있는 것이 아니라 동성왕이 신하의 간언을 무시한 군주라는 데 있다. 이는 김부식의 유교적 군왕관을 여실히 표현한 것이라 할 수 있다.

동성왕대는 웅진 천도(475)로부터 불과 수년 뒤에 개시된 시기인데다 그나마 전왕인 문주왕, 삼근왕의 양대는 천도 직후의 혼란과 정변으로 얼룩진 시기였다. 따라서 동성왕대에 있어서 새 왕도를 중심으로 한 방어 설비의 재정비 및 궁실 등의 건축사업은 실상 우선적인 사업이었던 것이다.

이상과 같은 배경에서 볼 때 동성왕 20년(498) 웅진교의 건설은 다름 아닌 새 왕도 웅진의 도시 기반작업 정비의 일환이었음을 짐작케 한다. 기록에는 분명하지 않지만 동성왕대는 웅진을 중심으로 한 방어체계의 재정비, 궁실의 조영과 함께 신도읍 웅진의 도시 기반시설 작업이 중점 추진되었음에 틀림이 없다. 그리고 도시 기반작업의 대표적인 사업이 바로 웅진교의 건설이었던 것이다.

2) 웅진교의 위치

동성왕 10년(498) 건설된 웅진교는 삼국사기에 기록된 백제 교량 건설의 최초 유일의 기록이라는 점에서 우선 그 의의가 주목되는 자료이다. 그리고 그것은 웅진시대 초기인 동성왕대, 도성 웅진의 도시 기반 시설 정비작업의 일환으로 이루어진 것이었다.

웅진교의 위치에 대해서는 기록이나 유적의 부재로 인하여 불확실한 사항으로 되어 있다. 그러나 대략적 위치에 대해서는 그동안 두 가지 견해가 있어왔다. 첫째는 웅진교가 금강 위에 가설된 교량이라는 것이고, 둘째는 웅진, 즉 현재의 곰나루 부근의 소하천(小河川)에 가설된 다리였을 것이라는 의견이다.

웅진교가 금강에 가설된, 말하자면 금강교였다는 주장은 더 나아가 백제시대 고도로 발달한 토목공학의 기술 수준을 웅변하는 것으로까지 비약된다. 그러나 강폭(江幅)이 500미터가 넘는 금강상의 교량건설은 고대의 기술로서는 전혀 불가능한 일이 아닐 수 없고, 이를 가설해야할 필요조차 아예 없었다. 교통로에 있어서 교량이란 육로교통의 개념에서 나온 것이다. 백제 당시의 교통체제는 육로가 아닌 해상과 내륙수로가 교통의 중심이었다. 교량 건설은 도리어 내륙 수로의 교통을 차단하게 된다. 게다가 고구려의 남침을 막는 천연적 장애물이었던 금강을, 교량 건설에 의하여 그 방어 기능을 약화시킨다는 것은 어불성설이 아닐 수 없다.

다음, 웅진교의 위치를 곰나루 부근의 소하천에서 생각하는 것은 '웅진=곰나루'라는 글자에 대한 집착에서 오는 착오이다. 교량이란 무엇보다도 절실한 필요성이 전제된다는 점에서 생각하면 이역시 가능성이 없는 일이다. '웅진교'의 '웅진'은 곰나루에 대한 지칭이 아니라 백제의 도읍 '웅진'을 의미하는 것이기 때문이다. 그러면 동성왕 20년에 건설한 웅진교의 위치는 과연 어디에서 찾아야 할까?

동성왕대 웅진교의 건설은 무엇보다도 다리를 가설해야할 필요성이 가장 절실한 지역이 어디였을까, 그리고 그것이 웅진천도 초기의 도시 기반시설 정비 작업의 일환으로 이루어졌을 것이라는 두 가지 점에서 착안해야 한다. 이같은 기준에서 본다면 그것은 시내의 제민천상이 되지 않으면 안된다. 공주는 북쪽과 서쪽으로 금강이 휘감고, 다시 동, 서, 남 3면으로 산지가 병풍처럼 감싼 그 내부에 도시가 형성되어 있다. 분지형의 이 지형은 처음부터 그 입지가 매우 협소하게 되어 있다. 이 협소성이 고대에는 도리어 방어상의 이점이 되었다. 그런데 이 좁은 분지를 남북으로 길게 관류하고 있는 것이 바로 제민천인 것이다.

원래 제민천은 상당면적의 저습한 침습(浸濕) 지역을 포함하여 시내의 거주공간을 크게 잠식하고 있었을 것이 분명하다. 더욱이 제민천이 남북으로 길게 흐름으로써 이를 경계로 거주 공간이 양

분되기 때문에 어떻게든지 도시의 발전을 위해서는 공간의 단절성
이 극복되지 않으면 안되었던 것이다.

시내의 중심부에 위치한 대통교(좌)와 제민천교의 위치

　　제민천 중에서도 상당지역은 비교적 근년까지 침수지역으로서
주변에 거주여건이 마련되지 못하였다. 이점에서 가장 중심된 지
역은 시내의 중동, 반죽동, 중학동, 봉황동 어간이 된다. 좀더 구체
적으로는 구 호서극장 주변으로부터 제일감리교회 주변에 걸치는
지역이 웅진시대의 중심구역이었을 것으로 생각된다. 이 지역은
조선시대의 경우 사대부고 자리에 충청도 감영이, 그리고 구 제일
은행이나 공주의료원 일대에 공주목의 관아가 들어선 장소이다.
백제시대로부터 통일신라시대에는 이곳 제민천의 서편에 대통사

(大通寺)라는 이름의 사원이 들어서 있었다. 각종의 건축물과 민가들이 또한 대통사 주변에 형성되어 있었을 것이 분명하다. 이같은 점을 생각하면 백제시대의 경우 이 지점에 다리의 건설은 매우 절실하였을 것이다. 따라서 대통교, 혹은 제민천교의 지점이 옛날 교량 가설의 최우선 지점이었음을 감안하면 백제 동성왕 20년 '웅진교'의 가설도 그 위치를 이 일대에서 찾지 않으면 안될 것으로 믿는다.

3) 웅진교의 구조

다리는 그 재료에 따라 흙다리, 나무다리, 돌다리 등으로 나눌 수 있다. '웅진교'가 이중 어디에 속한 것인지는 역시 기록에 없다. 그러나 그 당시로서도 웅진교의 건설은 매우 역사적인 사업으로 인식되었던 것 같고, 도성의 가장 중심부에 건설된 다리라는 점에서 웅진교는 잘 다듬은 돌로 정교히 구축한 돌다리가 아니었을까 생각된다. 그렇지 않으면 교각을 비롯한 골격을 석재로 세우고 다리의 상면(床面)이나 난간만 목재로 한 석목(石木) 혼합형을 생각해 볼 수도 있겠다.

다리의 형식은 조선시대 공주의 대통교 같은 홍예교는 아니었을 것이고, 그렇게 보면 천상 가장 기본적인 교량 가설의 형태인 널다리(板橋) 형식이 될 것이다. 하상(河床)의 엄청난 상승으로 인하여 그 터를 확인한다는 것은 이제 불가능한 일이 되었다. 그러나 공주의 지형적 특성상, 조선시대의 대통교 혹은 제민천교 등이 바로 백제시대 '웅진교'의 위치에 가설된 다리들이었다고 생각하게 된다.

2. 조선시대의 제민천교

1) 1817년의 제민천교

제민천은 공주시내를 남에서 북으로 관류(貫流)하여 금강에 합류하는 지천(支川)이다. 지금은 거의 건천(乾川)에 가까울 정도로 수량이 줄어 있으나, 예전에는 수량도 많고 아름다운 경관을 이루고 있었던 듯하다. 1919년 매일신보에 실린 민태원의 글에 제민천의 정경이 다음과 같이 인상적으로 묘사되어 있다.[5]

> 공주에 와서 제일 부러운 것이 맑은 냇물이다. 준공된 지 얼마 안된 석축은 화강암에 서슬이 아직 마멸되지 아니하여 보는 눈을 상쾌하게 하며, 하상(河床)에는 반석을 깐 중앙으로 유유히 한 줄기 맑은 물이 밤낮 없이 북류(北流)하니, 그 정결함은 산간의 냇물보다 못할 것이 없다. 더욱이 이른 아침 안개 낄 때에 물고기 한 떼가 꼬리를 저어가며 헤엄치는 모양과 한적한 한낮에 물소리를 듣는 취미는 일종의 시(詩)라 하겠다.

공주제일감리교회에서 동쪽으로 제민천을 건너는 것이 제민천교로서, 대통교와 함께 가장 중요한 공주의 다리였다. 제민천교는 순조 17년(1817) 대홍수로 말미암아 다시 건설된 적이 있었다. 공산성 서문 앞의 비석군중에 있는 '제민천교 영세비'에 의하면, 제민천의 제방을 다시 쌓고 다리를 다시 놓는 데에는 3천 여 량의 재정이 필요하였던 바, 정부로부터 9백 량, 자체 조달 1천 2백 여

---

5) 富春山人의 「公州一瞥記」(每日申報 1919년 11월). 富春山人은 「청춘예찬」의 필자로 널리 알려진 민태원(1894 - 1935)이라 한다. 번역문은 원충희, 「1919년 富春山人의 公州一瞥記」『웅진문화』2 · 3합집, 1990, p.82에서 전재함.

량, 인근 군(연기, 부여)으로 부터 5백 량, 기타 개인 출연(出捐) 등에 의하여 다리는 그 해(1817) 8월에 완공하고, 제방 공사는 이듬해 4월에 마치게 되었다는 것이다.[6]

2) 제민천교의 교각 초석

제민천교는 1817년 개건(改建) 이후, 몇 번인가 다시 세워졌지만[8], 그 제민천의 바닥에는 교각을 세웠던 교각의 초석이 오랫동안 남

제민천교 영세비의 탁본[7]

겨져 있었다. 이 초석은 교각을 놓기 위하여 마름모꼴의 홈(교각좌)을 판 것이 특징이다. 1978년도의 조사에 의하면, 이때 4매가 원 위치에 남겨져 있었는데, 3매가 1열로 배치되고, 1매는 다른 열에 남겨져 있었다.[9] 이들 초석은 그 후 다리를 새로 건축하면서,

---

6) 비문의 원문과 번역문은 충청남도, 『문화유적총람(금석문편)』, p.55 참고
7) 충청남도, 『문화유적총람(금석문편)』, p.54에서 옮김.
8) 1918년 김윤환의 출연에 의한 제민천교의 중수가 그 예이다. 중수비는 공산성 서문앞으로 옮겨져 있다. 지수걸, 「자선·봉사활동의 정치사회적 의미-내장원경 김윤환의 자선·봉사활동」, 『한국의 근대와 공주사람들』, 공주문화원, 1999, p.248
9) 공주사대 백제문화연구소, 『백제문화권의 문화유적(공주편)』, 1979, pp.34~35

대통사지 당간지주 옆으로 옮겨지게 된다.

대통사지에 옮겨진 이들 제민천교의 석재는 최근 충청감영터에 대한 지표조사 과정에서 그 현황이 간략히 정리된 바 있다. 이에 의하면, 제민천교의 교각으로 보이는 석재 2점, 교각의 받침(초석)으로 간주되는 것이 도합 7점에 이른다. 이를 재정리하여 제시하면 다음과 같다.10)

<교각(추정)> 153×48×51 cm / 151×51×56 cm
<교각받침> 110×95×27   (교각좌 54×56) cm
           96×92×25   (교각좌 56×57) cm
           103×90×26   (교각좌 54×55) cm
           100×103×29   (교각좌 57×55) cm
           98×93×19   (교각좌 55×54) cm
           105×92×28   (교각좌 59×56) cm
           95×93×25   (교각좌 59×55) cm

이들 교각 초석에 대해서는, 이것이 백제시대 대통교의 초석으로 간주되기도 하였다.11) 그러나 필자의 의견으로는 이들 초석은 1817년 제민천교에 사용된 교각의 받침돌이라 생각된다. 이것이 혹 이전시대의 것을 다시 사용한 것일 수는 있지만, 그러나 백제시대까지 거슬러 올라가는 유물일 가능성은 많지 않다는 생각이다.12)

---

10) 서정석, 「공주감영 관련유물의 현황」『공주충청감영터』, 2003, pp.73~75
11) 교각 초석의 백제 제작설은 제민천교의 교각 초석의 형태가 백제시대 방형초석과 유사하다는 점, 교각 초석이 남겨져 있었던 제민천교의 위치가 대통사지의 당간지주 가까운 곳이어서, 이 다리가 백제 당시 대통사 출입을 위한 연결로 중의 하나였으리라는 추측에 입각하고 있다. (백제문화개발연구원, 『충남지역의 문화유적』2 - 공주군편, 1988, p.350)
12) 서정석의 조사보고중 신라기 건물지의 초석 2매는 대통사지의 것으로, 제민천교 관련 유물과는 성격이 다르다.

제민천교 관련 교각석재 및 교각초석[13]

3. 일제시기의 금강교

　근년에 들어 공주시내 금강의 경관에는 많은 변화가 있었다. 공주대교의 건설에 이어, 백제대로와 천안-논산간 새 국도 건설에 따른 다리 건설이 이루어졌고, 강변에 대한 고수부지 사업도

13) 공주대학교 백제문화연구소, 『공주충청감영터』, 2003, p.105에서 옮김.

진척되었기 때문이다. 은빛 모래 반짝이던 아름다운 백사장의 옛 모습이 점차 상실되어 가는 아쉬움에도 불구하고, 도시 건설에 따른 이 같은 환경변화는 불가피해 보인다.

그런데 이같은 근년의 환경변화 때문인지, 종래 물에 잠겨 보이지 않던 '금강구교'의 흔적이 수면 위로 노출되어 지나는 사람들의 시선을 끌고 있다. 그러나 이 물위에 자태를 드러낸 잔적이 금강철교가 놓여지기 전, 바로 금강철교의 전신이라는 사실에 대해서는 사람들이 잘 알고 있지 못하다.

1) 금강주교(舟橋) – 최초의 금강교 (1920년대)

금강의 교통상의 기능은 공주, 부여와 같은 고대 도시를 탄생시켰으며, 조선조에 이르기까지 각종 선박이 오르락 내리락하는 혈관과 같은 역할을 담당하였다. 한 자료에 의하면 1910년 경까지만 해도 공주부근 금강의 수심은 2.5미터, 금강교 남안 3.5미터, 곰나루 서안의 경우는 5미터나 되었다고 한다. 이 때문에 이 시기까지도 미곡 40 – 50석을 적재한 범선의 운항이 가능하여 멀리 충북의 부강까지 선박이 운행되었다.[14]

그러나 이같은 금강의 교통상의 기능은 1900년 경을 전후한 근대 교통로의 건설에 의하여 커다란 변화를 맞게 된다. 즉 철도의 건설, 그리고 자동차도로의 개설은 금강이 갖는 물류의 기능을 크게 약화시켰던 것이다. 거기에 토사의 적체 등 환경변화는 교통상의 기능을 까마득한 일로 만들고 말았다.

공주에 금강철교가 가설되는 것은 1933년의 일이다. 이는 잘

---

14) 나도승, 「금강유역 개발을 위한 수운문화권에 관한 연구 – 수운권의 변천을 중심으로 – 」『공주금강권의 역사지리』, 1992, p.331

알려진 바와 같이 1932년 충남도청의 대전 이전에 따른 보상이었는데, 이에 의하여 공주는 서울에서 호남에 이르는 육로교통의 기능 일부를 분담하는 것이 가능하였다. 그런데 이 금강철교는 금강상에 건설된 최초의 다리는 아니었다. 이 철교가 만들어지기 전, 육로교통의 편의를 위한 금강교가 가설되어 있었던 것이다. 『공주군지』(1957)에 의하면, 이 구교의 가설은 1930년의 일이었다. 이는 금강이 갖는 수로 교통 거점으로서의 기능이 약화하는 추세 속에서 이루어진 것이었다.

그런데 위의 『공주군지』에서는 "종래에 이교(坭橋)가 있어서 동구춘철(冬構春撤)하야 겨울동안에만 도선(渡船)의 번잡을 피하여 오다가"라 하여15) 계절에 따라 임시 가설하는 '이교(坭橋)'가 있었음을 말해주고 있다. 사전에 의하면 '坭(이)'는 흙다리(土橋)라는 의미이지만, 실제 이 다리의 재료가 흙이었는지는 다소 의문이 있다. 그런데 이에 대하여 1923년에 간행된 『중간공산지(重刊公山誌)』는 "금강의 주교(舟橋)가 주외면(州外面)의 금강하류에 있다"라고 하여16) 1923년 당시에 이미 금강상에 배다리(舟橋)가 있었음을 전해주고 있다. 주교(舟橋)라고 하면, 앞서 『공주군지』에서 말한 '동구춘철(冬構春撤)'에도 부합하고 있어, 최초의 공주 금강교는 겨울에만 설치하는 배다리였던 것처럼 보인다. 한편 1919년의 한 견문기는 당시 이미 자동차 통행이 가능한 목교(木橋)가 가설되어 있었음을 말하고 있다.17)

자동차는 지금 금강상에 가설된 산성교(山城橋)를 건넌다. 이 목

---

15) 『공주군지』, 1957, 제1편 33장
16) 『重刊 公山誌』 권 1, 橋梁
17) 富春山人의 「公州一瞥記」(2)(每日申報 1919년 11월 10일). 번역은 원충희, 「1919년 부춘산인의 공주일별기」 『웅진문화』2·3합집, 1990, p.80을 참고.

교(木橋)의 남쪽 끝은 쌍수산성으로 유명한 공자산(公字山) 북벽에 붙어 좌편으로는 깍아지른 절벽이 곧 금강에 잠긴 산성의 험준함과 공북루의 승경을 보겠고, 우편으로는 반월형의 탄탄한 도로가 공자산록을 안고 공주읍내로 들어갔다.

이에 의하면, 당시 금강상에 가설된 이 다리는 목교(木橋)였으며, 다리의 이름은 '산성교'였음을 알 수 있다. 또 이 글에 의하면 당시 금강상의 다리는 공주 갑부 김갑순에 의하여 가설된 것이었다. 김갑순(1872 - 1960)은 '공주 제일갑부'로서 널리 알려져 있는 인물이거니와,[18] 그는 철도가 부설될 때 공주 - 조치원, 공주 - 논산 등 노선에 대한 승합차업을 개시하였다. 금강상의 다리는 바로 이 같은 사업상의 필요에 의하여 김갑순에 의해 가설된 것이었던 것으로 보인다.[19]

요컨대, 이상의 내용을 요약하면 금강상의 다리는 처음 1910년대 말에 가설되기 시작하였으며, 배다리와 나무다리로 구성되어 있었다. 금강의 수운 기능이 정지되는 겨울에 가설하였다가 봄이되면 다리를 철거하는 식으로 운용되었던 것으로 보인다. 1930년경의 금강교는 이 다리를 보수한 것이라 생각된다.

---

18) 김갑순에 대해서는 지수걸 「일제하 공주지역 유지집단 연구 - 사례2:김갑순 (1972 - 1960)의 '유지기반'과 '유지정치'」『한국민족운동사연구』 우송조동걸선생 정년기념논총간행위원회편, 1997 참조.

19) "공주 시가의 북단에 위치한 수 백평의 미나리밭이 변하여 시장이 된 것도 김갑순씨의 사업이요, 공주 - 조치원 간을 위시하여 공주 - 논산간이며, 천안 - 서산 간이며, 기타 경상, 평남 등 각도에 자동차 운전을 개시한 최초의 사람도 김갑순이며, 금강에 나무다리를 가설한 것도 김갑순씨 인 것을 보면 가히 알 것이다." (원충희, 「1919년 부춘산인의 공주일별기」『웅진문화』2 · 3합집, 1990, p.84)

2) 금강 구교 (1930년) – 금강철교의 전신

임시적으로 설치하던 금강 주교(舟橋)에 대하여, 교폭을 보다 확장하고 견고하게 한 것이 1930년에 만들어진 금강 구교였다.[20] 1930년에 건설된 금강구교의 형태에 대해서는 『공주군지』(1957)에서 "목선(木船)을 연결하여 작교(作橋)(連舟橋)하여 자동차까지도 차교(此橋)로 왕래하더니"라고 하여, 배를 연결한 일종의 배다리(舟橋) 형태였음을 말해주고 있다. 동시에 자동차 통행이 가능할 만큼의 든든하고 일정한 교폭이 확보되어 있었음을 알 수 있다.

그런데 금강구교에 관해서는 여러 장의 당시 사진이 지금까지 전해지고 있어 비교적 정확히 그 모습을 살필 수 있다.[21] 우선 구교의 위치는 공산성의 서쪽 봉우리의 기슭에서 신관동쪽의 백사장

배다리 형태의 금강구교 전경(1930년 건설)

---

20) 이 다리의 이름은 '금강교'였지만, 본고에서는 뒤의 금강대교와 구분하여, '금강구교'로 부르고자 한다.
21) 필자가 참고할 수 있었던 것은 『사진으로 보는 근대한국』(상) 서문당, 1986, p.114의 사진 1매, 공주시, 『공주의 옛모습』, 1996, pp.32~37의 사진 6매, 그리고 『웅진문화』 제5집, 1992에 실린 世外(세가야)의 그림 사진 등이다.

일제시기의 그림에 남겨진 금강구교의 모습

으로 연결되어 있다. 다만, 백사장 쪽의 수 미터는 부교(浮橋) 대신, 나무 교각으로 고정시킨 것으로 보인다. 아마 백사장 쪽 수면이 얕기 때문이었을 것이다.

부교로 사용된 배의 수량은 대략 25척 내외이다. 배와 배는 유리되지 않도록 나무와 쇠고리로 연결되어 있으며, 다리의 상판은 목재를 촘촘히 깔고 있는 형태로 되어 있다.[22] 보기에도 적지 않게 견고한 느낌을 준다. 다리 위에는 양쪽에 밧줄을 연결한 난간을, 통행인의 안전을 도모하였다.

구교의 사진상의 위치는 현재 금강 수면 위에 노출된 유구의 흔적이 옛 다리의 터였음을 말해주

22) 공주시, 『공주의 옛모습』, 1996, p.33 사진 설명에서는 "30여 개의 배 위에 널판을 깔아 놓았으며 폭 3미터 정도에 길이는 150미터나 되었다"고 한다.

고 있다. 구교의 설치에 의하여 금강의 수운은 일단 공주에서 노
선이 단절되었을 것이다. 즉 하류에서 올라온 배는 공주까지, 그리
고 상류에서 내려오는 배도 공주까지 일단 노선이 끝나고, 필요한
경우는 배를 교체하여 화물을 수송하였을 것이다.

1930년 개설된 이 다리는 그러나 1933년 금강철교가 완공됨으
로써, 사실상 기능을 잃게 된다. 오히려 수운의 편을 단절시키는
기능 때문에 금강철교가 완공된 이후 구교는 오래지 않아 철훼되
고 말았을 것이다.

금강철교(1933년 건설)

맺는말

공주는 강을 배경으로 형성된 도시인만큼, 다리의 건설은 도시
개발에 있어서 중요한 요소였다. 그 가운데 동성왕 20년(498)에 가
설된 웅진교의 건설은 한국의 고대 건축사에서도 주목하는 중요한
문제이지만, 이에 대한 구체적인 논의가 이루어진 바는 없다. 필자
는 이 웅진교의 건설이, 다름 아닌 새 왕도 웅진의 도시 기반작업
정비의 일환이었으며, 이같은 점에서 생각할 때 웅진교의 가설 위
치는 오늘의 대통교, 혹은 제민천교 등 여기에서 멀지 않은 지점
일 것으로 추정하였다. 본고에서는 조선시대 제민천에 건설된 제
민천교와 금강상에 놓여진 금강교에 대해서도 함께 고찰하였다.
그리하여 종래 대통사지의 초석으로 인식되기도 하였던 교각의 초
석이 실은 원래부터 제민천교의 초석이었다는 의견을 제시하였다.
아울러 1933년 금강철교 완공 이전에 이미 배다리 등의 형태로 금
강교가 가설 사용되고 있었음을 논의하였다. 이 금강의 주교는 이
미 1910년대 자동차를 통행할 수 있을 정도였다.

공주에서 다리에 대한 문제는 앞으로 좀더 풍부한 자료를 바탕
으로, 면밀히 검토할 주제중의 하나이다. 최근 정안천에서 확인된
조선조의 석교 흔적도 공주에서의 다리에 대한 관심을 제기한 것
이었다. 다리는 다리 자체 이외에 도로 혹은 도시 개발 등 여러
측면에 연결되어 있어서 종합적 검토가 요구되는 사항이다. 미흡
하지만 본고는 이에 대한 주의를 환기하는 의미에서의 기초적 논
의에 그쳤다. 끝으로 1933년 건설된 금강철교는 앞으로 근대문화
유산, 혹은 기념물 등의 문화재로서 등록될 필요가 있으며, 이의
활용이 다각적으로 연구될 필요가 있음을 강조하여두고 싶다.

---

* 이 논문은 「백제 웅진교에 대하여」(『웅진문화』7, 1994) 및 「일제시대 공주 금강
교에 대하여」(『웅진문화』11, 1998)를 합치고 보완, 정리한 것임

금강의 하운(河運)과 '공주산'

머리말

금강은 고대 이래 근세에 이르기까지 충청지역의 가장 중요한 내륙수로, 교통로로서의 기능을 담당하여 왔다. 공주는 이 금강의 중류에 위치하여 있는데[1], 만일 공주가 금강을 끼고 있지 않았다면 백제의 왕도, 혹은 충청도의 감영은 결코 생각할 수 없는 일이었을 것이다. 금강이 갖는 교통상의 역할과 비중이 그만큼 지대하였다는 결론에 이르게 된다.

금강은 20세기 전반기까지도 교통로로서의 비중이 적지 않았으며, 충남·북의 경계 지역이라 할 부강까지가 그 소항종점이었다.

---

[1] 금강의 총 길이는 401km, 유역면적 9,882㎢에 이르는 큰 하천이다. 부강 이상의 상류는 전북 장수에서 발원하는 본류수계와 충북 진천에서 발원하는 미호천수계로 나누어진다. 부강으로부터 강경까지 85.7km가 중류, 강경 – 하구간 41km가 하류로 구분된다. 나도승, 「금강수운의 변천에 관한 지리학적 연구」 『공주 금강권의 역사지리』, 1992, p.209

부강 – 공주간은 수심이 낮고 하폭도 좁아 하선(荷船) 규모는 길이 8척의 천저형에 40 – 50석 적재 정도, 부여 – 강경 간은 70석까지 가능하였다고 한다. 주행시간은 부강 – 하구 간 1 – 2일, 소항 3 – 4일이 된다. 강경 이후 하류는 수심 5 – 7m에 하선 규모는 400 – 500석에 이르렀다.[2] 이같은 사실은 금강이 오랜 역사를 통하여 얼마나 중요한 교통상의 기능을 담당하였는가하는 점을 시사한다.

금강의 하류라 할 수 있는 전북 군산시 나포면(羅浦面) 나포리의 금강변에는 '공주산(公州山)'이라 불리는 작은 산이 있다. 여기에서의 '공주'는 간혹 '공주(公主)'로도 나오지만, '공주(公主)라는 것은 인쇄상의 오류라 할 것이고, 그 산 이름이 '공주(公州)'임은 의심의 여지가 없다. 이러한 지명의 존재에 대해서는 15세기의 사정을 전하는 『동국여지승람』에서도 언급되고 있어서, 그 연원이 상당한 역사적 배경을 가지고 있음을 짐작하게 한다.

충남의 내륙, 금강의 중류에 위치한 '공주'의 지명이, 어떤 연유로 전라북도의 군산시에 옮겨지게 되었는지, 참으로 궁금한 일이 아닐 수 없다. 필시 그것은 금강의 하운(河運)과 깊은 관련을 가지고 있을 것이다. 본고는 전북 군산의 '공주산'에 대한 문헌 및 전설의 내용을 소개하고, 아울러 이를 통한 금강의 하운이라는 문제를 살펴보고자 한다.

1. 전북 군산의 '공주산'

전북 군산 소재의 '공주산'에 대하여서는 『동국여지승람』에 다

---

2) 나도승, 위의 논문, pp.219~221

음과 같이 기록되고 있다.

공주산(公州山) : (臨陂縣의) 북쪽 13리에 있다. 예로부터 전하기
를, 공주로부터 떠내려왔기 때문에 이름이 붙게된 것이라 한다. 그
아래는 진포(鎭浦)인데, 사는 사람이 즐비하고 뱃일로 업을 삼고 있
다. (『신증동국여지승람』 34, 전라도 임피현 산천조)

이에 의하면 이 공주산은 공주로부터 떠내려왔다고 하여 그런
이름이 붙게된 것이며, 금강 하안의 진포 부근에 소재함을 알려준
다. 이 문제의 공주산은 현재 전북 군산시 나포면(羅浦面) 나포리
(羅浦里)에 이름 그대로 상존해 있다. 금강에 연하여 나포리의 동
산처럼 자리잡은 공주산은 '공주(公主)'처럼 예쁜 느낌을 주는 산
이다. 지금은 이 산을 중심으로 하여 금강물을 차단하는 제방을
길게 쌓아, 논이 만들어지고 마을이 형성되어 있지만, 고려 혹은
조선조의 경우에는 아마 이 공주산이 금강에 불쑥 돌출하여 마치
섬과 같은 느낌을 주는 지형으로 되어 있었을 것이다.
공주산의 서쪽으로는 나포리의 '원나포'마을이고, 동쪽은 산기
슭을 따라 옥동마을이 있다. 이들 마을에 있어서 공주산은 마을의
진산(鎭山)이나 공원과도 같은 동산이다. 옥동마을 입구에는 1995
년 이 마을의 출향 인사들이 세운 옥동각(玉洞閣)이라는 정자가 있
는데, 이 정자의 건립비에는 '옥동각(玉洞閣)'이라는 제목 아래, 다
음과 같은 추억 어린 글이 쓰여져 있다.

여기
비록 몸은 타향에 있지만
그 옛날 공주산 기슭에서
들녘에서 강변에서
개구장이 장난치며 놀던

그때가 그리웠고 언제나
조상의 얼이 숨쉬는
이곳 고향의 형제들과
더불어 정성어린
성금으로 옥동각과 회관을
건립 하였노라

공주에서는 한참이 떨어져 있는 전라북도 군산의 금강 하구, 한적한 강변에 세워져 있는 빗돌에서 "그 옛날 공주산 기슭에서, 들녘에서, 강변에서, 개구쟁이 장난치며 놀던 그 때가 그립다"는 글귀를 마주하게 되는 것은 퍽 특별한 감상을 준다. 도대체 충청도의 '공주'는 어떻게 금강 하구 군산의 한 강변에 그 이름이 남게 되었을까.

2. 공주산 전설

'공주산'이라는 지명의 연원에 대해서는 공주로부터 떠내려왔기 때문이라는, 앞서 언급한 『동국여지승람』의 기록에 해당하는 전설이 지금도 현지에 전한다. 그 전설의 내용은 다음과 같다.

충청도 공주에 있던 산이 홍수에 떠내려갔는데, 그 산이 옥구 나포에 있는 것을 알자 공주고을에서는 옥구 고을에 대하여 세금을 바치라고 하자, 옥구 고을에서는 열 세살 되는 아이가 이 말을 듣고 "당신네 고을의 산이 우리 고을 전답에 떠내려와 있어, 그 산밑에 많은 전답이 깔렸기 때문에 손해가 많으니 우리고을의 손해를 배상해 주시오"하니 공주고을 사람들은 이 말을 듣고 "그러면 이 산을 우리고을로 옮겨갈 터이니 내일 안으로 재(灰)동아줄을 삼천 발 꼬

아놓아 주시오"하였다. 그러자 옥구 고을에서는 머리를 앓고 있었을 때, 그 아이가 일어나서 짚으로 동아줄 삼천 발을 꼬게 하고 그 이튿날 그 산에다 그 동아줄을 모아놓고 불을 질러서 재동앗줄이 되게 하였다. 그리하여 공주사람들에게 당신네 요구대로 이젠 다 해놓았으니 어서 가져가라고 하였더니, 공주고을 사람들은 이 재 동아줄을 보고는 그만 달아나 버렸다고 한다.(1936년 12월 옥구군 나포 盧鎔八 씨 談)[3]

공주산 전설과 같이 섬이나 땅이 떠내려왔다는 전설은 우리나라에 많이 전하는 전설의 하나이다. 가령, 같은 『동국여지승람』의 양근군(楊根郡:경기도 楊州) 산천조에 보면 남한강변의 양평지방에도 충주에서 떠내려왔다는 '충주산'이란 산이 있다. 즉 "충주산 : (양근군) 동쪽 10여 리 강 가운데 있다."고 하고서, 여기에 한석봉의 시를 인용하고 있는데, 그 시중에서,

다시 10리 쯤 가서	復行十餘里
말을 쉴 높은 언덕에 오르니	歇馬登高岸
높게 서있는 강 가운데 산이	孑立江中山
나의 호한한 시야를 가로막는다.	遮我望浩汗
대대로 살던 이들이 전에 이르기를	土人前致辭
저것은 본래 충주에 있던 산인데	彼本忠州貫
내려오다가 여기에서 정지하였기에	浮來至於此
그런 연유로 충주산이라 한다하니	故以忠州喚
동행들은 터무니없는 말이라 하여	同行謂不誠
모두 껄껄대고 한바탕 웃었다.	皆發一笑粲

라고 하여, "충주에 있던 산인데 내려오다 여기에 정지하였다"는 것이다. 주민들의 이같은 말에 대하여 한수(韓脩)의 일행이 허탄한

---

3) 최상수, 『한국민속전설집』, 통문관, 1984, pp.69~70

이야기라 하여 웃었던 것을 보면, 이 전설은 이미 오래 전부터 내려온 것이었음을 알 수 있다. 또한 충주산 역시 "높게 서있는 강가운데 산(子立江中山)"이라 한 것을 보면, 그 지형적 성격이 공주산과 유사함을 짐작할 수 있다. 한편, 한강 하구 김포의 '광주(廣州) 바위섬', 대동강의 평양 능라도, 평남 덕천, 그리고 충남 부여 등에서도 공주산이나 충주산과 같은 전설이 역시 채집된 바 있어, 큰 강과 관련하여 여러 군데 이런 전설이 있었음을 확인하게 된다.

공주에서 가까운, 같은 금강의 부여에도 섬이 떠내려 왔다는 유사한 전설이 있다. 이를 인용하면 다음과 같다.

부여 백마강 가에 부산(浮山)이라고 하는 산이 있으니, 이 산은 물 위에 꼭 뜬 것같이 보인다. 이 산은 원래 충청도 청주에 있던 산으로 오랜 옛날, 비가 많이 와서 큰 홍수 때에 떠내려온 것이라고 한다. 비가 그치자 청주고을에서는 떠내려간 산이 부여 백마강 가에 있는 것을 보고, 청주사람들은 "이 산은 우리고을의 산이다" 하고서는 해마다 세금을 받아 갔었다. 그런데 어느 해 부여에서 새로 부임해 온 원이, 이 이야기를 듣고서 청주고을 원에게, "올해부터는 세금도 바치지 않겠거니와 이 산이 당신네 고을의 산이면 하루 빨리 가져가시기를 바라며, 우리 고을에서는 이 산이 소용이 없습니다"라고 통지를 내었더니, 그 뒤로는 결코 세금을 보내라는 말이 없었다고 한다.(1936년 1월 서천군 장항면 李潤儀씨 談)[4]

이들 전설에서 한 가지 공통되는 것은 거의 세금을 둘러싼 행정구역간의 분쟁이 중요한 줄거리가 되고 있는 점이다. 그리고 이러한 조세분쟁은 공주, 청주, 광주(廣州) 등 대읍의 기존 연고권에 대하여 현재 소재처의 해당 군현이 이의를 제기하는 형태로 되어

---

4) 최상수, 『한국민속전설집』, 통문관, pp.116~117

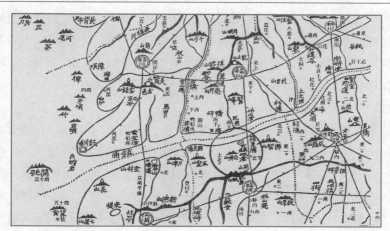

대동여지도에 보이는 '공주산'

서천쪽에서 건너다본 공주산 원경

있다. 이 사실은 이들 하안의 지점들이 오래 전에는 상류에 위치한 대읍의 관할이었음을 말해주는 동시에, 이같은 지역 연고권에 대하여 후대에 이르면서 소재처의 군현으로부터 끊임없는 이의가 제기되어 결국 그 소관이 달라졌음을 의미한다고 생각된다. 그리고 대읍이 이들 하류 쪽의 거점을 장악하고 있었던 시기는 아마 고려조 때의 일이었을 것이다.

고려조 이후 대읍들의 경우에는 월경지(越境地)라 하여 필요에 의하여, 본 구역에서 멀리 떨어져있는 지역을 자기 관할 하에 두는 일이 많았다. 앞의 전설이 반드시 월경지를 의미하는 것은 아니라 하더라도, 그에 유사한 성격을 갖는 것으로서, 고려시대에 하운의 필요에 의하여 필요한 지점을 대읍(大邑)에서 그 관리 하에 두었던 사실의 반영이라 할 것이다.

3. 금강의 하운과 공주산

군산 나포의 공주산은, 금강의 하운과 관련하여 형성된 번성한 마을에 소재해 있다. 고려, 조선시기 조운을 비롯한 내륙수로의 이용이 번성하였을 때 금강 하류에 위치한 이 나포는 극히 중요한 포구였음이 틀림없다. 그 위치는 금강을 타고 내려온 선박이 이제 바야흐로 해양으로 나가기 직전이며, 동시에 해양으로부터 금강으로 들어온 선박에 있어서는 그 초입부에 해당하기 때문이다. 또한 하운의 이용자들에 있어서 나포의 '공주산'은 이정표로서의 일정한 기능을 갖게 된다. 멀리서부터 조망되는 산, 그리고 이 산에서는 선박의 이동을 멀리까지 관찰하는 것이 가능하기 때문이다. 따라서 '공주산'의 존재는 금강의 하운과 불가분의 관계에 있었을 것이 의심의 여지가 없다.

'공주산'의 형성은 고려시대였다고 보아야 할 것이다. 이는 15세기의 조선초기의 사정을 전하는 『동국여지승람』에 그 기록이 전하는 것으로 보아 틀림이 없다고 생각한다. 아마도 고려조에 공주는 조운 혹은 각종 하운의 편리를 위하여 한때 금강 하류의 공주산 인근을 점유, 활용하였던 것 같다. 일정기간에 한정된 것이었겠지만, 이런 연유로 번창했던 금강의 수운과 관련하여 그 이름과 전설이 남겨지게 되었을 것이다.

다른 한편으로 공주산이 13세기 여원군의 일본 침공을 위한 군선 건조의 장소였을 것으로 보는 추정도 흥미 있는 의견이다. 1274년, 1281년 2차에 걸친 여원군의 일본침공시 마산에서 출정한 여원군의 군선 규모는 도합 900척 규모였다. 이들 군선은 고려의 3산에서 집중 제작되었으며, 전북 부안의 변산, 전남 장흥의 천관산이 이에 해당한다. 나머지 1산이 어디였는지 잘 알 수 없는데, 진성규 교수는 그 1산이 다름 아닌 금강 하구의 '공주산'일 것으로 추정하였다.[5] 이 공주산 주변의 사람들이 "뱃일을 업으로 삼고 있다"는 『동국여지승람』의 기록에 근거한 것이다. 그러나 공주산에 대한 기록은 주민들의 조선(造船)을 지칭한 것이라기보다는 선운(船運)에의 종사를 가리키는 것으로 보아야 할 것이다.

공주산의 존재와 관련하여 한 가지 더 유념해야할 부분은 세곡 등을 저장하는 창고와의 관련이다. 조선시대에는 나포에 '나리포창'이 있었으며, 고려시대의 경우는 가까운 곳에 고려 12조창의 하나였던 진성창(鎭城倉)이 존재하였기 때문이다.[6] 나리포창에 대해

---

5) 진성규, 「원감록을 통해서본 원감국사 충지의 국가관」, 『역사학보』94 · 95합집, 1982, p.263

6) 진성창에 대해서는 "古鎭城 在西十里 土築周十餘里 高麗初爲漕倉 卽十二之倉 之一"(『여지고』 관방 3, 성곽조 임피)이라 하였다. 진성창의 기능은 이후 용안

서는 다음과 같은 조사 보고가 있다.

　　나리포창은 제주도민의 구휼을 위해서 양곡을 저장하여 특산물
과 교역하는 시장 구실을 한 곳으로서 숙종 46년(1720)에 공주, 연기
계인 금강변에 설치하였던 것으로 경종 2년 (1722)에 임피현으로 옮
겨 별장(別將)을 두었다. 지금 나포는 이에 유래된 지명이며, 금강하
류 남안(南岸)인 공주산에는 수신당(水神堂)이 남아 있다. 영조 14년
에는 별장을 파하고 군산진 첨사에 관속(管屬) 시켰는데 17년에는
다시 별장을 두었다가 25년에는 임피현령 소관으로 바꾸었다. 그 후
정조 18년에 파하고 강진으로 옮겨갔다.[7]

　　공주산이 있는 '나포(羅浦)'의 지명이 '공주, 연기계'에서 옮겨
온 나리포창에서 왔다는 것은 아마 이것이 원래 '나성리(羅城里)'
(현재 연기군 남면)에 있었음을 말하는 것 같다.[8] 이 역시 금강 하
운과 관련하여 지명이 옮겨온 한 예에 속한다. 이러한 점에서 금
강의 조운, 그리고 조창의 운영 등이 '공주산'의 형성과 깊게 관련
되어 있을 것은 의심의 여지가 없다. 그러나 그 구체적인 내용에
대해서는 앞으로 좀더 연구를 필요로 한다.

의 덕성창과 웅포면의 성당창 등을 거쳐 조선조 중종 때에 군산창으로 옮기게
된다. 이에 대해서는 나도승, 「개항전후기 금강수운 呑吐港 군산과 그 배후지
형성에 관한 연구」『공주 금강권의 역사지리』, 1992, pp.286~290 참조.
7) 전라북도, 『전라북도지』제 11권, 1989, p.1140
8) 연기의 나성리에는 '나리재'라는 곳이 있다. 이곳은 해발 45미터의 나지막한
구릉이 있는데, 금강 수운 교통에 있어서 중요한 기항지였다. 구릉성의 작은
산이기는 하지만 주변이 강을 낀 저평한 지대로 되어 있어서 지리적으로 매
우 특별한 장소였음을 알 수 있다. 이에 대해서는 나도승, 「금강수운의 변천
에 관한 지리학적 연구」『(공주교대)논문집』16, 1980, p.83 및 윤용혁 「연기군
나성리의 사적과 고려시대 일명사지」『(공주사대)논문집』21, 1983, pp.37~39
참조.

맺는말

이상으로, 전북 군산에 전하는 '공주산'에 대하여 그 전설을 소
개하고 약간의 의견을 제시하였다. 공주로부터 떠내려왔다는 이
산은, 아마도 고려시대 일정기간 금강 하운의 편의를 도모하기 위
하여 공주에 의하여 관할되고 이용되었던 것 같다. 그러나 이같은
일은 현지의 지역민들로부터 저항을 받아 그 연고권이 희소해졌으
나, 그러한 사실로 인하여 '공주산'이라는 지명과 전설이 내려온
것으로 보았다.

앞으로 다른 지역의 사례를 종합하고 아울러 조선시대의 기록
들을 수집하여 이에 대한 보다 구체적인 연구를 진전시킨다면, 고
려 조선시대 수로교통의 운용에 대한 보다 흥미 있는 사실들을 밝
혀 낼 수 있을 것이다.

제3장
계룡산과 공주

계룡산의 문화사적 성격

머리말

계룡산은 백제시대 이래 우리나라의 대표적인 명산으로서 널리 알려져 있다. 행정 구역상으로는 충남 공주시에 주로 위치하면서 일부가 대전광역시와 충남 논산시, 계룡시 등에 걸쳐 있다. 주봉인 상봉(천왕봉 845m)·연천봉(740m)·삼불봉(750m)·문필봉(769m)을 비롯하여 관음봉·황적봉·도덕봉·신선봉 등 크고 작은 여러 봉우리들이 연봉으로 이루어져 있다. 그리고 이들 봉우리 사이에는 7개의 계곡과 3개의 폭포가 있어 계룡산의 지형을 형성하고 있는 것이다.

계룡산의 산곡에는 동학사, 갑사, 신원사, 그리고 구룡사 등의 유서 깊은 사찰이 산재되어 있으며, 아름다운 경관을 간직한 산악으로서 뿐만 아니라 문화적 혹은 종교적 공간으로서도 그 상징성은 매우 크다. 이 때문에 1968년 이후 정부는 이 지역을 국립공원으로 지정하여 관리하고 있다.

계룡산의 뛰어난 경관에 대해서는 15세기의 유명한 문인 서거정(徐居正)의 다음과 같은 시가 전해온다.[1]

> 층층 절벽 우뚝하게 솟아있는 계룡산
> 맑은 기상 장백산에서 이어져온 것이네
> 산에는 못이 있어 용이 숨어 있고
> 산에는 구름있어 만물을 적셔 주네
> 내 지난날 그 사이에 노닐어 보니
> 신령하고 기이함이 다른 산과 달랐었네
> 구름 모여 비가 되어 천하를 적셔주니
> 용이 구름을 부린 것이요, 구름이 용을 따른 것이네

계룡산의 기백, 아름다운 경관, 그리고 그것이 담고 있는 신령한 분위기가 잘 묘사되어 있다. 본고에서는 계룡산이 갖는 역사적, 문화적 측면에서의 특징과 내용을 정리하여 제시하고자 한다.

1. 계룡산의 이름

계룡산의 산이름은 닭과 용이라는 두 가지 동물 이름으로 되어 있는 것이 특징이다. 우리나라에는 많은 산들이 있지만 이처럼 동물이름이 산 이름으로 사용된 것은 흔하지 않다. '계룡'의 이름을 갖게된 연원에 대해서는 산봉우리와 줄기가 마치 닭의 벼슬을 머리에 단 용처럼 생겼다하여 붙여진 이름으로 흔히 생각되고 있다.

---

1) 『신증동국여지승람』에 실린 공주10경시 중의 일부. 우리말 번역은 신용호, 「공주 前十景詩 考釋」『웅진문화』1, 1988, pp.43~44에 의함.

그런가 하면 이 산이 풍수적으로 '금계포란형(金鷄抱卵型)' '비룡승천형(飛龍昇天型)'이라는 데서 붙여진 것이라는 이야기도 있는데, 일제 때 공주 유지로 이름이 높았던 김윤환(金閏煥)은 「갑사중수기」에서 "닭이 홰를 치고 용이 하늘로 올라가는 것 같은 형세 때문에 '계룡'이라 이름하였다(如鷄搏龍騰之勢 故取以稱)"고 풀이하고 있다.[2] 계룡산의 다른 이름으로서는 계람산(鷄藍山)·옹산(翁山)·서악·중악·계악·마골산·마곡산 등 여러 명칭이 있다. 그 중에서도 계람산(鷄藍山)이라는 이름은 백제 및 신라시대 계룡산의 기록상 가장 오랜 이름으로 확인되고 있다.

산 이름으로서는 아니지만 '계룡'이라는 것은 고대의 기록에 용의 일종으로도 등장한다. 『삼국유사』의 신라시조 혁거세왕조에 "계룡이 상서(祥瑞)를 나타내고 알영(閼英)을 낳았다"거나, "사량리의 알영정(閼英井) 가에 계룡이 나타나 왼편 갈비에서 알영을 탄생하였다"는 것이 그것이다. 허신(許愼)의 『설문해자(說文解字)』에서는 용의 여러 가지 종류를 언급하고 있으나 그중에 '계룡'이라는 것은 나와 있지 않다. 『삼국유사』에서의 '계룡'이라는 것은 아마 닭을 특별히 높여 지칭한 의미일 것이다. 이 때문에 '계룡'의 어원에 대해서는 그

닭머리가 달린 중국제 도기
(공주 의당면 수촌리 백제고분출토)

---

2) 「갑사중수기」의 원문은 공주군 『계룡갑사실측조사보고서』 1991(p.30)에서 참고하였으며, 이 기문은 정묘년(1927) 가을에 쓴 것으로 되어 있다.

것이 '새미레'라는 말의 훈차(訓借) 표기이고 그 의미는 '신원(新原)' '신국(新國)'의 의미라고 보는 견해도 있다.[3]

닭이라는 동물은 일찍부터 가축으로 길리워지면서 사람들과 가장 가까운 짐승이다. 그리고 닭은 하루가 새롭게 열리는 새벽의 시점을 사람들에게 알리는 특별한 역할을 담당하여 왔다. 그것은 한 시대를 미리 일깨우는 선지자적 역할에 대한 상징성을 갖는 것이기도 하다.

계룡의 용은 우리나라에서 예로부터 상서로운 동물의 대표격으로서 상상의 산물이다. 이 때문에 왕과 같은 지극히 높은 자에 대한 상징으로 사용되어 왔으며 이 때문에 사람의 이름자에도 자주 사용되는 글자이다. 이렇게 볼 때 계룡산은 새벽을 알리는 선지자적 상징성, 그리고 고귀함을 나타내는 지극히 존귀한 의미를 그 이름에 내포하고 있는 것이다.

기록상 '계룡'이라는 산 이름은 통일기의 신라와 관련된 『삼국사기』에 다음과 같이 나타난다.

> (신라에서는) 3산, 5악 이하 명산대천(名山大川)을 나누어 대사(大祀)·중사(中祀)·소사(小祀)로 하였다. … 이중 중사는 5악을 제사하는 것이다. 5악은 동악(東嶽) 토함산(大城郡), 남악(南嶽) 지리산(菁州), 서악(西嶽) 계룡산(웅천주), 북악(北嶽) 태백산(奈己郡), 부악(父嶽)(公山이라고도 하며 押督郡에 있음)이다. (『삼국사기』 32, 잡지 제사조)

이라 하여 "서악 계룡산(웅천주)"이라 한 것이 그것이다. 이로써 '계룡'이라는 산 이름은 이미 1천여 년 전 통일신라기에 정착되었음이 확인되는데, 아마 이것은 백제시대의 이름을 계승한 것일 것이다.

---

3) 강헌규, 「'·계룡산' 및 '백제'의 어원」 『웅진문화』1, 1988, pp.36~39.

계룡산의 원경

　계룡산에 대한 가장 오랜 기록은 당나라 장초금(張楚金)의 저서
『한원(翰苑)』에서 『괄지지(括地志)』를 인용하여 계룡산을 '계람산
(鷄藍山)' 혹은 '계산(鷄山)'이라 한 것이다. 이로써 백제시대에 계
룡산은 이미 '계산' 혹은 '계람산'이라는 이름으로 기록되고 있음
을 알 수 있다. 백제시대의 중국 기록에서 언급한 '계산' '계람산'
은 그 의미가 '계룡산'과 거의 상통하는 것이어서, 계룡산의 이름
은 사실상 백제시대의 이름에서부터 그 연원이 시작되었다고 보아
도 좋을 것 같다.
　신라 경명왕 8년(924) 최치원이 지은 문경 봉암사의 지증대사비
에서도 '계룡'을 '계람'으로 적은 예가 있고 보면 '계룡'과 '계람'
은 거의 같은 의미로 통용되어 왔던 것은 아닐까 생각된다. 이렇게

볼 때 계룡산의 이름은 백제시대에서 연원된 것이고, 당시 중국에 까지 널리 알려질 정도의 명산으로 이름이 있었음을 알 수 있다.

2. 국가적 제사처로서의 계룡산

산악이 갖는 위엄과 신비는 사람들의 외경심을 불러일으킴으로 써 신앙의 대상으로 기능하여 왔다. 더욱이 산의 경관이 뛰어난 명산일 때 그에 대한 경외심이 지극했을 것은 당연한 일이다.

계룡산에 대한 산악신앙이 지방적 차원이 아닌 국가적 차원으 로 올려지게 된 것은 백제시대 웅진 천도 이후, 즉 백제의 왕도가 계룡산 주변에 위치하게 되면서 부터였다고 하겠다. 백제는 서기 475년 고구려 장수왕의 남진책에 의하여 한강 유역의 도성이 유린 당하고 국왕(개로왕)이 참살 당하는 낭패를 당하게 되었다. 수도 한성(서울)이 고구려군에 의하여 짓밟히고 국왕이 살해되는 위기 속에서 즉위한 문주왕은 나라의 중심을 금강 중류의 웅진(공주)으 로 옮겨 정하게 되었는데, 이로써 계룡산은 왕도의 산악으로서 정 치적 의미를 가지지 않을 수 없게 된 것이다.

신라 통일이후 경주 정부는 전국의 5대 명산을 5악(五嶽)으로 지정하고 이를 국가적 제사처로 삼았다. 그리하여 토함산(동), 지리 산(남), 계룡산(서), 태백산(북), 그리고 팔공산(중)을 각각 동서남북 중의 5악으로 지정하였던 것이다. 계룡산은 그중 서악(西嶽)이 되 어 있었다.4) 이는 이전부터 존재해온 산악신앙의 전통을 정부가 일종의 정치적 의도를 반영하여 조직화한 것이라 할 수 있다.

---

4) 『삼국사기』32, 잡지 제사조

5악신앙의 성립은 대략 통일 직후인 문무왕 혹은 신문왕대의 일로 추정되고 있다. 통일 초기의 상황은 백제, 고구려 등 신라에 대립적이었던 정권의 소멸에도 불구하고 점령지역의 반신라적 민심으로 인하여 사회적으로 불안정한 상태였다. 이 같은 상황에서 계룡산을 신라의 서악으로 지정한 것은 백제 세력에 대한 진압과 회유, 그리고 이를 통한 통일사회의 안정화를 도모하려는 의도가 깔려 있었던 것이다.5) 신라시대 중사(中祀)에 웅천하(熊川河)가 4독(瀆)의 하나로 포함되어 있고 그 제행처(祭行處)가 공주였다는 것도, 백제 유민에 대한 회유책과 관련이 있다고 하겠다.6)

신라 5악의 하나로서의 계룡산은 신라의 제사 규정에서 중사에 속한다. 통일 이후 정비된 제사규정에 의하면 통일신라의 국가적 사전(祀典)은 대사(大祀)·중사(中祀)·소사(小祀)로 3구분된다. 그리하여 대사는 수도인 경주를 중심으로 한 3개처이며, 중사는 계룡산을 포함한 5악을 비롯하여 4진(鎭), 4해(海), 4독(瀆) 및 6개의 산(山), 성(城), 진(鎭)이 있으며, 그리고 소사는 전국 24개의 산이 포함되어 있다.

신라 5악신앙에 의한 국가적 제사의 전통은 후대로 계승되었는데, 고려 태조 26년(943) 4월 계룡산을 비롯한 5악에 대한 제사의 기록이 있고, 현종 9년(1018) 2월에는 5악을 비롯한 산천신에 대한 작호(爵號) 하사의 기록이 보인다. 『태조실록』 2년 2월에는 전국의 주요 명산대천 서낭에 대하여 역시 다음과 같은 작호가 내려졌다.

---

5) 이기백, 「신라 5악의 성립과 그 의의」 『신라정치사회사연구』, 일조각, 1974, pp.203~204.
노중국, 「통일신라기의 백제고지 지배」 『한국고대사연구』1, 1988, pp.136~139
6) 노중국 교수는 당시 신라정부가 전주를 군사중심지, 공주를 종교중심지로 설정하여 구백제 지역에 대한 통치의 효율성을 도모하려 하였던 것이 아닌가 추정하였다. 노중국, 위 논문, pp.138~139.

진국공(鎭國公) 송악 서낭
계국백(啓國伯) 화령, 안변, 완산 서낭
호국백(護國伯) 지리산, 무등산, 금성산, 계룡산, 감악산,
　　　　　　　 삼각산, 백악산 및 진주 서낭

　이에 의하면 계룡산신은 호국백(護國伯)에 봉해졌다. 태종 13년
10월에는 태종이 내시를 파견, 공주 계룡산신과 금강의 '웅진지신'
에게 제사를 지낸 사실이 기록에 있다.[7] 이로써 볼 때 계룡산신에
대한 국가적 제사는 고대 이래 정해진 규례를 따라 거행되어 왔던
것임을 알 수 있다.
　고대 이래 계룡산신에 대한 제사는 사당이 마련되어 일정한 장
소에서 거행되었던 것 같다. 이에 대하여 선초의 지리서 『동국여
지승람』에서는 계룡산 제사와 관련된 기사를 '계룡산사(鷄龍山祠)'
라는 항에서 적고 있다. 즉 적어도 15세기 당시에 계룡산에는 산
신에 대한 국가적 제사가 이루어지는 사당이 있었던 것이다. 아마
이것은 계룡산에 대한 국가적 제사가 시작되었던 고대 이래로 내
려져 온 것이라 생각된다.
　계룡산에 대한 국가적 제사처가 있었다고 하면, 그 위치가 어
디였을까 하는 문제가 당연히 궁금해진다. 조선조 후기의 읍지에
의하면 계룡산사의 위치는 공주의 남쪽 40리 지점이라 하였다.[8]
그런데 이 읍지에 의하면 공주 남쪽 40리 지점에는 신원사가 있는
것으로 되어 있다. 신원사에는 현재에도 계룡산신의 제사처로 알
려진 중악단이 있다. 중악단의 '중악(中嶽)'은 조선시대에 묘향산,
지리산과 함께 계룡산이 중악으로 지정됨으로써 계룡산의 지칭이
되었다. 그러므로 중악단은 '계룡산사'의 별칭인 셈이다. '계룡산

<hr>

7) 『태종실록』26, 같은 연월
8) 『공주목읍지』 단묘

사'가 '중악단'으로 그 이름이 공식 개칭된 시기에 대해서는 『공주군지』(1957)에 '고종 기묘'라 하였는데, 이는 고종 16년(1879)에 해당한다. 이 때 중악단은 명칭의 변경과 함께 월주화상(月珠和尙)에 의한 건물의 중수가 있었다는 것이다.[9]

공주시 계룡면 양화리에 소재한 신원사 경내의 중악단이 고대 이래 계룡산에 대한 제사처, 즉 계룡산사의 자리라고 하는 사실은 퍽 중요한 의미를 갖는다. 제사처는 가장 신성한 장소를 특별히 구별하여 선택하기 때문이다. 이러한 점에서 우리는 중악단이 소재한 신원사에 대하여 좀더 각별한 주의를 요하게 된다.

신원사의 연원은 백제시대까지 소급되는 것으로 알려져 있다. 그것은 경내에서 일찍이 백제시대의 연화문 와당이 발견되었기 때문이다.[10] 신원사는 계룡산의 사찰 가운데 그 역사가 가장 오랠 가능성이 많은데 이는 사찰 성립 이전 이곳의 제사처로서의 특별한 기능과 관련을 갖는다. 신원사의 한자 표기는 현재 '新元寺(신원사)'로 되어 있지만 본래 그 이름은 '神院寺(신원사)'였다. '신원(神院)'이라는 것은 다름 아닌 제사처의 의미이며, 이는 고대이래 계룡산사의 소재를 확인하는 의미를 갖는 것이기도 하다. '神院寺(신원사)'가 '新元寺(신원사)'로 개칭된 것은 구한말 대한제국의 수립 이후이다. 제위에 오른 고종은 이듬해 1989년 계룡신사의 격을 올려 중악단(中嶽壇)으로 개칭하고 건물을 새로 위엄 있게 짓는 한편, 중악단이 위치한 '신원사'를 새로운 제국의 기원을 연다는 의미에서 '신원사(新元寺)'로 개명하였다는 것이다.[11]

---

9) 이필영 교수는 '계룡산사'가 중악단으로 개칭되기 이전, 한 때 '계룡당'이라는 이름이었을 것으로 추정하였다. 이필영, 「계룡산 중악단의 역사」, 『계룡산산신제 복원조사보고서』, 공주민속극박물관, 1997, pp.106~107 참조.
10) 박용진, 「백제 와당에 관한 연구」, 『공주교대논문집』5, 1968, pp.40~43
11) 村山智順, 『朝鮮の風水』, 1931, 朝鮮總督府 (최길성 역, 1990, 민음사, pp.702~

중악단과 신원사(김동진 사진)

　신원사 이름의 개칭과 함께 중건된 중악단의 건물은 신원사의
경내에 있으면서도 그 배치가 절 건물과는 무관하게 되어 있다.
또 건물의 배치가 남향으로 되는 통례와는 달리 중악단은 서남향

---

703) 참조. 단, 중악단의 개칭 시기에 대해서는 '고종 기묘'(1879)라 한 『공주
군지』(1957)와는 차이가 있다.

으로 되어 있는데 이 또한
계룡산 신단으로서의 성격
때문에 계룡산을 중심으로
방향을 설정한 때문인 것 같
다. 평면적 46㎡의 정면 3칸,
측면 3칸의 중악단 신단은,
계룡산신을 모시는 제단으로
서 다포 팔작집의 화려한 공
포 구성을 통하여 건물의 위
엄을 자랑하고 있다.

중악단 신단 앞에는 비교
적 큰 마당이 있고 두 개의
삼문으로 외부와 연결되어
있다. 첫 번째 삼문을 통과
하면 행랑채 등 관리용 건물
이 갖추어져 있고, 여기에서
다시 두 번째 삼문을 통과하
여 마당을 거쳐 중악단의 신
단에 이르게 된다. 이것은
완연 하나의 독립적 성소의
성격을 건물에 나타낸 것이
며, 계룡산신에 대한 국가적
제사처로서의 중악단의 위치
를 확인해주는 것이다.

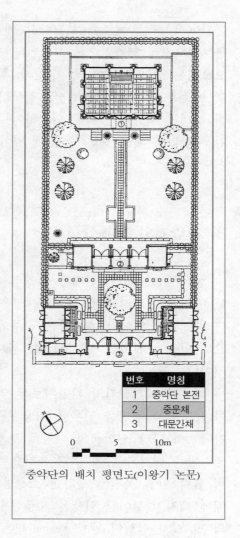

번호	명칭
1	중악단 본전
2	중문채
3	대문간채

0   5   10m

중악단의 배치 평면도(이왕기 논문)

『세종실록』에 의하면 중사에 들어있는 악, 해, 독에 대한 제사
는 매년 중춘과 중추의 상순에 정기적으로 거행되는데 날짜는 서

운관에서 택일, 예조에 보고하고 예조가 다시 국왕과 관계기관에 통보함으로써 일률적으로 시행된다. 헌관은 관찰사가 되며, 집사관으로서는 헌관 이외에 축, 장찬자, 사존자, 찬창자, 찬례자가 있으며 이들은 제사에 당하여 5일 전부터 재계하게 된다. 그리고 진설과 집례는 일정한 규식에 의거하여 치러지게 된다는 것이다.[12] 이같은 방식은 계룡산사(중악단)에 있어서도 동일하게 적용되었을 것이다.

3. 전란기의 계룡산

한국에 있어서의 산악은 외경심을 갖게 하는 신앙의 대상이었던 동시에 전란기에 있어서는 생명을 보호받는 은신처이기도 하였다. 이 점에 있어서 계룡산은 공주와 그 주변 거주민들에게 전란으로 인하여 질고의 시기를 지날 때마다 특별한 의미를 가져 왔던 것이다.

계룡산이 전란기의 피란처로서 역할을 하였던 첫 번째 사건은 아마도 백제 멸망을 전후한 대당 항전기의 일일 것이다. 660년(의자왕 20) 나당 연합군의 대공세로 사비성 함락이 박두하게 되자 의자왕은 태자와 함께 구도 웅진으로 몸을 피하였다. 의자왕은 사비 함락 이후 웅진에 진입한 소정방의 당군에게 항복하였는데 이때에 태자인 부여륭 일행은 계룡산에 은거하여 있었다. 백제 최후의 날 태자 일행이 계룡산에 피해온 사실은 기록으로는 확인되지 않지만 오랜 구전에 의하여 그 사실이 전해오고 있다. 계룡산의

---

12) 『세종실록』128, 吉禮序禮 및 같은 책 130, 吉禮儀式 참고.

암자 중 고왕암(古王庵)은 부여륭이 피해 있었던 연유로 '고왕(古王)'이라는 이름을 갖게 되었고, 마명암(馬鳴庵)은 부여륭이 "신라군에게 포로가 되어가는 것을 보고 있던 륭의 애마(愛馬)가 이 암자에서 '애명이사(哀鳴而死)' 하였다고 하여서 암자의 칭호를 '마명'이라"하였다는 것이다.13) 계룡산은 백제 도성의 인근 지역에서는 가장 험난한 산곡을 가지고 있기 때문에 난리를 당한 많은 백제인들이 이때 계룡산에 피하였던 것 같다. 부여에서 올라온 백제의 왕족 일행은 계룡산에 들어가 일시 난리를 피하면서 나라를 재건하고자 생각하였던 것 같다.

사비도성이 함락되고 의자왕이 항복한 이후 지방 각처에서는 백제의 부흥을 도모하는 저항활동이 활발히 진행되었다. 부흥운동군의 세력은 처음 금강 서부지역에서 활발하였지만 미구에 도성에서 보다 멀리 떨어진 금강 이동, 즉 계룡산의 동부지역으로 옮겨진다. 그중에서도 대표적인 부흥군의 거점은 진현성(眞峴城)(대전진잠)이었다.14) 이들 부흥군이 늦게까지 당군에 대한 항전력을 유지할 수 있었던 이유 중의 하나는 계룡산에 근접한 지리적 위치에 있었다고 생각된다.

백제가 멸망한 7세기의 전란 이후 한동안 계룡산 주변 지역은 외침의 사건과 무관한 지역이 되었다. 그것은 통일신라 이후 새로 형성된 국경선에 의하여 이 지역이 중부지역에 속하게 되었기 때문이다. 따라서 대대적인 전란기에만이 침략군의 침입이 가능하였다.

13세기에 이르러 몽고군의 대대적인 고려침략전이 연이어 전개되었다. 이 전란 시에 몽고군은 여러차례 공주를 경유하여 전라도 지역으로 남하하였으며 그 과정에서 계룡산 주변에 대한 군사 행

13) 『공주군지』, 1957, 제1편 87, 88장
14) 심정보, 「백제부흥군의 주요 거점에 관한 연구」 『백제연구』14, 1983

동이 전개되었던 것 같다. 고려 고종 23년(1236) 12월 5일, 강화도에서 파견된 박인걸의 야별초 부대는 공주 효가동에서 몽고군과 접전을 벌였다. 이로 인하여 야별초군은 16명이 전사하였다.[15] 이들이 접전한 공주 효가동(공주의 소학동)은 계룡산 서부 지역에 근접한, 호남으로 연결되는 간선로이다. 그리고 이 도로가 계룡산의 갑사, 신원사로 이어지는 길목이었음을 생각할 때 호남으로 진출하던 몽고군은 빈번히 계룡산 일대에 출몰하였을 것이 분명하다.

1세기 간의 원 간섭기를 거친 후 고려는 왜구로 인하여 극심한 어려움을 겪었다. 고려시대 왜구가 본격적으로 침입해 온 것은 충정왕 2년(1350) 이후의 일인데 이들의 침구는 고려 멸망 직전인 우왕대에 절정에 이르렀다. 기록상 왜구의 침입은 지역적으로 경남 85회, 경기 56회, 경북 54회, 충남 53회 등으로 나타나고 있어서 충남지역도 왜구의 주요 침입 지역이었음을 알 수 있다. 당시 왜구들은 연안 지방 뿐만 아니라 내륙 수로를 이용하여 깊이 들어왔기 때문에 계룡산 주변은 금강을 이용한 침입이 가능하였다.

우왕 2년(1376) 왜구는 부여를 거쳐 공주에 쳐들어 왔으며 공주는 이들에게 함락되었다. 왜구들이 공주를 거쳐 연산으로 들어가자 양광도 원수 박인계는 이들을 추격, 개태사 앞 황산벌에서 전투를 벌였다. 이 싸움에서 박인계는 피살당하였고 일대는 왜구에 의하여 도륙이 자행되었다. 이러한 혼란한 와중에서 인근 주민들은 계룡산으로 몸을 피하게 되었는데 왜구는 이들을 산중에까지 추격하여 들어갔다. 그리하여 "부녀와 어린애, 왜구를 피하여 산중에 오른 자들이 수없이 죽거나 잡혀갔다"는 것이다.

조선시대에 이르러 임진·정유의 왜란 때에 왜군은 계룡산 주변 지역에 다시 출현하였다. 선조 25년(1592) 4월에 개시된 왜군의

---

15) 윤용혁, 『고려대몽항쟁사연구』, 1991, 일지사, p.271 참조.

침입은 적군의 부산 상륙 2주만에 서울이 함락되는 상황이었지만 공주지방이 적의 주진군로에서 벗어나 있었고 조헌 등 지방민들의 활발한 의병 활동에 힘입어 별다른 피해를 입지 않았다. 그러나 선조 30년(1597), 물러났던 왜군이 다시 침입하여 호남지역을 경유하여 북상하였다. 이들은 이순신의 투옥을 틈타 조선의 수군을 궤멸시키고 남원·전주 등을 점령하고 호서지역에 진입하였던 것이다. 그리하여 가토오와 구로다의 군이 9월 초 공주에 침입하였고, 이들은 여기에서 길을 나누어 북상하였다. 즉 가토오(加藤淸正)는 전의·진천 방면으로, 그리고 구로다(黑田長政)는 천안 방면으로 나가게 된다.

왜군 주력의 공주지방 통과에 따라 계룡산 주변은 이들 왜군의 구략으로 적지 않은 피해를 입게 되었다. 갑사의 경우 이때에 절이 거의 다 타버렸으며, 기록은 확실하지 않지만 신원사와 동학사의 경우도 이때에 모두 큰 피해를 입은 듯 하다. 상신리의 구룡사지의 경우는 계룡산 최대의 사찰로 인정되는 데도 불구하고, 16세기 이후 돌연 절은 폐사되고 말았다. 공주의 도요지에서 자기를 제작하던 도공 이삼평이 일본군 나베시마의 군에게 포로로 잡혀간 것 또한 이 때의 일로 보아야 할 것이다.

계룡산은 전란기에 있어서 피란처가 되기도 하고, 또 큰 피해를 입기도 하였지만 백제 부흥군의 항전 거점이 되기도 하였고, 임진왜란 때에는 왜적의 침입에 맞서 승병이 봉기한 곳이기도 하였다. 임진왜란 발발 직후 계룡산에서의 승병은 갑사의 부속 암자인 청련암의 승려 영규를 중심으로 5백의 승병이 궐기한 것이었다. 이들 승병군은 호서의병장 조헌의 부대와 합류하여 1592년 8월 청주성 수복 전투에 참여하여 성을 탈환하였고 승세를 타고 금산까지 진출하였다. 당시 금산에는 호남 지역으로 침입하려던 왜군 고바야가와(小早川) 부대 2만군이 주둔하고 있었는데 영규의 승병부대는 조헌과 함께 금산성 10리 밖인 연곤평에서 싸워 영규와 조헌을 비롯한 대부분의 승병·의병이 장렬히 전몰하였다. 금산에 있는 칠백의총은 이들 전몰자의 합동 묘소인데 당시 전몰자의 상당수는 영규 휘하 계룡산에서 나간 승병이었던 것이다. 영규대사는 금산전투에서 중상을 입고 그의 고향인 계룡면 월암리까지 가까스로 돌아왔으나 곧 사망한 것으로 전해진다. 그의 묘소는 현재 갑사에서 가까운 계룡면 유평리에 있으며 월암리의 국도변에는 그 충절을 기리는 비석이 세워져 있다.

1894년 동학혁명이 일어나자 동학군은 그 2차 봉기시에 계룡산 서남지역인 노성, 경천 인근 지역에 밀집하여 대오를 정비하였고, 미구에 공주를 중심으로한 대공방전이 벌어짐으로써 계룡산 지역은 전운으로 소연 하였다. 다시, 1907년 국권이 일제에 의하여 피탈되기 직전의 상황에 놓이고 대한제국의 군대까지 해산 당하자 전국 각처에서 의병 항쟁이 전개되었다. 이 무렵 일측에 의하여 작성된 『조선폭도토벌지』에 의하면 1907년 9월 25, 26일 계룡산의 백암동(계룡시)에서 3백의 의병이 일본군을 격파 하였으며, 다시 12월 14일에 역시 계룡산에서 1백명 규모의 의병이 나타나 35명이 사상된 것으로 되어 있다. 다른 기록에서는 1908년 2월 17일 논산군 노성의 동북방 25리 지점에서 4백의 의병이 일군과 교전하여 22명이 죽었다는 것이다.

4. 불교문화의 성지 계룡산

계룡산은 일찍부터 산악 신앙의 대상이었다. 그러면서 동시에 풍수도참설과 불교문화가 개화한 특별한 지역이었다. 계룡산에는 이미 백제시대로부터 절이 건립 되었던 것으로 추측되고 있다. 이는 신원사 경내에서 발견된 백제 연화문 와당편, 그리고 불확실한 것이기는 하지만 구룡사(반포면 상신리)에서도 백제 와당편이 나온 것으로 전해진다. 백제시대 불교가 전래되고 공주 남천 이후 불교가 보다 넓은 신앙층을 형성하면서 계룡산에는 불교 사원이 들어서기 시작했을 것으로 생각된다. 다만 아직까지 계룡산 지역에서 백제시대 절의 존재가 구체적으로 확인된 바는 없다.

계룡산이 불교의 성지로서 그 성격이 보다 분명히 부각되는 것은 통일신라 때의 일이었다. 백제 멸망 이후 정치적 상황에 좌절한 백제의 유민들은 보다 적극적으로 불교신앙에 접근되었던 것 같고, 신라 정부에서도 불교를 통한 정신적 통일과 화합정신의 제고라는 차원에서 일정한 지원이 있었던 것으로 보이기 때문이다.

백제 멸망 이후 지배층에 있던 백제 유민들의 불교적 신앙에의 경도 현상은 연기군에서 나온 일련의 석불 비상 유물에 의해서도 잘 입증되고 있다. 지금까지 연기 일대에서 발견된 비상들은 도합 7구이며, 그중 연대가 확인되는 것들은 이들 작품이 백제 멸망 직후인 673,년 678년, 689년 등, 모두 7세기 후반의 것들이다.16) 이중 현재 국립공주박물관에 소장되어 있는 계유명아미타삼존불 비상에는 다음과 같은 내용의 글이 적혀 있다.

계유년(673) 4월 △일 .... 때문에 (造寺의 이유) 공경되이 발원하여 미차(彌次)(乃末), △△정내말(正乃末), 모씨모(牟氏毛)(乃末)의 세

---

16) 1960년 이후 발견된 이들 유물들은 조치원 서광암에서 1, 연기군 비암사에서 3, 연기군 연화사에서 2, 그리고 연기와 인접한 공주시 정안면에서 1등, 도합 7구에 이른다. 이에 대해서는 곽동석, 「연기지방의 佛碑像」『백제의 조각과 미술』, 공주대박물관, 1992 참조.

사람을 비롯한 △△50명의 지식(智識)이 함께 국왕, 대신, 7세 부모, 모든 중생을 위하여 공경되이 절을 짓고 이에 관계한 지식(智識)의 인명을 기록한다. ....(이하 인명과 관등 나열) ...계유년 5월 15일에 제 △(諸△)을 위하여 경조(敬造)한다. 이 오른쪽의 여러 지식(智識)들과 함께 ...(인명과 관등 나열) ...등이 한마음으로 아미타불상과 관음대세지상(觀音大世至像)을 경조(敬造)한다.(이하 해석 불능)

7세기 후반의 이같은 불교신앙 자료들이 연기 및 공주지역에서 집중적으로 나오는 것은 백제 멸망 이후 구백제의 귀족층들이 현세에서의 좌절을 종교적인 방법으로 승화시키는 경향을 잘 반영하고 있다. 통일신라기 계룡산에서의 불교문화의 진흥은 바로 이같은 지역적 경향과 그 맥락을 같이하는 것이라 생각된다.

신라시대 계룡산에서 가장 번창한 사원은 갑사였다. 갑사(甲寺)는 옛 문헌에 '갑사(岬寺)' 혹은 '계룡갑사(鷄龍岬寺)'로 표기되어 있는데, 통일 이후 특히 화엄종 사찰로 이름이 높았다. "우리나라 화엄종 대학(大學)의 장소로서 ... 계룡산의 갑사 ... 등의 10소(所)이다"[17]라고 한 것이 그것이다. 갑사는 계룡산의 여러 절 중에서 웅천주의 치소에 가장 근접한 위치이며, 신라 통합운동의 사상적 기반이 되었던 화엄종 사찰이었다는 점은 갑사의 번영이 중앙 교단으로부터의 일정한 뒷받침이 있었으리라는 것을 암시한다. 신라시대 갑사의 번영은 오늘날 대적전 건물 주변에 있는 금당지의 초석과 철당간 등이 입증하고 있다.

갑사와는 반대편에 해당하는 계룡산 동북편 기슭(반포면 상신리)에 '구룡사'라는 이름의 절이 조영되어 있었다. 구룡사(九龍寺)는 신라, 고려시대에 걸쳐 번영하였는데 사역(寺域)의 규모에 있어서 계룡산 최대의 사원으로 꼽힌다. 현재에도 통일신라기의 당간지주

---

17) 최치원, 『崔文昌候全集』唐大薦福寺法藏和尙傳

가 지상에 남아
있는데 1980년대
말 공주대 박물관
의 사역(寺域) 일
부에 대한 조사에
의하여 그 폐사
시기는 고려말 조
선초로 추정되었
다. 다만 구룡사의
경우 현재 아무런
관련기록이 없고,
폐사된 지도 오래
이기 때문에, 그
규모에도 불구하

구룡사지의 비석 파편[18]

고 번영의 배경이나 폐사의 이유 등 모든 것이 수수께끼이다.[19]
심지어는 '구룡사(九龍寺)'라는 절 이름 자체도 의문시될 정도이다.
그 규모의 거대함에도 불구하고 『신증동국여지승람』에 '구룡사'라
는 절 이름이 나오지 않고 있는 점, '구룡사'라는 명문와가 출토되
었다고 하지만 신빙성 있는 증언이나 실물이 존재하지 않는 점 때
문이다.[20] 1957년에 간행된 『공주군지』에서는 이 절터를 '중심사

---

18) 황수영, 『한국금석유문』, 일지사, 1976에서 옮김
19) 구룡사지에서는 16세기의 분청사기 편도 다수 출토되었다. 따라서 그 폐사시
기는 16세기 말쯤이 되며, 어쩌면 임진왜란 당시 왜군에 의한 사찰의 소실이
있지는 않았을까 추측해본다.
20) 1990년대 초 사역 일부에 대한 발굴조사에서도 '구룡사'라는 이름은 확인되지
않고, 대신 '水夕寺(수석사)'라는 명문와가 출토되었다. '구룡사'라는 절이름은
근거가 모호한, '구체성 없는 추정용어'라는 것이 조사단의 견해이다. 이남석,
외 『구룡사지』, 공주대학교 박물관, 1995, p.318.

(中心寺)의 터로 추정하였다.[21] 『동국여지승람』에 계룡산의 절 가운데 하나로 언급된 데서 유추한 것이다. 발굴조사의 결과에 의하면 '구룡사'는 통일기에 창사되어 고려시대에 번창하고, 조선초에 이르러 폐사되었다. 인근 도요지에서 제작된 분청사기편이 다수 나오는 것으로 보아 대략 16세기까지 절은 존속하였던 것으로 생각된다. 조선조 16세기까지 절이 존속하였다면, 그 규모에 비추어 『동국여지승람』에는 당연히 절 이름이 실려 있어야 할 것이다. 이같은 점을 고려할 때 구룡사의 '중심사' 설은 유의할만한 의견이다.

동학사와 신원사도 계룡산의 품에서 성장한 큰 절들이다. 동학사는 구룡사와 비교적 가까운 위치로서 계룡산 동편의 수려한 산세를 따라 조영되었고, 신원사는 계룡산 신사(神祠)가 있다는 점에서 나름대로의 위치를 확보하고 있었다. 이들 절에 대한 발굴 등의 학술적 조사 작업이 이루어진 적이 없기 때문에 그 역사나 번영기의 규모 등은 알려져 있지 않다. 그러나 계룡산을 중심으로 한 당시의 불교 확산의 추이로 보아, 이들 절도 갑사나 구룡사와 같이 통일신라 및 고려시대에 번영을 구가하였을 것이다.[22] 다만 동학사의 경우 조선시대에 초혼각, 숙모전, 삼은각 등의 충절 위인을 제향하는 것으로 그 명맥을 유지하였다. 초혼각은 (뒤의 숙모전) 단종 복위를 꾀하다 처형당한 이들, 삼은각은 고려 말에 조선조 개창에 반대하며 절의를 지킨 정몽주, 이색, 길재 등을 제사하

---

21) "지금 반포면 상신리에 사지가 있는데 초석과 부도와 당간석주가 있는 점으로 보아서 구시(舊時) 중심사(中心寺)로 추인되므로 기록한다."(『공주군지』 1957, 제1편 89장)
22) 추만호, 「공주의 절터와 절」 『공주의 역사와 문화』, 공주대박물관, 1995, pp.234~235 ; 추만호, 『동학사』(일), 우리문화연구원, 1999 및 박남수 등, 『갑사와 동학사』, 대원사, 1999, pp.126~127 참조.

는 장소이다.[23)]

갑사, 구룡사, 동학사, 신원사 이외에 문헌 기록에는 계룡산에 등라사(藤羅寺), 가섭암(迦葉庵), 율사(栗寺), 중심사(中心寺), 상원사 (上院寺) 등의 사찰이 조선조까지 있었던 것으로 되어 있다.[24)] 조선 초 서거정(徐居正)의 글에서는 계룡산을 묘사하여

산마루에서 샘물이 솟는데 항상 금(金)이 뛰는 것 같은 빛을 볼 수 있으며, 그 아래 용담(龍潭)이 있으니 검푸른 빛은 사람을 놀라게 한다. 산 뒤에는 육왕탑(育王塔)이 있고 그 남쪽에는 아름다운 기운 이 가득 차 있어 제왕의 도읍터가 될만하며, 그 밖에 유명한 암자 큰 사찰이 모두 이 산의 좋은 경치를 점거하고 있다.(『신증동국여지 승람』17, 공주목 佛宇)

고 하여 당시 계룡산의 승경지에 대소의 절들이 밀집하여 있었음 을 전한다.

계룡산의 등산로에는 남매탑(오뉘탑)이라 불리는 고려초의 석 탑 2기가 남아 있다. 이곳에서는 '淸凉(청량)'이라는 와편이 출토되 어 고려시대에 청량사(淸凉寺)라는 절이 있었던 것으로 간주되고 있다.[25)] 청량사지의 5층 및 7층의 2기의 석탑은 그 조형 양식이

---

23) 동학사에 대해서는 근년 추만호 선생에 의하여 『동학사』(우리문화연구원, 1999)라는 훌륭한 책이 만들어졌다. 자료집으로서나 저술로서나 대단히 가치 있는 책이다.

24) 이들 계룡산 소재의 절이름은 15세기의 지리서인 『동국여지승람』에 적혀 있 다. 이들 절의 현재 위치는 밝혀져 있지 않은데, 이 절들이 적어도 고려시대 번창한 절임은 의심의 여지가 없다.

25) '淸凉(청량)'이라는 명문 와편으로 '청량사지'가 되었으나, 조선조의 각종 기록 과 구전으로는 상원사(上院寺) 혹은 상원암(上院庵)이라는 절이 여기에 있었던 것으로 되어 있다. 이 절이름은 『동국여지승람』에도 계룡산의 절로 언급되고 있어서, 신빙성 있는 자료로 생각된다. 이에 대한 여러 자료는 추만호, 『동학 사』, 1999, pp.155~172 참조.

백제탑 형식이라는 점 때문에 일찍부터 주목되었다.[26] 그리고 이들 탑의 조성 시기는 고려 12, 3세기로 비정된 바 있다.

그밖에도 계룡산의 불교유적에 대한 지표 조사 결과에 의하면 계룡산에는 이름을 알 수 없는 많은 절터가 산재하여 있다.[27] 계룡산의 절들은 전란시에 때때로 큰 피해를 입기도 하였다. 몽고군의 침략이나 임진왜란시 왜군의 침략 등이 그것이다. 이같은 전란이나 혹은 민간 반란에 의하여 한 때 사세가 위축되기도 하지만, 계룡산의 불교문화의 중심적 기능은 지금까지 여전히 계승되고 있다. 이상과 같은 내용에서 볼 때 계룡산은 백제시대 이래 최근에 이르기까지 불교문화의 성지로서 그 특성을 지속적으로 유지해온 것을 알 수 있다. 계룡산이 불교문화의 중심지가 될 수 있었던 것은 백제시대의 경우 전통적인 산악신앙의 기반, 도성에서의 지리적 근접성, 그리고 신라이후에는 백제 멸망으로 인한 백제 유민의 좌절감이 종교적 신앙으로 연결되었던 것으로 생각된다. 여기에 고려, 조선시대에 있어서 각종의 계룡산에 대한 예언적 참설, 혹은 신도(新都)건설의 계획 등이 계룡산을 더욱 신비화하면서 그러한 종교적 분위기 속에서 계룡산의 불교문화는 발전해 간 것이다.

5. 『정감록』과 계룡산

계룡산은 고대 이래의 산악신앙, 불교문화의 중심처로서의 전

---

26) 이은창, 「계룡산의 청량사지와 오뉘탑고」『사학연구』7, 1960 및 이은창, 「백제 양식계 석탑에 대하여」『불교학보』3·4합집, 1966
27) 박용진, 「계룡산지역의 학술조사보고 – 불교유적 조사연구를 중심으로」『공주교대논문집』6, 1969 및 백제문화개발연구원, 『계룡산지역의 유적과 유물』, 1995 참조.

통을 계승해 왔다. 여기에 풍수지리설, 도참설과 같은 내용이 연결
되면서 계룡산은 독특한 문화적 특성과 이미지를 형성하게 된다.
그리고 그것은 단순히 관념적인 차원에서 머무르지 않고 실제로
수도로서 결정되어 건설 공사가 이루어지는가 하면 향후의 미래세
계와 정세까지 연결짓는 예언적 부분까지 결합되어 이목이 집중되
어지고 있다.

  계룡산은 백제시대 국도의 진산으로서, 또는 신라시대 5악의
하나로서 나름대로 중요시되어 왔지만 그것이 정치적 측면에서 주
목되게 된 것은 조선왕조의 건국과 함께 계룡산 천도론이 제기되
면서부터였다. 태조 이성계는 즉위 이듬해(1393) 정월 신도 후보지
로 부각된 계룡산에 행차하였으며, 곧이어 도시건설을 위한 기반
공사에 착수하였으나, 동년 연말에 돌연 공사는 중지되었다.

  계룡산의 신도 공사는 1393년 1년 동안의 작업 끝에 정지되고
말았지만 당시 일시나마 신도로 계획되었던 것은 계룡산이 갖는
특수적인 측면과 연결되어 있었다. 풍수가들은 계룡산의 지리를
'회룡고조(回龍顧祖)의 세(勢)' 혹은 '산태극(山太極) 수태극(水太極)
의 세'라 하여 대단히 진기하게 여겼다. 계룡산의 산세가 남쪽 덕
유산에서 분기, 북주(北走)하여, 공주 동쪽에 이르러 역(逆)C자 형
으로 우회하고 있는데, 이것이 조종(祖宗)을 돌아다보는 형세와 같
다하여 '회룡고조' 혹은 '산태극'이라 한다. 수류(水流) 역시 금강
의 줄기가 "장수 – 진안 – 무주 – 영동 – 대전 동쪽 – 부강 – 공주 – 부
여 – 강경을 거쳐 장항과 군산 사이로 빠지는 동시에 용추골 용동
리의 명당수가 청룡의 뒤를 돌아 크게 우회하며 금강에 합류하는
거대한 태극(太極)의 모습을 보이고 있기 때문에 수태극이 된다"는
것이다.[28] 또한 풍수적으로 계룡산의 산세를 높이 평가하는 것으

---

28) 최창조, 『좋은 땅이란 어디를 말함인가』, 서해문집, 1990, p.128

로 다음과 같은 설명이 있다.

　　풍수적 유형에서 크게 볼 때는 계룡산의 모양이 제(帝)자 모양을
하고 있어, 상제봉(上帝峰)이 중앙에 솟아서 주산이 되고, 금계산(金
鷄山)이 청룡이 되고 일룡산(日龍山)이 백호를 이루고 있다. 여기에
계와 용과 상제가 갖추어져 있기 때문에 임금(용)이 될 자가 제위에
오를 것을 자연물로 암시한 것이다. 그러므로 장차 왕이 될 자가 반
드시 이곳에서 왕위에 오르고 이곳을 왕도로 함에 틀림이 없다고 하
는 것이다. 또 이 금계와 일룡이 포옹하는 신도안의 좌우에 작은 원
구(圓丘)가 하나씩 있는데, 그 동쪽에 있는 것이 금계포란(金鷄抱卵)
의 난구(卵丘)이고, 그 서쪽에 있는 것이 일룡용주(日弄龍珠)의 주구
(珠丘)이다. 금계, 일룡이 모두 다같이 살아 있는 것이며 또 이곳에
머물러 있기 때문에 풍수적으로 봐서 이곳만큼 훌륭한 곳은 없다고
한다.[29]

　　풍수설과 1393년 신도 건설 공사로 계룡산은 이후 각종 비기류
(秘記類)의 예언과 연결되는 중요한 장소가 되었던 것 같다. 그러
나 풍수적으로 계룡산이 과연 국도가 될만한 곳인가에 대해서는
일찍부터 회의론이 함께 제기되었다. 1393년 신도공사가 중지된
중요한 이유의 하나가 바로 풍수적 측면에서의 적합성 여부의 문
제였던 것이다. 당시 계룡산 정도(定都)에 반대하던 경기도 도관찰
사 하륜(河崙)에 의하면, 풍수적으로 계룡산의 산이 건방(乾方:서북
방)으로부터 오고 물은 손방(巽方:동남방)으로 흘러간다 하니 이는
송대의 풍수가(風水家) 호순신(胡舜臣)이 말하는 "물이 장생을 파하
여 쇠패가 곧 닥치는 땅(水破長生 衰敗立至)"이라는 것이다. 이에
대하여 태조는 호씨설의 사실 여부를 실험하기 위하여 제신(諸臣)
으로 하여금 하륜과 함께 고려초 산릉(山陵)의 형세를 호씨설에 대

---

29) 최길성 역, 村山智順, 『조선의 풍수』, 민음사, 1990, pp.700~701

계룡산 숫용추(신용희 사진)

조하여 과거의 길흉을 확인토록 하였고 그 결과 공사 중지의 명을
내리게 되었던 것이다.
　이중환의 택리지에서도 계룡산에 대하여

　　산모양은 반드시 수려한 돌로 된 봉우리라야 산이 수려하고 물
　도 또한 맑다. 또 반드시 강이나 바다가 서로 모이는 곳에 터가 되
　어야 큰 힘이 있다. 이와 같은 곳이 나라안에 네 곳이 있다. 개성의
　오관산, 한양의 삼각산, 진잠의 계룡산, 문화의 구월산이다. 계룡산
　은 웅장한 것은 오관산보다 못하고 수려한 것은 삼각산보다 못하다.
　전면에 또 안수가 적고 다만 금강 한줄기가 산을 둘러 돌았을 뿐이
　다. 무릇 회룡고조라는 산세는 본디 힘이 적다. 까닭에 중국 금릉을
　보더라도 매양 한편의 패자(覇者) 노릇하는 고장으로 되었을 뿐이다.
　계룡산 남쪽 골은 한양과 개성에 견주어서 기세가 훨씬 떨어진다.
　또 판국 안에 평지가 적고 동남쪽이 널따랗게 튀지 않았다. 그러나
　그 줄기가 멀고 골이 깊어 정기를 함축하였다. 판국 안 서북쪽에 있
　는 용연(龍淵)은 매우 깊고 또 크다. 그 물이 넘쳐서 큰 시내가 되었
　는데 이것은 개성과 한양에도 없는 것이다. 산 남쪽과 북쪽에 좋은
　천석(泉石)이 많다. 동쪽에는 봉림사(鳳林寺)가, 북쪽에는 갑사와 동
　학사의 기이한 경치가 있다.

라고 하였다. 이로써 보면 계룡산은 풍수적으로 논란이 있음을 알
수 있다.
　조선 태조 이성계의 계룡산에의 천도 문제와 관련, 이성계가
조선왕조를 개창하기 전에 계룡산에 와서 기도하였다는 이야기가
전한다. 그가 기도한 장소는 암용추 부근의 동굴이었다.[30] 이성계

---

30) 성만수(成萬秀)(1907～1965)의 계룡산 여행기(1860.7.28)에 다음과 같이 언급되
　고 있다. "암용추 삼신당(三神堂) 석실(石室)을 살피는데 통로를 막(幕)으로 가
　려 동굴 속에 달팽이 집같이 작은 집들은 다 도인들이 차지했다. 앞 봉우리에
　제석사(帝釋寺)가 있고 굴 안에 태조의 초상이 있으니, 곧 태조가 왕이 되기
　전에 기도를 올린 곳이다."(『海琴先生文集』 2, 「충남일기」) 이글의 원문은 한

는 이곳에서 기도하고 결국 새 왕조의 개창에 성공하였다는 것이다. 만일 그렇다면 이성계의 신도 계획은 단순히 풍수적 관점 이상의 이성계와 계룡산의 특별한 인연도 개입되었던 것이라 추측할 수 있다.

계룡산 천도계획은 백지화되고 조선왕조는 한양에 도읍 하였다. 계룡산의 신도 공사는 대략 1년 간 진행된 것이지만, 중간의 휴식으로 공사의 진척은 많지 않았던 것 같다. 그 후 이 지역은 '신도내' 또는 '신도안'으로 불리어지게 되었다. 계룡산에의 천도는 곧 포기되었지만, 그러나 계룡산은 그것이 갖는 풍수적 특성, 혹은 고유한 문화적 여건과 결합되어 각종의 도참적인 예언과 종교적인 요소들이 혼합됨으로써 특별한 성격을 형성하게 되었다. 계룡산에 대한 도참적 예언서의 대표적인 것이, 17세기에 처음 만들어진 것으로 보이는 『정감록』이다. 『정감록』에서는 과거 조선왕조의 국도로 정해졌던 신도안에 대하여

송도 5백년에 이씨가 나라를 빼앗아 한양에 천도하였다. 한양은 4백년에 정씨가 국권을 빼앗아 계룡산에 도읍한다. 신도는 산천이 풍부하고 조야(朝野)가 넓고 백성을 다스림에 모두 순(順)하여 8백년 도읍의 땅이다.

라고 예언되어 있다. 또한 계룡산에 도읍하여 새로운 시대가 도래하는 시기에 대해서는

계룡의 돌이 희어지고 초포(草浦)에 배가 다니면 대소의 중화(中

<hr>

문이며, 번역 및 원문을 추만호, 『동학사』, 우리문화연구원, 1999, pp.307~309에서 참고하였다. 이성계의 기도굴 이야기는 필자도 여러차례 들은 적이 있다.

華)가 모두 망할 것이다. 한양 이씨는 3백년이요. 만약 조금 운이 있다면 4백년인데, 그 후에 7갑자(甲子)에 이를 것이다.

라 하였다. 조선왕조 멸망후 정씨에 의한 8백년 도읍지라는『정감록』의 참위적 예언은 사회적 불안 시기에 더욱 풍미하여, 조선조 말기에 있어서는 왕조에 대한 민심의 이반을 두려워한 통치권자의 관심 사항으로까지 대두되었다. 대원군의 계룡산 이도설은 이같은 사회적 분위기와 관련을 가지고 있다. 조선조 말 계룡산 이도설에 대해서는 고종 23년에 간행된 반남(潘南) 박제형(朴齊炯)의『조선정감(朝鮮政鑑)』에 다음과 같이 소개되어 있다.

　　또 참서(讖書)에 정씨가 이씨를 대신할 것이며 공주 계룡산이 정씨의 도읍이 되리라는 이야기가 전하므로 계룡산으로 도읍을 옮겨 이를 압승(壓勝)하고자 역부(役夫)를 징발하여 터를 열고 땅을 팠더니 석초(石礎)가 매우 많이 나왔다 한다. 또 전하는 이야기로는 공중에서 어떤 사람이 말하기를 "이는 정씨의 천년지택(千年之宅)인데, 이를 범하는 자는 반드시 큰 화를 입을 것"이라고 하였다는 것이다. 대원군은 그 말이 거짓임을 알았으나 재정의 궁핍으로 준공이 어렵다는 것 때문에 드디어 중지하고 말았다.

이에 의하면 대원군은 한때 계룡산으로 천도하기 위하여 땅을 굴착하는 등 공사까지 시작 하였다는 것이다. 그러나 당시 경제난을 무릅쓰고 경복궁 중건공사를 무리하게 추진하였던 대원군으로서 새삼스럽게 계룡산에 신도읍을 건설할만한 여유가 있었을 것 같지는 않다. 그러나 위의 인용문에서 언급한 바와 같이 대원군이 신도안에 각별한 신경을 쓰고 또 "터를 파니 석초가 수없이 나왔다"는 것도 사실일 것이다. 다만 대원군이 신도안에 손을 댄 것은 실제 천도의 의사가 있어서였다기보다는 왕조의 종말에 대한 의구

신도안의 초석

심이 고조되는 당시의 불안한 분위기를 진정 시키고자하는 의도에서 이루어진 것이었다고 해야할 것이다.

계룡산에 대한 『정감록』의 예언은 다른 여러 자료에 의하여 더욱 심각하게 파급되었다. 그 대표적인 예는 계룡산 연천봉 강선대(降仙臺)의 석각 문자이다. 연천봉의 석면(石面)에는 자경(字徑) 10cm 크기로 2행 종서(縱書)한 "方百馬角 口或禾生(방백마각 구혹화생)"이라는 석각의 명문이 전한다. 이 내용은 다분히 참위적(讖緯的)인 것으로서 그 뜻은 다음과 같이 풀이되었다.

　方(방)은 4, 馬(마)는 오(午), 오(午)는 80의 합자(合字), 角(각)은 보통 2개이므로 2, 口或(구혹)은 합쳐서 '國'(국)자가 되며, 禾生(화생)은

계룡산 연천봉의 석각(탁본) [31]

합쳐서 '移'(이)의 고자(古字)가
되니, 이어 쓰면 '四百八十二
(482), 國移'가 된다.

즉 조선왕조가 482년, 대략 5
백년 왕조라는 내용의 예언에
해당한다는 것이다. 이 참문(讖
文)은 역시 비기류의 책인 『비
서 광악유결(秘書 光嶽遺訣)』에
"連岐近地 石詩題名 忠淸道鷄
龍山 方夫人才國或多禾 少六八
年 李落地"라고 한 것과 연결
되어 더욱 사실성을 입증한 것
으로 알려졌다. 『광악유결』 내
용의 의미는 "方夫(방부)는 경
(庚)의 파자(破字), 人才(인재)는
술(戌)의 파자, 口或(구혹)은 국(國)의 파자, 多禾(다화)는 이(移)의
파자로서, 이를 합하면 '庚戌 國移'(경술년에 나라가 옮긴다)가 된
다"는 것이다.[32] 이같은 내용은 당시 유행하던 정감록의 참설을
이용하여 조선왕조의 멸망을 당위적인 것으로 확정함으로써 식민
지 통치의 기반을 닦으려한 일제의 의도가 개입되었다는 의구심을
갖게 한다. 그러나 이같은 자료들은 왕조 말기의 불온한 위기감을
그대로 반영하는 것이며, 대원군 정권은 이같은 사회적 불안감을
희석하려는 노력을 기울였던 것이다.

조선왕조 말기 계룡산 이도설 이외에도 당시의 왕실이 이 문제

---

31) 최길성 역, 『조선의 풍수』, p.700에서 옮김.
32) 위의 책, p.703

에 대하여 각별한 관심을 가졌던 사실은 여러 가지로 입증된다. 황후 민비가 비밀리 연천봉 등운암의 옛터에 '압정사(壓鄭寺)'라는 절을 세워 정씨의 왕기를 누르는 기원소로 삼았다는 것이나, 민비가 여관(女官)을 보내 연천봉 위의 샘에서 몸을 씻고 아들을 빌어 이척(李坧)의 탄생을 보았다는 이야기도 전한다. 또 고종이 대한제국의 수립과 함께 제위에 오르자 이듬해(1898) 계룡신사의 격을 올려 '천자오악봉(天子五嶽封)'의 뜻에 따라 중악단으로 고치고, 중악단 건물을 새로 위엄있게 건립하였다는 것이며, 중악단이 위치한 신원사(神院寺)는 그 이름을 새로운 제국의 신기원을 연다는 의미로서 '신원사(新元寺)'로 개명하였다 한다. 이같은 예는 미래 왕조 8백년 도읍으로 세간에 공공연히 말해지는, 계룡산의 지기(地氣)를 압승하고자 하는 의도에서였던 것이다.

맺는말 – 계룡산의 문화사적 성격

공주 계룡산은 백제이래 오늘에 이르기까지 공주를 포함한 중부지역의 정신적 중심성을 형성하며 특별한 기능을 담당하여 왔다. 역사상 계룡산의 부각은 5세기 후반 백제의 공주 천도에서 비롯된다. 이에 의하여 공주 계룡산은 단순히 한 지방의 산이 아니라 국도의 진산으로서 그 기능을 확대하게 되었던 것이다.

이후 역사적 조건의 변화에도 불구하고 계룡산은 특별한 문화사적 기능을 담당하게 된다. 그것은 계룡산이 국가적 제사처로서 제도화되고 동시에 불교문화의 중심점으로 발전하였기 때문이다. 이같은 계룡산의 성격은 계룡산이 갖는 자체의 조선 이외에 주변의 역사적 배경에 의하여 뒷받침 되었다. 특히 백제의 멸망이라는 사건과 공주가 호서 지방의 중심지역으로 구심의 역할을 가지면서 이같은 성격은 더욱 심화되었다.

계룡산이 갖는 문화사적 성격은 국가적 제사처로서의 계룡산, 불교문화 성지로서의 계룡산, 그리고 풍수도참 신앙과 관련한 계룡산 등 세 가지 내용으로 크게 요약될 수 있다.

국가적 제사처로서의 계룡산은 우리의 전통신앙의 하나인 산천신앙의 맥락을 타고 이어져 내려온 것이다. 그러나 여기에는 구백제 지역민에 대한 회유라는 정부의 정치적 계산을 수반하여 보다 제도적으로 그 명맥의 유지가 보장되어 왔다. 특히 계룡산의 제사처로서의 중심 공간은 신원사 지역으로 계룡산사 혹은 중악단이 바로 이에 해당하는 것이다.

불교문화는 백제시대로부터 출발하여 신라 고려기를 거치면서 계룡산을 배경으로 발전하였다. 계룡산의 불교문화 발전은 당 시대의 불교 발전과 맥을 같이하는 것이지만, 계룡산이 백제시대 왕도지역 소재의 산악이었다는 지리적 위치는 이후의 불교문화 발전에도 일정한 기여가 있었던 것으로 생각된다. 그리하여 수다한 대소 사찰이 계룡산을 중심으로 밀집하게 되었으며 많은 불교문화 유산의 보유가 가능하게 되었던 것이다.

풍수도참과 관련한 계룡산의 부각은 한편으로 전통신앙과 불교 신앙에 의한 계룡산의 비중에 의하여 뒷받침된 것이었다. 그러나 다른 한편으로는 조선왕조의 천도지로 택정 되는 등의 정치적 측면에 의하여 더욱 고조되었다. 그리하여 조선조 말기 사회의 말기적 분위기 속에서 새로운 시대를 대망하는 민중들의 염원은 계룡산을 미래의 정치적 종교적 중심공간으로 설정하기에 이르렀던 것이다.

오랜 역사적 배경을 통하여 계룡산은 특별히 우리나라 정신문화의 소중한 원천으로 자리잡게 되었다. 그러면서 동시에 이상적인 미래사회의 도래를 전제로 한 현실 공간으로 관념 되었다. 이러한 의미에서 계룡산은 종교적이요 정신적인 성격과 아울러 정치적 성격을 함께 갖게 되었으며, 과거적이요 역사적인 동시에 미래에의 대망과 염원을 거는 공간이 되었던 것이다.

아름다운 경관을 갖춘 계룡산에는 현재 유형 무형의 풍부한 문화유산과 함께 대한민국의 국방을 지휘하는 육해공군의 삼군 본부가 위치하게 되었으며, 주변에 공주와 같은 전통문화 도시 이외에 인구 1백만이 넘는 국제적 대도시를 끼게 되었다. 이같은 근년의 변화 역시 계룡산이 갖는 성격과 관련을 갖는 것으로서 미래에의 기대를 더욱 부풀게 하고 있는 것이다.*

---

* 이 글은 공주대학교박물관 『공주의 역사와 문화』, 1995에 실린 것을 재정리한 것임.

아리타(有田)의 도조(陶祖) 이삼평과 공주

머리말

필자가 처음으로 공주 학봉리 도요지를 찾은 것은 30 수년 전인 1979년의 일이었다. 산적한 도편(陶片) 이외에는 이곳이 15, 6세기 한국의 중요한 도요지임을 말해주는 표지는 아무 것도 없었다. 그런데 거기에 일인 관광객이 세우고 간 나무 막대기가 인상적이었다. 그것은 학봉리 도요지를 확인하는 표목(標木)으로서, 이미 당시에도 다수의 일인들이 이곳을 찾아오고 있다는 사실을 말해주는 것이었다.

1990년에 이르러서야 학봉리 유적은 사적(제333호)으로 지정되고, 아직 보고서는 미간이나 유적의 일부가 발굴 조사되었다. 1990 년 아리타(有田)의 정민(町民)들이 세운 이삼평의 기념비가 학봉리 가까운 박정자 삼거리에 자리잡게 된 것도 바로 이 도요지의 존재 때문이라 할 수 있다. 수년 전부터 필자는 큐슈에 가는 기회에 몇 차례 아리타(有田)를 방문하여 이삼평 관련 유적을 둘러볼 기회를 가졌다. 그리고 나름의 깊은 감상을 갖게 되었으며.1) 2003년(10.9)에 제49회 백제문화제의 학술행사의 주제로서 <계룡산의 도자문화> 라는 심포지움을 기획하게 되었다.2) 이것이 계기가 되어 필자 나름의 의견을 담은 본고를 정리하게 되었으며 2004년 봄(4. 9) 계룡산 분청사기축제 행사의 하나로 열린 도자 심포지움에서 그 요지를 발표한 바 있다.3)

이삼평에 대해서는 비문을 둘러싼 시비 이외에 출신지를 둘러싼 종종의 막연한 논의가 있어왔다. 또 비문 관련의 시비에 있어서도 이삼평 관련 사료와는 무관하게 감정적인 방향으로 논의가 흘러간 감이 있다. 객관적인 자료 검토가 결여될 경우, 이는 설득력을 확보하지 못하고, 따라서 불필요한 감정의 개입으로 논의의 초점이 변질될 우려가 높다.

이러한 점에서 이삼평에 대한 보다 객관적인 자료를 제공하면서 이에 대한 논의가 문제의 핵심을 벗어나지 않도록 돕는 것은

---

1) 윤용혁, 「'원구'. 그리고 이삼평」(『웅진문화』13, 2000)에 처음 이삼평 유적을 찾았던 필자의 감상을 기록하여 두었다. 이후에 두 차례의 방문이 더 있었으며, 2002년의 경우 공주 향토문화연구회 중심의 단체 30여 명이 이곳에 방문하는 기회를 갖기도 하였고, 2004년 6월에는 무령왕탄생전승지인 가카라시마(加唐島)에 초청 방문케 된 오영희 공주시장 일행과 함께 아리타 공식방문을 추진한 바 있다.(윤용혁, 「'니리므세마' 가당도에의 길」 『웅진문화』17, 2004)
2) 심포지움에서 발표된 내용은 「공주 계룡산지역 도자문화의 특성」(강경숙), 「학봉리 요지의 유구와 도자의 성격」(김영원), 「학봉리 철화분청사기의 과학적 연구」(이영은), 「조선도자의 일본전파와 이삼평」(방병선), 「계룡산 도예촌 조성에 관한 연구」(박철희) 등이었으며, 이종민, 김규호, 정성일, 김용운 등이 토론에 참여하였다.
3) 계룡산분청사기축제위원회 주최로 충남여성정책개발원에서 열린 <계룡산의 도자문화: 과거·현재·미래>에서는, 필자 이외에 이재황(「계룡산 철화분청사기의 역사와 현황」), 박원숙(「철화분청사기의 브랜드화와 아리타의 교훈」), 박철희 (「계룡산 도예촌의 발전방안」) 등이 발표하고, 이춘혜, 정재욱, 임영수 등이 토론하였으며. 이은구(이천 청파도예연구소장), 金ヶ江省平(이삼평의 14 대손)의 특강이 있었다.

매우 중요한 일이라는 생각을 갖게 되었다. 본고는 이같은 문제의
식에서 출발된 것이다.

1. 박정자의 이삼평 기념비

공주시 반포면 학봉리 박정자의 조각공원에는 이삼평(1579~
1656)의 기념비가 세워져 있다. 백자를 상징하는 하얀색 기념비의
중앙에는 검은 바탕 돌에 '일본 자기시조 이삼평공 기념비'라고
한자로 적혀 있다. 일본 도자기의 고향, 사가현 아리타(有田)의 정
민(町民)들이 십시일반으로 4천만엔의 성금을 모아, 학봉리 도요지
가 바라다 보이는 박정자 언덕에 7.5미터 높이의 이삼평 기념비를
세운 것은 1990년의 일이었다.

이삼평은 대략 1579년 출생으로, 아마 정유재란 때에(1598) 나
베시마군이 철수하면서 휘하의 다쿠(多久) 군에 의하여 일본으로
이송되었다. 그는 처음 다쿠(多久)에 거주하다가 아리타에서 자기
제작의 원료가 되는 백자광(白磁鑛)을 발견하고 가마(天狗谷窯)를
열었고, 1616년 이후 아리타는 일본 도자기의 가장 중요한 제작지
로서 번영하였던 것이다.4) 당시 아리타에는 이삼평과 함께 납치된

---

4) 요업도시로서 아리타의 발전 요인에 대해서는 다음과 같은 점이 꼽히고 있다.
① 임진왜란 이후 나베시마 가(家)에 의해 연행되어온 많은 조선인 도공이 있
었다. ② 자기의 원료가 되는 이즈미야마[泉山] 자석장(磁石場)이 있다. ③ 연
료가 되는 송림(松林)이 풍부하다. ④ 오름가마(登窯)를 만들 수 있는 경사지
가 풍부하다. ⑤ 도석(陶石)을 부수는 기구의 동력이 되는 하천이 있다. ⑥ 아
리타 자기를 실어내는 이마리(伊万里)항이 가깝다. ⑦ 세계에의 창구인 나가
사키[長崎]가 가깝다. ⑧ 명(明)의 멸망에 따른 자기 수출의 정지, 그리하여 중
국자기의 대체품으로서 아리타 자기가 네델란드 동인도회사에 공급된 것 등
이 그것이다. (吉英陽三, 「日本磁器の故郷・有田」『日本遺産』48, 2003, 朝日新

155명의 도공과 김해에서 잡혀온 심해종전(深海宗傳)의 미망인 백파선(百婆仙)이 1631년 도공 906명을 이끌고 이에 합류하였다고 한다. 이삼평은 단순한 도공이라기보다 아리타를 대표하는 대장(大匠)이었다는 것이다.[5]

이삼평 기념비는 기념비 건립의 취지에 대하여 "이 비가 우리의 이공에 대한 보은과 감사의 성의를 표하고, 국제친선과 문화교류의 상징으로서 영원히 남겨질 것을 기원한다"고 밝히고 있다. 그러나 정작 이 기념비는 비문의 표현 때문에 여러차례 몸살을 앓았다. 이삼평 기념비는 형식상 일본의 '도조 이삼평공 기념비 건설위원회'와 한국의 '한국도자기문화 진흥협회'의 공동 제작 형식을 취하였다. 그리고 기념비에는 다음과 같은 양측의 문안이 일본어와 한국어로 나란히 새겨지게 되었던 것이다.

李參平公은 壬辰丁酉의 亂에 日本에 건너가 여러 陶工들과 逆境을 같이한 끝에 1616年 九州 有田 泉山 陶石의 活用으로 日本 最初의 白磁器 生産에 成功하여 日本 磁器産業 隆盛의 元祖가 되었고 1655年 8月 11日 有田 上白川에 逝去하였다. 李公의 遺德을 追慕하는 後裔들이 九州 有田에서 每年 李參平祭를 擧行한 지도 八十星霜이라고 한다.

今般 社團法人 韓國陶磁器文化振興協會는 日本側의 李公에 對한 報恩과 感謝의 뜻이 담긴 記念事業 提議에 따라 李公 出身地로 전해지는 이곳에 李參平公 記念碑를 協同하여 建立하게 되었다.

이 記念碑는 李公의 故國에 對한 望鄕의 마음을 달래고 李公의 훌륭한 技術革新 情神을 되새기며 國際親善과 文化交流의 象徵이

聞社, p.21.) 아리타의 도자기는 조선으로부터의 피랍 도공들에 의하여 개시되었지만, 미구에 중국자기(경덕진 등)의 영향을 받음으로써, 명대 도자 양식의 기법에 바탕을 둔 일본풍의 화려한 장식문양 도자기로 변모하였다고 한다.(방병선, 「17 – 18세기 동아시아 도자 교류사 연구」『미술사학연구』232, 2001, pp.140~142)

5) 윤용이, 「이삼평과 아리타자기」『아름다운 우리도자기』, 학고재, 1996, p.321

되기를 바라마지 않는 바이다.

1990年 10月
社團法人 韓國陶磁器文化振興協會

　李參平公は文祿慶長の役に際して來日され1616年九州有田泉山で磁石鑛を發見,最初の白磁燒成に成功して日本磁器隆盛の始祖となられました.公は有田燒發展にその生涯を捧げられ明曆元年(1665)乙未8月11日有田で逝去されました.我々有田町民はその遺德を追慕し心を合あせて每年泉山を眼下にする蓮花石山で李參平公祭を催し既に八十星霜に及んであります.

　今般社團法人韓國陶磁器文化振興協會のご協力を得てそのゆかりの地に記念事業として李參平公記念碑を建立し御靈の里歸りを果すことになりました.

　この碑が我々の李公に對する報恩と感謝の誠意を表し國際親善と文化交流の象徵として 永遠に殘ることを祈念するものです.

1990年 10月
陶祖 李參平公記念碑建設委員會

박정자의 이삼평 기념비

그런데 이삼평 기념비가 "국제친선과 문화교류의 상징"이 되었으면 하는 희망과는 반대로, 도리어 '역사왜곡'을 둘러싼 갈등으로 전개되어 예상치 못하였던 결과를 낳게 되었다. 비문중 이삼평 공이 "임진정유의 란에 일본에 건너가"라고 한 것이, 당시 왜군에 포로로 끌려간 사실에 대한 '역사왜곡'이라고 판단되었기 때문이다. 이 문제는 시민 차원에서의 문제제기로부터 시작되어 언론에 보도됨으로써 적지 않은 파문을 몰고 왔

이삼평 기념비의 문구와 관련된
신문 보도
(한국일보 1994년 3월 2일자)

다.6) 일이 이에 이르게 된 데에는 기념비 건립과 관련한 한국측 파트너였던 한국도자기문화진흥협회의 안이한 접근이 한 요인이었다고 생각된다. 가령, 기념비 건립의 취지를 새기면서, 양측이 각각 별도의 취지문을 게시하였는데, 진흥협회측의 취지문은 거의 상당부분을 일본측의 문장을 그대로 번역하여 옮긴 것이었다. 이 때문에 이 글판이 마치 일문의 취지문을 다시 한글로 번역한 하나의 글처럼 보인다. 그러나 사실은 각각의 글판으로서, 엄격히 말하자면 '임진정유의 란에 일본에 건너가'라는 표현은 진흥협회 측의

---

6) 가령 1993년 연기군 조치원읍에 본부를 두고 이풍용 · 정해영 · 민복기 · 김재영 · 임영수 등이 결성한 '이삼평도공 기념비문 정정 추진위원회'는 초기의 이러한 시민여론을 주도하였다.

표현이라 할 수 있다. 기본적으로 문제가 어긋나기 시작한 것은 진흥협회가 이삼평 혹은 임진왜란에 대한 기본적 역사 인식이 미흡한 상태에서 공동사업의 파트너 역할을 한 데 있다고 생각된다. '일본에 건너가'를 여기에서 논외로 하더라도, 위의 '임진 정유의 란' 이란 것도 우리나라에서 전혀 사용하지 않는 정체 불명의 언어이다. 임진왜란을 지칭하는 '문록 경장의 역'을 그대로 직역한 '번역어'에 불과하기 때문이다.

이 글판의 표현으로 인하여, 이삼평 기념비는 험난한 수난의 시간을 거치게 된다. 비문의 정정 요청으로부터 철거에 이르는 요구 때문이었다. 그리고 이같은 요구의 표현으로 공주의 시민단체들은 연합하여, 2001년 7월 임시적인 안내판을 기념비 앞에 새로 세웠다. 그것은 기념비문의 잘못된 표현을 지적하고 이의 시정을 촉구하는 것이었다.[7] 비문의 표현을 바꾸는데는 건립 주체

---

7) <이삼평 도조비 안내문>이라는 제목의 글 전문을 그대로 옮기면 다음과 같다.

   이삼평은 비가 서있는 여기에서 가까운 계룡산 기슭 금강가에서 태어나 스물 여섯 살 쯤까지 살았다. 그는 조선조 백자의 맥을 이은 일본 백자의 도조로서 숭앙의 대상이 되었다.

   그를 기리는 비가 일본 아리따에도 1917년에 세워졌고 여기에도 1990년에 건립되었다. 뿐만 아니라 그가 백자를 빚고 그 기술을 전수한 아리따에는 해마다 5월 4일 세계적인 도예축제가 열리고 있다.

   이러한 일련의 사실들은 유서깊은 한·일 양국 간의 우호관계와 건전한 문화교류를 증거한다는 점에서 마음 흐뭇하게 여긴다.

   그러나 유감스러운 것은 두 군데 비문의 일부분에 역사적 왜곡이 있다는 점이다. 이를 시정하기 위하여 우리 고장의 시민단체들과 이삼평도공기념비문정정추진위원회 등이 여러 통로를 통하여 힘써왔지만, 원칙에는 모두 동의하면서도 오늘날까지 해결이 시원스럽게 이루어지지 못한 상태다.

   임진왜란(1592 A.D − 1596 A.D)·정유재란(1597 A.D − 1598 A.D) 때에 토요토미히데요시는 20만 대군을 거느리고 조선을 침략, 근 십만 명에 이르는 도예공, 부녀자, 농민들을 강제로 끌어갔다. 이삼평님은 그 가운데 한 사람이다. 그의 생애는 자료의 빈곤으로 말미암아 자세히 알 수 없다. 다만, 스물 여섯 살 쯤(1598 A.D)에 잡혀가 스물 아홉 살(1601 A.D)에는 아리따에서 백자를 만

상호간의 협의가 필요하다는 점에서, 임시적이나마 별도의 안내
판을 통하여 그같은 문제점을 지적한 것은 매우 적절한 방식으
로 생각된다. 그러나 이 안내문 역시 설명 내용상의 오류를 포함
하고 있다.8)

___

들어 널리 이름을 떨쳤으며, 마흔 네 살(1616 A.D)에 그곳에서 생을 마감한
사실만 알려졌을 따름이다.
　이삼평은 먼나라 타국에 있으면서도 조국과 고향을 못내 못잊어 자기가 살
던 고장 金江(錦江)을 성으로 삼았으니, 뼈는 비록 그곳에 묻었으되 수구초심
마음만은 늘 이곳에 머물러 있다. 이것이 어찌 이삼평 한 분 뿐이랴.
　요즘 일본 국사교과서의 왜곡을 보는 우리의 마음은 매우 착잡하다. 이삼평
비문의 연장선상에 있는 문제이기 때문이다. 한·일 양국의 양식있는 모든 사
람들은 역사에 대한 엄숙함과 그 기록의 정확성을 간절히 바라고 있다. 어서
빨리 잘못된 비문을 바로 잡아야할 이유이다.
　　　　　　　　　　　　　　　　　　　　　　　　　2001년 7월 28일
공주미래포럼　공주시민단체협의회 〔공주계룡문화예술회　공주농민회　놀이
패풍장　동학농민전쟁우금티기념사업회　문화공간우리사랑금강풍물패　민주
화를위한전국교수협의회(공주대학교　공주교육대학교)　사단법인한장선공주장
애인소망회　새교육공동체공주시민모임　성공회나눔의집자활후견기관　시민
모임한겨레　전국교직원노동조합공주지회　주부모임동그라미　참교육학부모
회공주지부　한울타리　흑백사랑6·9〕공주시약사회　공주시의사회　공주시
치과의사회　공주시한의사회　공주지역노동조합협의회　대전충남참여자치지
역운동연대 〔당진참여자치시민연대　대전참여자치시민연대　유성민주자치시
민연합　천안시민포럼　청양포럼〕삼일정신이어가기운동모임　공주교육대학
교총학생회　공주대학교동아리연합회 (가나다순)
8) 안내문에서는 이삼평이 26세쯤인 1598년 일본에 잡혀가, 29세 쯤인 1601년 아
리타에서 도자기를 개발하고, 44세인 1616년 사망한 것으로 정리되어 있다.
일본에 잡혀간 시기를 1598년으로 본 것은 타당하다고 생각되지만, 아리타 도
자기 개발이 1616년(38세)이고, 그의 사망은 1655년(77세)이다. 또 이삼평의 출
생을 1579년으로 볼 경우, 1598년 잡혀갈 때의 나이는 20이 되기 때문에 그의
연대기는 전혀 맞지 않는다. 한편 이 안내문은 한글과 일본문을 각각 나란히
제시하였는데, 일본어 번역에서, 건립 참여단체명 일부를 한글 그대로 적어
넣어버린 것도 잘못된 것이다.

2. '이삼평'인가, '이참평'인가

이삼평과 관련하여 먼저 이삼평의 연대기를 정리할 필요가 있다. 기록의 불확실성 등의 이유로 이에 대한 종종의 혼동이 있기 때문이다. 우선 이삼평이 아리타의 텐구다니 가마에서 처음 도자기를 생산하기 시작한 시기는 그의 나이 38세인 1616년으로 기록되어 있다.9) 이는 도향(陶鄕)으로서의 아리타 역사의 출발을 의미하며, 1917년에 아리타에 도조 이삼평의 기념비를 건립한 것도 아리타에서의 도자기 생산 3백년을 기념한 것이었다. 다음으로 이삼평이 아리타의 도자기를 발전시킨 후 세상을 뜬 것은 1655년 8월 11일로 되어 있다. 1616년 38세를 기준으로 계산하면, 조선에서 그의 출생은 1579년, 아리타에서 세상을 뜬 1655년 그의 나이는 77세였다.10) 한편 아리타에서의 도자기 제작 생활은 대략 40년에 이르렀음을 알 수 있다. 조선에서의 20년 세월에 비하여 아리타에서의 인생이 두 배나 긴 기간이었던 셈이다.

---

9) 그가 38세 되던 1616년 아리타 자기를 개발한 것에 대해서는 "今年三十八年間, 丙辰之年"이라하여 『覺』이라는 자료에 명시되어 있다. 이 기록은 1654년 이삼평이 직접 작성한 것이라는 점에서 신빙성이 매우 높다. 이에 대해서는 방병선, 「조선도자의 일본전파와 이삼평」, p.33 참고. 자료의 원문을 그대로 옮기면 다음과 같다.

『覺』. " -, 某事, 高麗□罷度, 數年長門守樣江被召仕, 今年三十八年間, 丙辰之年□有田皿山之樣ニ罷移申候, 多久□同前ニ罷移候者十八人, 彼者共も某子ニ□御座候, 皆□車拘申罷有候, 野田十衛門殿内之唐人子供八人, 木下雅樂助殿かくせい子供二人, 東ノ原淸元之内唐人子三人, 多久本皿屋之者三人, 右同前ニ東拘罷有候.

-, 某賣切之事, 高木權兵衛門殿移内之唐人子四人, 千布平右衛門殿内之唐人子三人, 有田百姓之子, 兄弟二人, 伊萬里町助作合十人, 所々□集り, 申罷居候者百人, 皆々某萬事之心遺仕申上候. 已上. 已月廾日 有田皿屋 三兵衛尉 印

10) 요즘 일본에서의 나이 계산은 만(滿)으로 하기 때문에, 우리와는 1년의 차이가 난다. 그러나 일본에서도 옛날에는 우리와 같은 나이 계산법이었다고 한다.

그렇다면, 이삼평이 나베시마에 의하여 일본에 잡혀온 시점이 언제였는가 하는 점이 의문이다. 그 시기가 분명하지 않기 때문에, 1594년으로부터 1598년에 이르기까지, 책에 따라 각각이다. 나베시마는 임진란 침입 초기부터 도공을 잡았던 듯하고, 따라서 도공의 출신지와 포로의 시기 등이 달랐다고 보아야 한다. 그런데 이삼평 가계의 문서인 이른바 『金ヶ江三兵衛由緒書』의 구절 가운데는 이삼평이 나베시마 군과 조우한 것이 '경장(慶長)'년간, 즉 정유재란 시였던 것과 나베시마의 철군시에 함께 오게 되었음을 밝히고 있다. 이에 근거한다면, 이삼평이 일본에 잡혀온 시기는 전란이 종식되는 1598년이었을 가능성이 높다. 1598년이라면, 당시 그의 나이는 20 남짓이 되며, 아리타에 이주하기 전까지 다쿠(多久)에서 지낸 생활이 대략 10여 년이었음을 짐작할 수 있다.

이상을 정리하면 이삼평은 1579년 출생하여 1598년 20나이에 포로로 일본에 잡혀가 처음 사가현의 다쿠(多久)에서 10여 년 생활한 후, 아리타에 이주하여 나이 38세 되던 1616년 백자 생산에 성공하였으며, 이후 백파선 등 다른 조선도공 집단들과 합류하여 아리타 도자기를 크게 발전시키고 1655년 77세를 일기로 세상을 떴다.11) 또 '월창정심거사(月窓淨心居士)'라는 그의 법명으로 보아, 그는 일본에서 불교에 귀의, 이국에서의 인생살이의 고단함을 위로 받았다고 생각된다.12)

---

11) 박정자의 이삼평 기념비 앞에 시민단체에 의하여 세운 안내판에서는 이삼평이 1616년 44세의 나이로 사망하였다고 하였다. 이는 이삼평의 아리타 도자기 개발과 그의 사망 시기를 혼동한 데서 말미암은 오류라고 생각된다.
12) 당시 조선으로부터의 피로 도공들은 고향에 대한 간절한 향수, 이국생활에의 적응 등으로 많은 정신적 장애를 가지고 있었던 것 같다. 가령, 아리타(有田)의 도산신사(陶山神社)는 원래 도조묘(陶祖廟)였고 그 대지(臺地)는 도공들의 야유회장이었는데 도공들은 이 도조묘 앞에서 전통적인 춤(아마 고마춤<高麗踊り>)을 추고 싶어 했으나, 대관(代官)으로부터 불허되었다고 한다.(김달수,

이삼평은 종종 '이삼평' 대신 '이참평'으로 읽힌다.[13] 그가 '이 참평'으로 읽히는 이유는 그의 이름이 '李參平'으로 기록되어 있는 데서 연유한다. 주지하다시피 '參'은 '三(삼)'과 같이 쓰이기도 하 고, 참여할 '참'으로 읽히기도 한다. 따라서 '李參平'이 '이삼평'이 었는지, '이참평'이었는지는 글자만으로는 구분하기 어렵다. 이 때 문에 전문가들 간에도 이에 대해 명확한 정리가 없고,[14] 사람에 따라 각기 자기 나름의 감각으로 불러왔다고도 할 수 있다. 특히 이삼평에 대한 방송국 제작의 프로그램에서는 흔히 그의 이름이 '이참평'으로 호칭되어 왔다.[15] 적어도 한국에서 그의 이름은 '이 삼평'과 '이참평'이 혼용되고 있는 실정인 것이다.

그런데 『金ヶ江家文書』 등의 자료에 의하면 參平의 이름은 '삼 평(三平)'으로 나오기도 한다. 그는 일본에서 '金江三兵衛'라는 일 본식 이름으로 개명하였다고 한다. '삼병위(三兵衛)'가 '三平'에 근 거하여 지은 일본식 이름이라는 것은 의심의 여지가 없다. 한자 표기의 상이에도 불구하고 그 발음이 서로 거의 일치하고 있기 때 문이다. '李參平'의 발음과 관련하여, '參平'이 '三平'. 혹은 '三平 衛'으로 되는 것은 '參'이 '三'의 뜻이었다는 증거이다. 일본의 역 사교과서에서 李參平의 발음을 '이삼평'으로 적고 있다는 점[16], 연

「선조들의 얼, 도공들의 한숨」『일본열도에 흐르는 한국혼』, 동아일보사, 1993, pp.371~372) 즉 피납 도공들은 종종 집단적인 모임 등을 통하여 이국생 활에의 정신적 장애를 해소하려 하였음을 알 수 있다.
13) 가령 노성환은 「有田의 조선도공」,(『일본속의 한국』, 울산대학교 출판부, 1994, pp.77~104)에서 李參平을 '이참평'으로 적고 있다.
14) 2003년 10월, 공주대 백제문화연구소 주최 심포지음에서도 그의 이름 읽기에 대한 질문이 제기된 바 있다.
15) 대전 MBC 제작의 이삼평 관련 도큐멘타리(1994. 7. 1 방영)와 KBS 일요스페샬 특집 아리타도자기 프로그램(1999.411 방영)에서 모두 李參平을 '이참평'으로 호칭하였다.
16) 가령 帝國書院 판, 중학교 역사교과서인 『中學生の歷史』(p.113), 大坂書籍 판

구자 가운데는 이삼평을 '李三平'으로 표기하는 경우가 있다는 점도 '參平'이 '三平'과 혼용되고 있다는 데 근거한 것이다.[17)

李參平은 '이삼평'이다. 그 이유는 이삼평의 이름이 '參平'과 '三平'으로 혼용되고 있는 점에서, '參'이 '三'의 의미로 쓰였던 것임을 확인할 수 있기 때문이다. 오늘날도 인명에 '삼(三)' 혹은 '삼(參)'을 사용하는 경우가 종종 있거니와, 인명에 '參'을 쓰더라도 '삼(三)'의 의미로 쓰일 뿐, '참'으로 읽거나 사용하는 경우는 없다.

3. 이삼평은 일본에 '건너'갔는가, '잡혀'갔는가

이삼평과 관련하여 가장 논란이 되는 문제는 그가 임진왜란시 왜군에 의하여 포로로 끌려갔는가, 아니면 자의로 일본에 건너갔는가 하는 문제이다. 가령 미스기(三杉隆敏)는 한일관계사 특집 이삼평에 대한 글의 제목을 「이삼평은 포로가 아니었는가?」라고 잡고 있는데[18), 이는 이삼평을 둘러싼 이같은 논점을 강조한 것이다.

우선 이삼평이 왜군에 의하여 끌려갔다는 주장은 당시의 일반적 상황에 의한 주장이다. 왜군에 의하여 조선의 사람들이 포로로 잡혀갔고 특히 도공과 같은 특수 기술자들의 경우 집중적인 납치의 대상이었기 때문이다.[19) 이삼평을 데려간 나베시마(鍋島直茂)는

『中學社會(歷史的分野)』에서는 '李參平'에 대해 '리 삼페이'와 '이삼평'이라는 두 개의 발음을 부기하고 있다.

17) 三杉隆敏은 이삼평에 대한 글 「染付磁器の祖・李三平は俘虜ではない?」에서 이삼평을 '李三平'으로 적고 있다.(『歷史讀本』新人物往來社, 1985년 6월 임시 증간호, pp.118~121)

18) 三杉隆敏, 위의 「染付磁器の祖・李三平は俘虜ではない?」 pp.118~121

19) 일본군에 의한 도공 노략의 일반적 사정은 다음과 같이 묘사되고 있다. "침략 왜장은 앞을 다투어 도공의 노략에 혈안이 되었다. 마침 차와 다도(茶道)의 풍

아리타의 이삼평 묘소

조선의 도공을 집중적으로 잡아간 대표적인 인물이다. 따라서 이삼평 역시 피로 도공의 1인이라고 할 수 밖에 없다. 그럼에도 불구하고 이삼평이 철수하는 일본군과 함께 자의에 의하여 건너갔다는 것은 일본측에 남아 있는 이삼평 관련의 기록에 근거한 주장이다. 노성환, 미스기(三杉隆敏) 등이 이를 주장하고 있고, 사가현 등의

속이 무가(武家)와 선원(禪院)에서 크게 유행하여 고려 자기의 다기류(茶器類)를 귀히 여기는 때였기 터라, 조선 침략을 계기로 한반도 남부의 대부분의 자기 제작소와 도요(陶窯)를 그들이 점유하고 도공을 모조리 노략한 것이다. 이들 도공은 풍신수길에게 진상된 것이 아니라 조선에 침공한 왜장이 각자의 영내에 납치하여 도요(陶窯)를 만들어 도예 기술의 발휘를 강제한 것이다. 이렇게해서 조선 도자기의 기능인과 기술이 주로 출진(出陣) 왜장의 영지가 있는 서부 일본에 이식되어 새롭게 개화(開花)하게 된다. 李元淳,「壬辰·丁酉倭亂時の朝鮮人俘虜·奴隸問題」『韓國から見た日本の歷史敎育』, 靑木書店, 1999, pp.199~200

지역에서 나오는 출판물들이 이같은 논점에 서있다.

가령 노성환 교수는, 이삼평이 임진왜란 때 일본군에게 붙잡혀 강제로 끌려간 불쌍한 조선도공으로 알려져 있지만, "우리가 생각하고 있는 것처럼 정말 그는 강제로 조국을 떠나 이국땅에서 외롭게 생애를 마감한 불쌍한 조선의 도공일까?"라는 의문을 제기한다. 그리하여 "그는 강제로 끌려간 조선인 도공이 아니었다. 고국을 그리워하며 이국땅에서 죽은 영혼은 더욱더 아니었던 것이다."라는 결론을 내리고 있다.20)

아리타의 자석장(이삼평의 백자 원료 채취장)

한편 이삼평의 피랍설을 부정하는 대표적 연구자는 미스기(三

---

20) 노성환, 『일본속의 한국』, pp.87~88

杉隆敏)이다. 큐슈의 카라츠(唐津) 지역에는 임란 이전부터 조선의 도공이 건너와 도업에 종사하고 있었으며, 조선에 출정한 일본군이 이들을 통하여 조선에 대한 관련 정보를 얻고 있었다는 것이다. 그리고 이같은 맥락에서 이삼평은 전란 이전부터 이들과 연결되어 있던 조선의 내통세력이었다고 추정하였다. 따라서 전쟁에 패하여 나베시마군이 철수함에 미쳐 이삼평의 도일은 불가피한 것이었다는 식의 논리이다.[21]

임란 이전 이미 큐슈 일대에 활동하고 있는 조선의 도공과 연관하여, 이들과 연고가 있는 조선의 도공들이 침략한 왜군에 협조하고, 이들이 다시 철수하는 왜군에 동행하였다는 주장은 거의 소설에 가까운 수준의 가설이다. 그럼에도 불구하고 이삼평의 자의적 도일설(渡日說)이 끊이지 않는 것은 이를 뒷받침하는 듯한 다음과 같은 근거 자료가 있기 때문이다.

나베시마(鍋島直茂)의 군세(軍勢)가 산속에서 길을 잃고 안내자도 없어 곤란을 당하고 있을 때, 맞은 편 멀리 떨어진 곳에 집 한 채가 보이므로 길을 묻기 위하여 사람을 보내었다. 그러자 그 집에서 3명의 남자가 나왔다. 길을 묻자 그들은 말은 통하지 않았지만 손짓 발짓하여 겨우 그 의미를 파악할 수 있었다. 그들이 가르쳐준 길을 따라 공격하여 대승을 거두었다. 이윽고 전쟁이 끝나자 나베시마의 군세가 일본으로 철수할 때 나베시마는 승선장(乘船場)에서 앞서의 세

---

21) 三杉隆敏, 『やきもの文化史』, 岩波書店, 1989(노성환의 책에 의함). 한편 다른 글에서 이같은 그의 주장은 다음과 같이 요약, 피력되고 있다. "한국계의 도공집단은 송포반도(松浦半島) 등에서 일찍부터 활동하고 있어서, 큐슈의 영주(大名)들이 조선에 출병할 때, 그들의 연고에 의하여 그 땅의 도공집단이 일본군을 원조했던 것은 아닐까하고 나는 생각하고 있다. 때문에 일본군이 철수할 때 이삼평을 비롯한 이들은 오히려 일본에 동행할 것을 희망하였고, 따라서 이른바 '부로(俘虜)'는 아니었다고 생각된다." (三杉隆敏, 앞의 「染付磁器の祖・李三平は俘虜ではない?」, p.121)

사람을 불러 그들의 이름과 사는 곳, 그리고 직업을 물었다. 그에 대하여 두 사람은 농부라고 답하고, 삼평이라는 사람은 도자기를 굽는 도공이라고 대답했다. 나베시마는 "이번 전쟁에서 일본군의 길 안내를 하였기 때문에 일본군이 철수한 후 마을사람들에게서 보복을 당할지도 모른다. 그것보다는 우리와 같이 일본으로 건너가 가업(家業)인 도자기 제작을 계속하는 것이 어떤가"하고 친절하게 권하자 삼평은 그 말을 좇아 일본으로 건너왔다. 나베시마군에는 다쿠(多久長門守: 安順)도 부장(部將)으로 출병하였는데, 나베시마의 명에 의하여 삼평은 다쿠(多久) 가(家)에 맡겨졌다.[22]

근년에 간행되는 아리타 혹은 사가현 지역의 관련 자료들이 대체로 이삼평의 도일설에 서있는 이유도, 이삼평이 일본에 오게된 연유를 정리한 이와 같은 자료에 근거한 것이라 할 수 있다. 이 자료는 <乍恐某先祖之由緒以御訴訟申上口上覺>(『金ケ江三兵衛由緒書』)이라는 문서로서, 1807년 이삼평의 후손들에 의하여 작성된 것이다.[23] 이삼평 사후 150년 정도 후에 작성된 이 문서는 이삼평

---

22) 有田町, 『有田町史(通史編)』, 1986, pp.31~32.
23) 자료의 원문을 방병선의 논문(「조선 도자의 일본전파와 이삼평」 pp.33-34)에서 옮기면 다음과 같다. 『乍恐某先祖之由緒以御訴訟申上口上覺』 "某先祖之儀者も慶長年中太閤高麗御征伐之礪御當家御兩公殿樣彼地へ晳彼爲遊御詰也色色責口御工夫之節日峰樣御勢山道不相知所へ被御行懸御案內候者も無處遙之向へ之小家三か處相見候故御家來方御立寄宜道筋彼相聞候得者其家より唐人三人召出し聽候得共申口韓語に而難相分候得共手振杯仕候得者大形に差分り其筋へ御掛り被責其末大勢相續き御合戰之處全御勝利有之たるも其後高麗御取鎭御歸路之節船場にて最前道案內仕候得唐人被召呼御褒美之御言被成下其上被相尋候義者名元地名被相記且又何之業を以世を度候哉被相間候處右之者共申上候者二人者農業仕も其內三參平と申唐人申上候者我者古より專陶器を仕立候由申上候處御感之上被仰候者此節山道導仕候得ば地下之殘党仇を報可申に一先我日本へ引越家業仕間敷哉と懇に被遊御意候故致承服速に御供仕候而御當地へ相渡其節多久長門樣同樣御歸陣歸國之上被蒙仰右之者共御願預に候より有田鄕亂橋と申處へ晳被召置居付家業之儀者右在處野開等仕日用相辯候但右唐人罷在候高麗金江と申處の産に御座候由"

의 후손들이 도석(陶石)의 채굴권 분쟁과 관련, 제출한 자료이다. 따라서 선조 이삼평이 일본에 오게 된 연유에 대하여 나베시마와의 각별한 인연, 이삼평의 역할을 다소 길게 언급하고 있음이 두드러진다.

사실이, 인용된 위의 자료대로라면 이삼평의 도일은 자의(自意)에 의한 선택이라는 것이 분명한 것처럼 보인다. 그러나 이 기록이 역사적 사실성을 확보하기 위해서는, 자료의 사료적 성격이 검토되지 않으면 안 된다. 문제는 이 자료가 150년이라는 오랜 세월이 지난 후에 작성된 것이라는 점, 그리고 일본에서 뿌리를 내리고 있던 후손에 의하여 특별한 목적 때문에 작성되었다는 점을 고려하지 않으면 안된다. 이같은 자료의 성격상, 위의 기록이 과연 선조 이삼평이 일본에 이르게 된 사정을 사실적으로 묘사하고 있는 것인가에 대해서는 많은 의문점이 제기된다. 즉 일본 거주의 후손 입장에서, 혹은 문서 작성의 목적상, 다소간 표현상 혹은 사실의 변형이 개입될 가능성이 농후하다는 점이다.[24]

위 자료의 내용은 나베시마 번주(藩主)에게 올려지는 일종의 청원서이다. 그의 선조 이삼평이 비록 조선으로부터 건너온 도공이지만, 이삼평의 일본군에 대한 공이 컸다는 것, 그리고 나베시마 장군의 각별한 개인적 배려에 의하여 일본에 오게되었다는 것이 강조되고 있다는 점도 이 때문이다. 그리고 그 인연이 장황하게 묘사되어 있지만 그러나 그 내용 전개는 부자연스러운 점이 없지 않다. 철수 당시 엄청난 혼돈 속에서 다수의 포로가 함께 있었을 터인데, 특정 몇 사람의 조선인에 대하여 왜장 나베시마가 길 안

---

24) 가령 "내일(來日)의 경위는 이 문서가 도석(陶石) 채굴권을 둘러싼 분쟁 가운데 나베시마[鍋島]번(藩)에 제출된 것이라는 사정을 생각하면 그대로 받아들이기 어렵다"(寺崎宗俊, 『肥田名護屋の人々』, 1993, 佐賀新聞社, p.227)는 의견은 유의할만하다.

내의 공을 기억하고 그들 3인을 불러냈다는 것도 그렇고, 철수하는 항구에서 나베시마의 권유에 의하여 '도일'을 결정하였다는 것도 그렇다.[25)

이삼평의 가계(家系)는 이미 200년 세월 일본에서 뿌리를 내린 상태였고, 더욱이 나베시마군에 의한 강제 납치 운운은 이삼평 가계에는 물론 현재의 나베시마 번주에게도 불명예를 끼치는 것으로 인식될 수 밖에 없었을 것이다. 이 문서에서 이삼평의 '내일(來日)' 동기를 불필요하게 구구히 설명하고 있는 것, 과거 나베시마 장군과의 각별한 인연을 강조하고 있는 것은 이 문서가 나베시마 번주

계룡산 철화분청사기 재현작품(이재황 작)

25) 이삼평 자신의 기록인 『覺』에서도 이삼평은 "高麗□罷渡"라고하여 자신의 일본행에 대하여 포로로 잡혀왔다는 점을 언급하지는 않고 있다.

(藩主)에 대한 청원의 문서라는 점과 깊은 관계가 있다. 근거사료가 갖는 이같은 측면을 감안할 때, 이를 근거로 이삼평이 포로로서 온 것이 아니고 나베시마군에 협조하고 자진하여 도일하였다는 식의 문자 내용을 그대로 받아들이는 것은 매우 위험하다고 하지 않을 수 없다.[26]

필자는 위의 사료가 기본적으로 일정한 사실에 기초하고 있으리라는 점까지는 부정하고 싶지 않다. 그러나 사실에 대한 표현에 있어서의 최소한의 왜곡이 개입되었다고 보는 것이다. 가령, 이삼평에 의한 길 안내와 나베시마의 관심 표시가 있었다고 하더라도 그 시점이 언제였는가 하는 것은 중요한 문제이다. 아마도 이삼평의 협조는 이미 피로(被虜)된 상태에서의 협조였을 것이며, 그에 대한 왜장 나베시마의 관심 표시라는 것도, 이미 일본으로 이송되도록 되어 있는 상태에서였을 것이라는 것이다. 당시 본 문서 작성의 목적상 이같은 점이 왜곡될 수 밖에 없었을 것은 자명하다고 생각된다.

조선에 출정한 왜장 가운데 나베시마(鍋島) 부자는 대표적인 도공 노략의 장본인이었다. 임란 이후 아리타와 주변지역에 엄청난 수의 조선 도공이 활동하였던 사실도 이같은 점을 반영하는 것이었다. 아리타의 이삼평은 120명의 도공을 거느리고 있었다 하며[27], 종전(宗傳)과 백파선(百婆仙)은 조선의 부부 도공으로서 1618년 종전(宗傳)의 사망 이후 부인 백파선이 9백명이 넘는 사기장(沙器匠)과 함께 패고장(稗古場)에 옮겨왔다. 종전(宗傳)이 자기 제작을 시

---

26) 노성환은 이에 그치치 않고, 三衫隆敏, 『陶磁器文化史』(岩波書店, 1989)의 서술을 인용하여 이삼평 등이 임진왜란 이전부터 이미 일본과 일정한 정보교류를 하고 있었을 가능성이 있는 것으로 보았다.(p.89) 지나친 상상의 비약이 아닐 수 없다.

27) 이삼평의 문서 『覺』

작한 내야산(內野山)의 상요(上窯)에는 임진왜란 때 끌려간 김원(金源)과 상원(相源)의 묘가 전하며, 일본에서 처음 아카에(赤繪)를 만들었다는 사카이다카키에몬(酒井田柿右衛門)의 탄원서에 의하면 그 조상은 나베시마(鍋島直茂)가 조선 남천원(南川原)이라는 곳에서 연행해온 인물이며, 그때 나고야(名護屋) 성 아래에서 150명의 사기장(沙器匠)이 자기를 구웠다는 것이다. 또 1720년에 기록된 문서(『中里文書』)에서는 임진왜란 때 연행된 미작(彌作)·언우위문(彦右衛門)·또칠(又七) 등이 전대요(田代窯)에서 자기를 구웠다는 등, 기록상으로도 여러 사례를 확인할 수 있다.[28]

나베시마 부자가 조선의 도공을 계획적으로 포로로 잡아갔던 사실을 전제한다면, 이삼평 역시 피로(被虜) 도공의 1인이었다고 단정하는 것이 역사적 상식일 것이다.[29] 다만 오랜 세월이 지난 후 그 후손들의 입장과 필요 때문에, 이같은 역사적 사실이 왜곡되거나 과장되어 피력된 것 뿐인 것이다. 나베시마군에 의한 같은 피로 도공인 종전(宗傳 : ?～1618)·백파선(百婆仙: ?～1656)의 경우도, 1705년 후손(宗仙)이 세운 비석에서 "문록(文祿) 초 본조(本朝)가 고려(조선)를 공격하였을 때, 고토(後藤)의 고명(顧命)에 '원귀(願歸)' 하였다."고 표현하고 있다.[30] 일본을 '본조'라 하고, 영주인 고토(後藤)에게 '원귀(願歸)', 즉 '자원하여 귀부'하였다는 비문의 표현을 액면대로 받아들일 수 없는 것은 자명한 일이다. 이삼평 혹은 일본의 도자기 산업 개시와 관련한 일본 역사교과서의 기술에서도, 당시 왜군이 조선으로부터 도공을 납치하였고, 이삼평도 그

---

28) 혼다마비, 『임진왜란 전후의 한일도자 비교연구』, 2003, pp.152～156에 의함.
29) 정성일, 「조선 도공의 후예, 또칠이와 이삼평」 『한국과 일본, 왜곡과 콤플렉스의 역사』, 1998, p.101
30) "曾妣知姓名 高麗深海人 文祿初 本朝攻高麗 願歸後藤顧命" 운운. 비문은 혼다마비, 『임진왜란 전후의 한일도자 비교연구』, pp.153～154에서 재인용.

중의 1인이라는 식의 서술을 하고 있다는 점이 이 자료를 글자 그
대로 받아들이지 않고 있다는 점을 반영하고 있다고 하겠다.[31]

4. 이삼평은 공주 출신인가

이삼평의 출신지가 어디인지는 사실 정확히 단정하기 어렵다.
그러나 그동안 가장 유력한 논의의 하나가 '錦江(금강)' 지역 출신
이라는 것이었다. 이는 이삼평의 일본식 성(姓) 가네가에(金ヶ江)의
연원이 출신지인 '金江(금강)'[32], 혹은 '金江島(금강도)'에 근거한
것이라는 기록에 의거한다.[33] 金江(금강)과 錦江(금강)이 같은 것인
가, 혹은 '금강도'가 구체적으로 지금의 어디인가 하는 여러 의문

---

31) 大坂書籍, 『中學社會(歷史的分野)』(p.117)에서는 "有田(佐賀縣)·萩(하기)(山口縣)
·薩摩(鹿兒島縣) 등에서는 수길의 조선침략 때에 조선에서 연행되어온 기술
자에 의하여 뛰어난 도자기가 만들어지게 되었다." "수길의 조선침략 때, 많
은 조선인 도공이 일본에 연행되고, 이삼평도 그중의 한사람이었다. 아리타
(有田) 도자기는 이삼평을 비롯한 조선인 도공의 손으로 시작되었다. 아리타
정(有田町)에서는 매년 이삼평공제(李參平公祭)를 개최하고 있다."고 하였다.
帝國書院, 『中學生の歷史』(p.113)에서는 "두 번의 조선침략에 참가한 서일본의
영주들은 조선의 뛰어난 기술을 가진 도공을 강제적으로 데리고 돌아와 영내
(領內)에 살게하며 도업(陶業)에 종사시켰다. 히젠(肥前)(佐賀縣)의 번주(蕃主)
나베시마(鍋島氏)가 데리고온 이삼평은 아리타(有田)(佐賀縣)에서 도토석(陶土
石)을 찾아 조선의 기술로 채색도자기 혹은 청자 등을 만들었고 지금 아리타
[有田] 도자기의 開祖로 전해지고 있다."고 하였다.

32) 앞의 <乍恐某先祖之由緒以御訴訟申上口上覺>(『金ヶ江三兵衛由緒書』)에는 이
삼평의 출신지가 '금강(金江)'이라 되어 있다.

33) 『口達覺』 "先祖三兵衛儀元來朝鮮ニ而日峰樣彼國出陳之礪御道御案內仕盡忠節候
ニ付御歸朝被仰聞候者御導等仕候未付而者打洩候朝鮮人自殺害ニ逢候儀モ難斗
依之御供可被召連旨被仰出御請申上候付長門守同勢內召連日本渡仕右之者李氏
ニ而御座候得者金江島之者ニ付在名ヲ相昌金ヶ江三兵衛與"(1810년 작성) 그밖
에 같은 해 제출된 또 하나의 『口達覺』 문서 및 1805년 번(蕃)의 자문에 대한
답변서로 제출된 『金ヶ江三兵衛有諸之事』 등에는 '금강도(金江島)'라 하였다.

이 있는 것은 사실이지만, 金江(금강)을 錦江(금강)과 연결지어 해석하고, 다시 나아가 이를 공주로 연결한 것은 사실 여부를 차치하고서 일단은 자연스러운 연결이라 할 수 있다. '金江(금강)'과 '錦江(금강)'의 문자적 유사성, 금강을 낀 공주가 임진왜란시까지 조선에서 가장 중요한 도자기 생산지였던 사실 때문이다. 이삼평 기념비를 공주시 반포면의 박정자에 건립한 것도 이같은 기왕의 논의에 기초한 것이라 할 수 있을 것이다.

이삼평과 공주 계룡산을 처음 연결한 것은 1955년 나카지마(中島浩氣)였다고 한다.[34] 이는 계룡산 기슭 공주 학봉리 도요지가 일찍부터 알려진 데다, 금강에서 가깝고, 당시 왜군이 산 길에서 이삼평을 만났다는 것과도 연결된다는 점에서 있을 수 있는 가설이라 할 수 있다. 그러나 이같은 가설이 보다 구체화되거나 일반화되지 못한 것은 학봉리 도요지의 초기 아리타 도자와의 계통적 연결성이 확인되지 않는다는 점 때문이었다.

그러나 도자기사적 문제 이외에도 이삼평의 금강, 혹은 공주 출신설에 대한 반론이 끊이지 않았던 것도 사실이다. 이같은 반론을 노성환 교수는 다음 두 가지 점으로 정리하고 있다. 첫째, 金江(금강)과 錦江(금강)은 글자가 다르며, 따라서 같은 지명으로 볼 수 없다는 점, 둘째, 나베시마 군은 경상 전라도에서만 활동하였고, 충청도의 금강지역에 침입한 적이 없다는 점 등이 그것이다. 이는 이삼평의 금강 출신설에 대한 부정적 입장을 대변하는 성격을 갖는다. 여기에 이삼평의 아리타 요지의 도자기와 공주 일대에서의 도자기에 구체적인 연결점을 확인하지 못하였다는 것은 미술사학의 입장에서 더 이상 논의를 심화시키기 어려운 장애가 되었던 것 같다.

---

34) 中島浩氣, 『肥田陶磁史』, 1955 ; 방병선, 「조선도자의 일본전파와 이삼평」, p.34

그러나 공주를 제외한다면, 이삼평의 출신지에 대한 구체적인 제안이 특별히 있는 것도 아니다. 경남 김해 등이 거론된 바도 있고, 정유재란 피로인의 대부분이 경상, 전라도인이었다는 연구 결과에 의거하여[35] 이삼평 역시 영, 호남 출신일 가능성이 조심스럽게 제기된 바 있지만,[36] 이 역시 지나치게 막연한 것이어서 이삼평에 대한 이해에 별다른 도움을 주지 못한다.

이삼평의 공주 출신설에 대한 반론 가운데, 金江(금강)과 錦江(금강)의 문자가 다르기 때문에 금강이 아니다는 것은 이해하기 어려운 주장이다. 이삼평 공주설을 부정하는 노성환 교수는 이삼평 일행이 김해 혹은 금오산(선산) 출신일 가능성에 대한 주장을 소개하고 있다. 이는 이삼평과 함께 아리타에서 활동한 여성 도예가 백파선의 출신지가 '深海(심해)'로 되어 있고, 역시 포로로 잡혀온 도공 종환의(宗歡儀)라는 인물의 경우 '긴모산' 출신으로 되어 있다는 데 근거한다. 즉 '심해→김해', '긴모산→금오산'일 가능성에서 제기된 논의이다.[37] 그러나 나베시마군에 의한 도공의 피로(被虜)는 각지에서 행하여졌기 때문에, 당시 다른 피로 도공의 출신지가 김해나 선산이라 하더라도, 이것을 곧 이삼평과 연결할 수는 없다. 더욱이 '심해'를 김해로, '긴모산'을 금오산으로 연결하면서, 이삼평 관련의 '金江(금강)→錦江(금강)'의 주장을 부정한다는 것은 논리적으로 이해하기 어렵다.

---

35) 鶴園 裕 外, 『日本近世における被虜人の硏究』, 1991.
36) 本田마비의 경우 이삼평에 대하여 경상도와 전라도의 남부 출신일 가능성에 비중을 두고 있다. 그러나 그 역시 이삼평의 공주출신 가능성을 전면 부정하고 있지는 않다. "공주에는 금강(錦江)이라는 강이 있고, 『신증동국여지승람』 공주 토산에 도기가 제작된 것으로 기록되어 있어 가능성이 없지는 않다"는 것이 그것이다. (『임진왜란 전후의 한일도자 비교연구』, p. 151 및 pp.194~195)
37) 노성환, 앞의 『일본 속의 한국』, pp.95~104

아리타를 비롯하여 히젠(肥前) 지역의 임란 피로 도공의 출신지 문제와 관련하여, 지명의 등장에도 불구하고 그 현재 지명을 잘 알기 어렵다는 공통점이 있다. 가령 종전·백파선의 '심해(深海)', 종환의의 '긴모산', 사카이(酒井田柿右衛門)의 '남천원(南川原)', 그리고 이삼평의 '금강도(金江島)' 등이 그것이다. 이들은 모두 후손들이 구전의 내용을 기록으로 옮긴 것이고, 이 때문에 문자로의 기록 단계에서 약간씩 차이점이 개입된 것이라 할 수 있다. 피로 도공들의 출신지 문제는 이 때문에 지나치게 문자에 집착해서도 안되지만, 그 지명과 똑같은 이름이 없다고 하여 기록이 전혀 무시되어서도 안 된다는 점을 유의해야 한다는 생각이다.

'금강'에 대하여 언급한 이삼평 가계의 자료는, 이삼평의 출신지를 말하는 것이기보다는, 가네가에(金ヶ江) 성씨의 연원을 설명하는 것인데다 이삼평 사후 1백 수십년이 지난 후의 기록물이다. 따라서 金江(금강)과 錦江(금강)의 문자적 차이를 지나치게 강조하는 것은 촛점을 벗어난 주장이라 하지 않을 수 없다. 적어도 관련 기록을 신빙할 경우, 그의 출신지는 '금강(錦江)' 연변의 지역에서 찾지 않을 수 없다.

나베시마군이 정유재란 때 경상, 전라도에서만 활동하였기 때문에 공주는 이삼평과 연결될 수 없다는 것도, 반드시 그렇게 단정하기 어렵다. 나베시마군은 임진왜란 때 가등청정과 함께 군사를 움직여 경상도로부터 함경도에 이르는 진로를 취하였다. 그리고 1597년 정유재란 때는 부자(父子)가 침략군의 4번수(番手)로 1만 2천의 병력을 이끌고 주로 호남 혹은 경남지역에서 활동하였던 것이 사실이다.[38] 그러나 이들이 정유재란시 충청지역에 침입한 적이 없다는 것은 사실과 다르다. 조선 도공 문제와 관련, 나베시마

---

38) 北島万次, 『豊臣秀吉の朝鮮侵略』, 1995, p.182

부자 군(軍)의 침입 경로에 관심을 가진 한 조사에 의하면, 이들은 1597년 8월 이후 경상도 밀양, 대구를 거쳐 충청도(청주)로 진군하고, 그 후 전북의 김제에서 큰 피해를 주었다는 것이다.[39] 또 다른 조사에 의하면 정유재란에서 가등청정과 함께 우군(右軍)에 속하였던 나베시마 부자의 군은 1597년 하반기에 경상도로부터 북상하여 대략 9월 경에 청주, 공주 등을 경유, 다시 전라도로 남하하여 소서행장 등의 좌군과 합류한 것으로 되어 있다.[40] 한편 『선조실록』에 의하면, 선조 30년(1597) 9월 6일 왜적 80명이 공주에 와 금강의 형편을 살피고 갔다고 하며, 9월 20일자의 기록에는 "왜적이 청주와 공주의 두 곳에 크게 진을 치고 있던 무리들이 모조리 도망해 돌아갔는데, 혹은 호남으로 들어가기도 하고 혹은 조령을 따라 사방으로 흩어져 퇴각하였다"는 사실이 접대도감에 의해 보고되고 있다.[41] 이로써 보면, 실제로 당시 왜군이 9월 중순경 공주를 점령한 상태였음이 확인된다. 그리고 이것이 바로 나베시마의 군이었을 가능성이 많다. 반드시 나베시마군에 의한 것이라 단정하기는 어려울지 모르나, 공주의 갑사도 대략 이때 불에 탄 것으로 되어 있다.[42] 갑사에 남겨진 3층석탑인 공우탑(功牛塔)은, 1597년 정유재란으로 불탄 절을 다시 재건하는 과정에서 애쓰다 죽은 한 소의 공을 기리기 위하여 세웠다고 전한다.[43] 왜란이 끝난 직후인 1602년부터 대략 5년 여 동안 공주에서 유배생활을 한 조익(趙翊:

39) 本田 마비, 『임진왜란 전후의 한일도자 비교 연구』, 서울대 대학원 고고미술사학과 박사논문, 2003, p.147 및 p.159
40) 이형석, 『임진전란사(중)』, 신현실사, 1974, pp.986~987
41) 『선조실록』의 관련 기사는 『공주실록 – 조선왕조실록에 수록된 공주관련 사료』, 공주문화원, pp.121~150 참조.
42) "李朝 宣祖三十年 丁酉 秋에 倭寇가 再侵時에 寺屋이 燒燼 하였더니"(『公州郡誌』, 1957, 제1편 84帳)
43) 박남수 등, 『갑사와 동학사』, 대원사, 1999, pp.23~24

1556~1613)선생의 일기(『공산일기』) 중에는 정유재란시 공주지역의 피해상이 단편적으로나마 언급되어 있다. 가령 계룡산 갑사에 대해서는 "절집은 병란 이후 중창한 것이다(寺宇 兵火後 重創)"라고 하였고, 시내 정지산의 작은 절에 대해서는 "정유재란으로 폐사되었다(廢於丁酉兵火)"라 하였다. 남혈사로 생각되는 '남산사'에 대해서도 "전란후 새로 지었는데 초가집 몇칸에 불과하다(亂後新創 草屋不過數間)"고 하였는데, 정지산의 절처럼 이들이 모두 정유재란시 왜군에 의하여 소실된 것을 암시하는 것이라 할 수 있다.[44]

1597년 9월이라면, 이삼평의 피로가 정유재란 때였다는 가네가에(金ヶ江) 가(家)의 기록과도 부합하는 것이라 볼 수 있다. 따라서 나베시마군이 충청지역에 간 적이 없다는 주장은 이삼평의 공주 출신설을 부정하는 근거로서는 신빙성 있는 것이 아니라는 것을 보여주고 있다. 만약 이삼평이 정말 공주 출신이라면, 그가 피랍된 시점은 1597년(선조 30) 9월이었을 것이다. 그가 사가현에 도착하는 것은 풍신수길의 죽음으로 나베시마군이 철수한 1598년 11월경이 된다. 이삼평의 일본에의 피랍 시기에 대해서는 책에 따라 일정하지 않다. 이 때문에 공주 박정자의 기념탑에서조차, '임진정유의 란' 혹은 '문록경장의 역'이라하여 연도를 명시하지 못하고 있다. 그러나 기록상으로 그가 정유재란의 결과 피랍된 것이 분명하므로, 피랍 장소의 문제는 별도로 하더라도, 1598년 말에 사가현에 이르게된 것으로 단정할 수 있을 것이다. 그리고 피랍장소로서 가장 유력한 것은 역시 공주라는 생각이다.

기록에 의하면 이삼평의 가계가 가네가에(金ヶ江)를 새로운 성씨로 삼게된 것은 고향인 '금강(혹은 금강도)'에서 유래한 것이라

---

44) 조동길, 『공산일기 연구』, 국학자료원, 2000, pp.32~36 참조.

한다. 이삼평의 충청도, 혹은 공주 출신설은 이같은 이삼평 가계의 기록에 근거한 것이다. 이삼평 자신은 가네가에(金ヶ江)라는 성을 공식적으로 사용하지 않았던 것 같다. 그가 남긴 기록(『覺』)에서 자신의 이름(三兵衛)만을 기재할 뿐 '금강'에 대한 아무런 언급이 없기 때문이다. 그의 묘비에도 역시 '金江'은 등장하지 않는다. 이 때문에 금강(금강도) 출신이기 때문에 '가네가에(금강)'라고 했다는 후손들의 기록은 "신뢰성이 떨어진다"는 의견이 제기되기도 한다.[45] 그러나 성씨에 대한 언급은 매우 민감한 것일 뿐 아니라 자기 집안의 내력을 함부로 가볍게 논의하는 것이 아니라는 점을 생각하면, '금강(金江)'에 대한 이 기록이 후대의 것이라 하여 기록 자체를 무시하는 것은 적절치 못하다는 생각이다.

여기에서 金江(금강)이 마을(村) 이름인가 아니면 강 이름인가 하는 문제가 하나 제기된다. 우리 지명의 일반적 경향성으로 볼 때, 이것이 촌락 명일 가능성은 극히 적다. 혹 이것이 촌락이름이라 하더라도 결국 강과 깊이 관련 있는 포구여야 한다. 이러한 점에서 이것은 강 이름으로 연결시키는 것이 자연스럽다. '금강'이라면 공주의 금강(錦江)이라는 것이 우선적으로 연상된다. 아마도 이삼평은 그들의 출신이 조선이라는 것, 그리고 고향마을을 흐르던 '금강'에 대한 추억을 자손들에게 자주 강조하였던 것으로 생각된다.[46] 강에서 가까운 마을이라면, 옛 고향의 추억 가운데 강가의 추억, 강가의 풍경 등, 강이 주는 이미지가 무엇보다 가장 강력하였을 것이다. 한편 이삼평의 출신지를 '금강도(金江島)'라 한 것도

---

45) 혼다 마비, 『임진왜란 전후의 한일도자 비교연구』, 2003, 서울대 대학원 고고미술사학과 박사논문, p.151
46) 금강은 웅진, 혹은 공주강 등 여러 가지 이름으로 불려왔다. 금강의 지명은 '곰강'의 발음을 예쁘게 표현한 것이라는 주장도 있다. 이같은 점을 고려하면, 이삼평이 '금강'의 정확한 한자명을 잘 알지 못하였을 가능성도 있다.

이것이 특정의 지명이라기보다는, '금강가의 마을'이라는 표현일 것이다.[47] 적어도 '금강'이 실제의 마을 이름일 가능성은 매우 적어 보이고, 강이름이라면 공주 금강 이외에 다른 강을 찾기는 어렵다.[48]

이삼평 가(家)에서 선조(이삼평)의 출신지 관련 지명에 근거하여 성을 지었다는 것은 특별한 반대 증거가 없는 한, 후대의 기록이라는 것만으로는 간단히 부인하기는 어렵다고 생각된다. 또 金江(금강)이 錦江(금강)이 아니라면, 그에 대신할 다른 지역을 생각하기가 어렵다. 이러한 점에서 금강은 아무래도 공주의 금강일 것이라는 생각이다. 요즘 금강이라고 하면 전북 무주, 진안에서 발원하여 공주를 지나 서천, 군산의 서해안으로 빠지는 1천 리에 이르는 금강 전체를 생각한다. 그러나 조선시대의 금강이란, 특별히 공주 인근의 금강을 錦江(금강)이라고 하였다. '錦江(금강)'이라는 이름이 글에 등장하는 것은 고려말 쯤 부터이다. 여말 정도전이 나주에서의 귀양살이를 마치고 귀경하는 중 공주에 당도하여 지은

---

47) 공주시 소학동의 소학리는 옛날 소학섬으로 불리던 곳이다. 조선후기의 각종 공주지도에는 이곳을 '소학도(巢鶴島)' 혹은 '소학서(巢島嶼)'라는 이름으로 표시하고 있다. 이곳이 '섬'으로 불리게 된 이유는, 북으로 금강, 동으로 금강의 지류인 왕촌천, 서쪽으로 혈흔천이 흘러 3면이 물로 둘러싸여 있는 때문이었다 한다.(한글학회, 『한국지명총람』4, 1974, p.32 및 윤용혁, 「섬아닌 섬마을, 소학동」『공주의 전통마을』(3), 공주문화원, 2004) 즉 엄격히 섬은 아니지만, 육로 연결이 잘 되지 않아 주민들은 출입시에 배로 출입하는 경우가 많았던 모양이고, 이 때문에 육지 속의 '섬'으로 인식되었던 듯하다. 금강에서 가까운 이삼평의 고향 '금강도'도 이처럼 금강의 지류로 인하여 섬같은 지형을 하고 있었던 곳일 수 있다.

48) 금강과 관련을 가질 수 있는 지역으로는 공주 이외에 연기군이 포함될 수 있다. 연기 역시 조선전기 도요지가 풍부히 분포하고 있는 지역이고, 만일 1597년 9월 청주에서 공주로 접근한 나베시마군을 염두에 둔다면, 이에 부합하기도 한다. 따라서 이삼평의 출신지를 공주로 가정할 때, 거기에는 역시 금강을 함께 끼고 있는 연기군을 포함하는 개념임을 부기한다.

시에서 "병든 몸 3년동안 남녘에 머물다가 돌아와 다시 금강 위에 이른 것을 보지 못하는가"라는 시가 그 예이다.[49] 이 금강의 위치에 대해서는 '공주 동쪽 5리' '적등진(赤登津) 하류'라 하였다. 적등진은 '옥천의 남쪽 40리'라 하였는데, 결국 적등진으로부터 내려오는 물길이 "공주에 오게 되면 '금강'이 되고, 다시 '웅진'이 된다"는 것이다.[50] 이러한 기록을 근거로 보면, 금강은 대략 공주의 강물을 가리키는 강 이름이고, 그중에서도 곰나루(웅진)보다 상류쪽만을 지칭하는 강 이름인 것이다.

이상 논의한 바와 같이 이삼평의 고향 '금강(금강도)'을 '공주'라고 보는 것은 현재로서는 가장 근거 있는 단정이라 할만하다. 그런데 이삼평과 공주의 관련성을 정리해 나갈 때, 마지막 장애는 아리타 도자기와의 연관성 문제이다. 이에 대하여 윤용이 교수는 이삼평이 공주 출신으로서, 아마도 광주(廣州)의 관요에 근무하던 인물일 것이라는 추정을 제기 하였다. 광주와 연관이 있다는 것은 일본 최초의 백자요지로 알려진 아리타의 덴구다니가마(天狗谷古窯)가 광주 선동리의 오름가마(登窯) 구조와 유사하다는 점, 혹은 "갑발과 도지미 등의 가마 도구 역시 비슷하였으며 백자사발·접시·병과 청화백자의 전접시·병, 그리고 청자 등 발굴된 도편이 광주의 16세기 후반 관음리 가마터에서 나온 백자·청화백자·청자 등과 형태·굽 등이 일치하고 있다"는 것이다.[51] 그리하여 윤교수는 이삼평에 대하여, "금강 출신으로 전하는 이삼평은 사기장으로서 경기도 광주에 있던 관영공장에서 백자·청화백자·청자 등을 제작하다가 임진왜란 때 일본으로 끌려갔다"고 결론을 내리

---

49) 『신증동국여지승람』17, 공주목 누정조 금강루
50) 『신증동국여지승람』15, 옥천군 산천조 적등진
51) 선동리 혹은 관음리를 포함한 경기도 광주의 백자요지에 대해서는 김영원, 「경기도 광주관요와 지방요」『조선시대 도자기』, 서울대출판부, 2003 참조.

고 있다.[52] 이삼평은 광주 관요의 대장적(大匠的) 위치에 있었던 인물이라는 것이다. 이같은 해석은 이삼평의 출신 관련 기록을 긍정하면서도, 아리타 도자와의 계통성에 대한 연결을 의식한 절충안이라 할 수 있다.

윤교수의 논의에서는 금강을 공주의 금강으로 해석하고 있다는 점이 주목된다. 그러나 공주와 광주를 연결한 이삼평에 대한 이같은 해석은, 현재로서 가장 매력적이기는 하지만 여전히 석연하지 않은 점이 있다. 이삼평이 1579년 생이라면, 그가 일본에 피랍된 1598년, 그의 나이는 20의 나이였다. 공주 출신이었던, 그리고 금강에 대한 추억을 가득 간직한 이삼평이 어느 계기로 광주(廣州)의 관요(官窯)에 근무하게 되고, 거기에서 대장적(大匠的) 위치를 갖는다는 것은, 당시 사회구조에서 유소년기를 포하만 20년 세월이라는 것으로는 얼른 납득되지 않는다. 더욱이 이삼평의 피랍이 정유재란시이고 보면, 광주 관요와 나베시마군은 연결 가능성이 극히 희박해지는 것이다.[53]

따지자면, 광주 관요와의 결정적 연결은 도자기의 계통 문제 때문이라 할 수 있다. 공주로부터 같은 금강권인 연기군 일대는, 청자 이래, 15. 16세기에 걸쳐 분청사기 도자 생산의 중심지역이었다. 그리하여 공주, 연기 지역이 16세기 임란이 일어날 때까지 도자기의 주요 거점이었음은 의심의 여지가 없다. 그럼에도 불구하고 17, 18세기의 특징을 나타내는 가마는 대단히 빈약하다는 것이다.[54] 다시 말해서 16세기까지 조선의 대표적 도자 생산지였던 공

---

52) 윤용이, 「이삼평과 아리타자기」, 『아름다운 우리도자기』, pp.323~324
53) 윤용이 교수는 이삼평의 일본에의 피랍 시기를 '1594-96년 경'으로 설정하고 있다. (윤용이, 「이삼평과 아리타 자기」 『아름다운 우리 도자기』, 학고재, 1996, p.321) 이같은 연대 설정은 광주 관요와의 연결을 고려했기 때문으로 보인다.

주의 전통이 17세기 이후 거의 단절되다시피 크게 위축되었던 것
이다. 17세기 이후 공주지역에서 도자기의 생산이 그렇게 급격히
위축되는 이유는 무엇일까 하는 점도 어쩌면 임진왜란의 피해로
말미암는 도자 생산체계의 파괴와 무관하지 않을 수 있다.

이삼평을 공주와 연결 짓는 데 있어 남는 가장 중요한 문제는
아리타 도자기와의 연결성 문제인데, 이는 금강권 도요지에 대한
조사가 아직 미진한 점을 감안한다면, 향후 이를 입증할 자료의
출현을 학봉리 이외의 지역에서 기대해 볼 수도 있을 것이다.

최근 공주대학교 박물관에서 조사한 청양군 대치면 광대리의
백자 생산 유적은 이러한 점에서 많은 시사를 준다. 광대리 도요
지는 16세기의 양질의 백자 생산 유적으로 대략 16세기 말에 화재
등에 의하여 폐쇄된 것으로 보인다. 이삼평의 시대에 이같은 도자
생산시설이 금강 주변에 다수 조성되어 있었음을 암시하고 있기
때문이다.[55]

맺는말

이삼평은 일본 도자사에서 매우 중요한 인물이며, 이 때문에
일본 역사교과서에 그 이름이 등장할 만큼 큰 비중을 가지고 있
다. 그는 임진왜란(정확히는 정유재란)의 와중에 나베시마군에 의
하여 잡혀간 조선의 도예기술자였다. 그러나 18세기 그의 후손에
의하여 작성된 문서에서 그의 일본행이 자의에 의한 선택인 것처

---

54) 구일회·이애령, 「공주지역의 도자문화」『공주의 역사와 문화』, 공주대 박물
관, 1995, pp.308~310
55) 공주대학교 박물관, 「천안 광대리 백자 생산 유적」(발굴현장발표자료집), 2005.

럼 언급되어 있어서, 이 때문에 이삼평의 일본행이 포로 신분의 강제적인 것이었는지 아니면 자의적 선택이었는지에 대한 지루한 논의가 한일 양국에 걸쳐 오래 지속되어 왔다.

어떤 점에서 이삼평의 일본행 동기 문제는 매우 사소한 개인적인 문제이다. 그러나 이에 대하여 민감한 반응이 일어나는 것은, 역사교과서에서 보는 바와 같은 일본측의 '역사왜곡'이라는 것과 궤를 같이하는 문제로 파악되기 때문이다. '역사 왜곡'이란 결국 역사를 객관적 사실에 입각하려 하기보다는 아전인수적 자료 해석에 의하여 자기 변호와 정당화를 도모하려는 데서 기인한다.

이삼평의 문제도 자료 해석의 문제를 내포하고 있다. 남겨진 관련 자료 중에는 이삼평의 일본행이 자의적 선택이라는 점이 명시되어 있는 자료도 있다. 그러나 자료는 그 해석에 반드시 사료 비판을 거쳐야 하고, 상식적 혹은 역사적인 맥락에 합치되어야 한다. 이러한 점에서 문제의 사료를 문면(文面)대로만 인용하여, 이삼평을 자의에 의하여 일본행을 선택한 인물로 규정하는 것은 역사적 진실에 대한 진지한 의식의 결여라고 밖에는 말할 수 없다. 이러한 점에서 이삼평의 일본행 동기를 자의적 선택으로 주장하는 것은 불필요한 오해와 감정을 자극하는 것이라는 점에서 삼가는 것이 바람직하다. 반대로, 이삼평의 일본행 동기에 대한 문제에 집착하여 보다 중요한 문제와 논의들을 방기해버리는 것도 바람직한 태도는 아닐 것이다. 사실이 아니라면 그것이 왜 사실이 아닌가에 대하여 객관적으로 다양하게 설명하려는 지속적인 노력이 요구된다고 할 것이다. 그리고 그 설명은 문자 표현에 집착하는 좁은 범위에서 뿐만 아니라, 당시 역사 사정의 전반에 걸친 거시적 관점과 지식을 통하여서 관찰할 때 더욱 합리적 설명이 가능하다고 본다. 이러한 측면에서 이삼평 문제는 문제의 폭을 더 넓혀서 살피고 설명하려는, 연구적 노력이 중요하다는 생각이다. 이것이 이 논문을 쓰게된 동기이거니와, 본고에서 전개된 논의를 간단히 요약하면 다음과 같다.

1) 이삼평이 아리타에서 처음으로 백자 생산에 성공한 것은 1616년, 그의 나이 38세 때의 일이었음이 기록되어 있지만, 이삼평의 피랍시기가 정리되어 있지 않다. 본고는 그가 정유재란시인 1597년 9월 공주에서 납치되어, 일본군이 마지막으로 철군한 1598년 말에 일본에 들어간 것으로 정리하였다.

2) 임진왜란 때 일본군은 계획적으로 도자기를 비롯한 조선의 기술자들을 대량 납치하였다. 그럼에도 불구하고 이삼평의 일본행을 자의적 선택이라고 하는 주장은 이삼평 관련 가계 문서에 근거하고 있다. 그러나 이 자료의 성격상, 이를 그대로 신빙하기는 어려우며, 이삼평 역시 다른 도공과 마찬가지로 일본군에 의한 계획적인 작업으로 붙잡혀온 것으로 보아야 한다.

3) 이삼평의 출신지로서 공주가 유력한 대상임은 부인하기 어렵다. 그동안 이삼평 공주 출신설은 부정적 의견이 끊이지 않았다. 그러나 본고에서는 부정적 요인의 근거들에 대하여 비판하는 한편, 공주 출신이라는 가설이 현재로서 가장 유력한 것임을 논증하였다. 특히 본고에서는 나베시마 군이 실제 1597년 9월 공주에 이르렀고, 이 무렵 왜군에 의한 공주지역의 피해 사례를 확인함으로써 나베시마군에 의한 공주 피랍설을 보다 강화하였다.

마지막으로 이삼평 기념비 건립의 의미에 대하여 언급한다. 이삼평의 후손이 포함된 아리타 사람들이 이삼평의 기념비를 공주 박정자에 건립한 것은 매우 중요한 의미를 갖는다. 이삼평의 출신이 객관적 자료에 의하여 공주 이외의 지역임이 입증되지 않는 한, 공주는 이삼평의 출신지로 간주되는 것이기 때문이다. 현재로서 이삼평의 공주 출신설을 구체적으로 확증하는데는 어려움이 있지만, 여기에는 일정한 근거가 있다는 점을 본고에서 확인하였다.

그러나 관점을 달리하여 생각하면, 이삼평의 출신지가 정말 공주인가 아닌가가 그토록 심각한 문제가 아닐 수도 있다. 적어도 이삼평 기념비는 임진왜란으로 인하여 일본에 포로로 잡혀가 일본의 도예문화를 열었던 많은 조선 도공들에 대한 상징적인 위령의 기념비이기도 하기 때문이다. 그것이 이삼평의 기록에 언급된 공주의 금강 인근, 16세기의 조선의 가장 유명한 도요지 인근에 위치한다는 것은 역사적 상징이라는 관점에서 보아 크게 어긋나 보이지 않는다. 이 같은 점에서, 이삼평 기념비의 건립은 400여 년 전 한일 간에 있었던 역사적 사건을 되새기는 상징적 장소를 확정한 것이라는 중요한 의미를 갖는다. 이러한 점에서 이 기념비를 과거와 미래를 발전적으로 연결하는 현재적 공간으로 활용할 필요가 있다.56)*

---

56) 기념비의 문구 문제와 별도로, 공주는 아리타와의 교류를 발전시킬 필요가 있다. 그리고 그같은 교류 관계의 진전에 따라, 객관적인 연구 결과와 전문가의 조언에 기초하여 기념비의 문구는 상호의 이해 속에서 고쳐 쓸 수 있을 것이다. 순서는, 문구의 개정보다 상호 이해를 깊이 할 수 있는 교류가 선행되어야 하고 중요하다는 것이 필자의 생각이다.

 * 이 논문은 공주박물관 『국립공주박물관기요』4, 2005에 실린 것임.

계룡 갑사 일주문에 대하여

머리말

일주문이란 사찰의 경역 입구에 세우는 출입문으로서 진리에
대하여 일심으로 정진하는 마음가짐을 갖도록 하는 의미가 있다.
그리하여 기둥을 일렬로만 구성함으로써 불교적 상징성과 함께 건
축적으로도 사찰 건물의 흥미있는 한 유형을 보여준다.

원래 사찰에 있어서 예배의 중심점은 대웅전과 같이 부처를 모
신 법당이나 사리 등이 안치되는 탑파 등에 있다. 이러한 점에서
일주문은 사찰의 중심 건물이라기보다는 전체적인 모양을 갖추는
시설의 일부이기 때문에 자연 큰 절의 경우에만 볼 수 있게 된다.
사찰 방문객들은 이 일주문에 들어섬으로써 절의 경내에 들어왔음
을 인식하며 마음을 다듬게 되는 것이다.[1]

---

1) 일주문의 상징적 의미는 '일심(一心)'이다. "신성한 가람에 들어서기 전에 세
   속의 번뇌로 부산히 흩어진 마음을 하나로 모아 진리의 세계로 향하라"는 상

공주에는 전국적으로 알려진 다수의 사찰이 소재한다. 이는 불교 문화의 터전이 되었던 계룡산을 끼고 있기 때문이다. 계룡산은 백제 이래 풍부한 불교문화의 본산이 되어 왔는데 현존하는 유명 사찰로서는 계룡면 중장리의 갑사를 비롯하여 계룡면 양화리의 신원사, 그리고 반포면 학봉리의 동학사를 들 수 있다. 여기에 사곡면 운암리에 소재한 마곡사 역시 풍부한 문화재를 보유하고 있다. 그러나 이들 사찰에 일주문을 갖추고 있는 경우는 현재 전무한 형편이다. 마곡사의 경우 천왕문, 해탈문 등의 문을 갖추고 있으나 이들은 기둥을 일렬로 건립한 일주문은 아니다.

이같은 형편에서 계룡 갑사에 원래 일주문이 갖추어져 있었다는 사실은 지금껏 잘 알려져 있지 않은 사실로서 우리의 흥미를 끌기에 충분하다. 본고에서는 갑사의 역사와 함께, 주요 시설의 하나였던 일주문이 백년 전까지도 건재하고 있었음을 밝힘으로써 계룡산 불교사적에 대한 이해의 일단을 돕고자 한다.

1. 갑사의 창건과 개황

갑사는 계룡산의 여러 사찰 중에서도 가장 문화재가 풍부한 사찰이며 공주 시내에서의 거리도 가깝다. 이 절의 기원에 대해서는 백제 구이신왕 원년(420) 아도화상의 창건이라 하나[2], 이를 문자대로 신빙하기는 어렵다. 갑사의 개창과 관련하여 웅주 출신 승려 현광(玄光)이 주목된다. 그는 중국의 남악혜사(南嶽慧思, 514~577)

정적 의미이다. 김현준, 『사찰, 그 속에 깃든 의미』, 교보문고, 1991, pp.29~30,

2) 『공주군지』, 1957, 제1편 84장

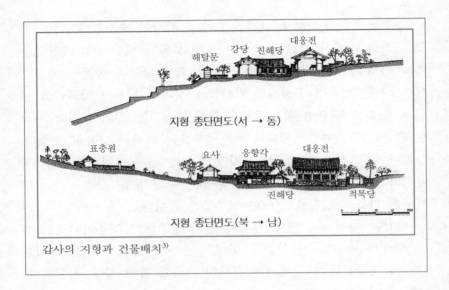

해탈문 강당 진해당 대웅전

지형 종단면도(서 → 동)

표충원   요사 웅향각   대웅전

진해당   적묵당

지형 종단면도(북 → 남)

갑사의 지형과 건물배치[3]

에게서 법화삼매를 얻어 득도한 뒤 웅주의 웅산(翁山), 계룡산에
주석하며 절을 세웠다고 한다. 「갑사사적시종기(甲寺事蹟始終記)」
에서는 이때 현광이 새운 절이 등라동암(藤蘿洞菴)이며, 때는 진성
여왕 9년(895)의 일이라 하였으며[4], 「공주계룡산갑사사적비」에서는
신라 진흥왕의 꿈에 금빛 사람이 나타나 천축의 상서로운 신표를
주고 흰말이 나타나 다시 잠궁(潛宮)의 비결을 바침으로써 갑사가
창건되었다는 설화가 소개되고 있다.[5] 이처럼 갑사의 창건에 관한
자료는 일관성이 없이 구구하지만, 그러나 여러 정황을 고려할 때
갑사의 창건이 백제시대로부터일 것으로 보는 것은 큰 무리가 없

---

3) 박남수 등, 『갑사와 동학사』, 대원사, 1999, p.31에서 옮김.
4) 박남수 등, 위의 책, pp.8~9. 「갑사사적시종기」는 한말인 고종 24년(1887). 김
   상표(金商杓)의 글이다.
5) 「갑사사적비명」(공주군, 『계룡갑사실측조사보고서』, 1991, p.25)
   박남수 등, 『갑사와 동학사』, pp.11~12 참고.

어 보인다. 갑사의 창건사와 관련하여 백제시대 소작으로 추정되는 석조보살입상이 절에서 전하고 있는 점은 매우 중요하다. 높이 125cm의 이 입상은 부도 등과 함께 갑사의 중사자암에서 옮겨온 것이라 한다.6)

갑사가 전국적으로 알려진 거찰로서 발전한 것은 백제 멸망 이후 통일신라기의 일이었다. 의상대사는 1천 칸에 달하는 사찰 건물을 경영하였다고 하며, 갑사는 이때 신라의 화엄종 10대 사찰의 하나로 번영하였다. 그리하여 갑사의 이름은 '해동 화엄10찰'의 하나로서, 최치원의 글에 다음과 같이 등장하고 있다.

> 해동 화엄대학(華嚴大學)의 장소로는 10산이 있다. 중악의 공산(公山) 미리사(美理寺), 남악의 지리산 화엄사, 북악의 부석사, 강주 가야산 해인사와 보광사, 웅주 가야협(伽倻峽) 보원사(普願寺), 계룡산 갑사(岬寺)(『괄지지(括地志)』에 기록된 계람산이 이것이다), 삭주 화산사(華山寺), 양주의 금정산 범어사, 비슬산 옥천사, 전주 모산 국신사(國神寺), 그리고 한주(漢州) 부아산 청담사 등 10여소이다. (최치원, 「唐大薦福寺故寺主飜經大德法藏和尙傳」 『大正新修大藏經』50, 史傳部 2)7)

갑사의 위치가 구 백제지역의 가장 대표적 명산인 계룡산에 자리한 점, 그리고 구도 웅천(공주)에 소재하고 있다는 점이 신라 이후에도 갑사를 크게 발전시킨 한 배경이 되었던 것 같다. 갑사의 철당간과 당간지주는 이 시기의 유산으로 간주되고 있으며, 여기에서 약간 거리에 있는 대적전의 주변에는 당시 갑사의 금당이 있었던 것으로 추정되고 있다. 현재 대적전의 주변에 남은 통일신라기의 잘 다듬어진 초석이 당시의 면모를 다소간 전하고 있다.8)

---

6) 최석원, 『백제권의 석조문화재』, 공주대학교 백제문화원형복원센터, 2004.
7) 박남수 등의 위책, p.15에서 재인용

갑사동종의 미륵보살입상[9]

임진왜란이 일어나자 갑사는 왜군에 대항하는 승병 궐기의 거점이 되었다. 갑사 청련암의 승려 영규대사는 왜병이 북상하자 승려들을 이끌고 궐기, 충청도 의병장 조헌의 의병과 연합하여 청주성을 수복하고 충청도를 침략군으로부터 지켜내는 큰 공을 세웠으나 금산에서의 싸움에서 장렬히 순절하게 된다. 1738년(영조 14) 건립된 경내의 표충원은 임란의 대표적인 승병장 휴정과 유정, 그리고 영규대사의 영정을 모신 곳이다.

갑사는 조선 선조 30년(1597) 정유재란시 침입한 왜군들에 의하여 한꺼번에 소실되었다. 수년이 지난 선조 37년(1604) 대웅전과 진해당(振海堂)을 중건하는 것을 시작으로 다시 재건되기 시작하였다. 대적전 부근에 있는 높이 3미터의 공우탑은 갑사의 재건작업에 힘쓰다가 죽은 소에 대한 다

---

8) 1978년 지표조사 당시 11개의 초석이 동서 2줄로 길게 노출되어 있었다. 초석의 양식은 방형에 2단의 원형 기둥자리를 조성한 신라의 전형 양식이며, 대적전의 건물 기단부 등에 사용된 장대석은 아마 여기에서 나온 것인 듯하다. 그러나 1978년 당시 11개가 확인되던 초석은 그 동안 없어진 것인지, 아니면 흙에 덮힌 것인지 현재 몇 개만 확인이 가능하다.
9) 염영하, 『한국종연구』, 한국정신문화연구원, 1984에서 옮김.

음과 같은 이야기가 전하고 있어 당시의 중창작업과 관련된 유적임을 암시하고 있다.

정유년의 난으로 갑사는 모두 불타버리는 비운을 맞았다. 주지는 잿더미만 날리는 절터를 보면서 옛날의 웅장한 모습이 절로 떠올라 마음이 갑갑하기만 하였다. 이에 재건의 뜻을 세웠으나 물자나 인력이 없었다. 어느날 막막한 마음으로 잠이 들었는데 하늘에서 누런 소 한 마리가 폐허가 된 법당 마당으로 서서히 내려오는 것이었다. 그리고는 "제가 절을 지어드리겠습니다"라고 말하였다. 소가 말하는 소리를 들은 주지가 놀라 깨어보니 정말 마당 쪽에서 소 한 마리가 울고 있었다. 소는 그날부터 매일 어디엔가 다녀오곤 하였다. 그럴 때마다 소의 등에는 절을 짓는데 필요한 재목이나 기와, 양곡 등이 실려 있었다. 마침내 절이 완공되자 소는 지치고 병들어 죽고 말았다. 주지는 소의 공을 기리기 위하여 그 주검을 거두어 묻고 탑을 세웠는데 그것이 바로 공우탑이다.[10]

1957년에 간행된 『공주군지』에서는 갑사의 중수 역사에 대해서 비교적 상세한 연혁을 싣고 있는데, 참고로 이를 재정리하여 제시하면 다음과 같다.

420(백제 구이신왕 원년) 아도화상의 창건
503(무령왕 3년) 천불전의 중창
556(위덕왕 3년) 혜명대사가 천불전(16架 2층), 보광명전,
　　　　　　　　대광명전 중건
9세기(신라 문성왕대)[11] 의상대사가 건물 1천 여 칸을 증수(增修)
1597(선조 30) 정유재란에 의한 소실
1604(선조 37) 대웅전과 진해당(振海堂)의 중건(印浩, 敬淳, 性安,
　　　　　　　　幷胤 등)

10) 박남수 외, 앞의 『갑사와 동학사』, pp.23~24
11) 신라 '문성왕 기묘년'이라 하였으나, 문성왕대에 기묘년이 없으며, 가장 근접한 기묘년은 헌안왕 3년(859)이다.

1654(효종 5)	건물의 개축과 중수 (思淨, 愼徵, 瓊環 및 正華, 均行)[12]
1875(고종 12)	대웅전과 정문 진해당 중수(慧珠, 定守, 戒圓, 慧淨, 桂秋 등)
1885(고종 22)	불상과 탱화의 신조(新造) (雲宗, 桂秋, 花萬 등)
1899(광무 3)	적묵당의 건축 (隆坡화상과 제자 弄岩, 弄山)

위의 연혁 가운데는 초기의 경우 의심할만한 부분이 포함되어 있지만, 조선조의 중수 연혁은 갑사 건축물의 역사를 파악하는 데 는 매우 유용한 자료로 생각된다.

한편 18세기의 기문(1797, 정조 21) 가운데 갑사에 대한 언급이 있는데, 이는 지금의 가람 구조와는 상당한 차이가 있지만, 참고로 인용하여 두고자 한다.

계룡산 아래에 사찰이 있으니 이름이 갑사이다. 위로는 법당이 있는데 대웅전이며, 아래에는 큰 누각이 있으니 우화루(雨花樓)이며, 가운데에 누각이 하나 있는데 그 이름이 정문(正門)이다. 만력 11년 (선조 16, 1583) 초여름에 중수된 이후로 해가 오래되고 세월이 더욱 깊어져 위로는 비가 새고 옆으로는 바람이 들어와 기와가 부서지고 연목(椽木)이 썩은지라, 사시사철 진리를 찾아오는 스님들이 슬퍼하 지 않는 사람이 없고, 손님으로 놀러온 사람 가운데 탄식하지 않는 사람이 없은 즉 이 절의 피폐한 것이 입에 담아 말로 표현할 수가 없었다. 다행히 원선(圓禪)이라는 스님이 재목을 구하여 이 절을 중 건하여 선인(先人)을 잇는 공이 있으니 정문(正門)의 모습은 이때로 부터 더욱 새로워졌다. 스님들이나 객들이 이 정문 누각에 올라가 모두 칭찬하기를 "크게 이 절에 공이 있는 사람은 원선(圓禪)이 아니 고 그 누구겠는가"라고 하였다.[13]

---

12) 1659(효종 10)에 세워진 갑사사적비의 비문 가운데 이들의 공헌이 언급되어 있다. 단 갑사사적비에서는 '思淨 愼徵 瓊環 一行 正華 尚均 行俊'이라 하였 다.
13) 공주군, 『계룡갑사 실측조사보고서』, 1991, p.31

이에 의하면 갑사는 대웅전 아래로 '정문(正門)'의 루문이 있고, 더 아래에는 우화루(雨花樓)라는 이름의 큰 누각 건물이 있었다는 것이다. 갑사에는 앞에 언급한 것 이외에도 선조 17년(1584)에 제작된 동종, 선조 2년(1569)에 만들어진 월인석보 목판을 비롯하여 보살입상, 고려 초의 부도, 갑사 사적비 등 다양한 문화재들이 소장되어 있다.

임진왜란 이후에 재건된 갑사 대웅전

2. 갑사 일주문에 대한 자료

갑사의 시설 가운데 1백년 전까지 일주문이 세워져 있었다는 사실이 몇 가지 자료에 의하여 확인되고 있다.

우선 조선 숙종년간 경제공(敬齊公) 이해(李瀣)(1691~1719)의 문집인 『경제선생유고(敬齊先生遺稿)』(미간)중에 있는 「유계룡산기(遊

鷄龍山記)」가 그것이다. 「유계룡산기」는 경제공이 숙종 38년(1712) 10월 15일부터 17일까지 2박 3일의 일정으로 향리인 은진을 출발, 연산, 신도안, 신원사, 갑사 등 계룡산 일대를 순력(巡歷)한 내용을 일기 형식으로 정리한 기행문이다. 이 글은 자료 발굴자인 윤여헌 교수 번역으로 소개된 바 있는데, 그중 갑사 및 갑사 일주문에 대한 부분을 인용하면 다음과 같다.[14]

　　(1712년 10월) 17일, (전략) 들과 마을을 지나 15리쯤 가니 갑사 동구에 이른다. 동구 밖에는 나무 장승을 마주 세워 놓았는데 모양이 보기 싫을만큼 흉하다. 마을에는 많은 느티나무 고목들이 서 있는데 나뭇가지 사이로 내리 비치는 달빛이 괴괴하다. 1리쯤 가니 문이 있는데 만듬새와 단청, 돌기둥이 모두 연은문(延恩門)과 흡사하였다. 문을 지나자 잠시 후 스님들이 나타났다. 남여(가마)를 교대로 메고 가는데 갈수록 경치는 아름다웠다. 절 문이 있어 들어가니 루(樓)를 비롯하여 제방(諸房)과 제사(諸舍), 그리고 법당이 있는데 법당옆에 4법당이 있다. 사찰은 천 여 칸이요, 스님도 수백 명이라 하여, 신원사에 비하여 여러 배가 된다.(중략)
　　일행과 함께 볼만한 것을 두루 살폈다. 사적비, 석비, 그리고 철주(鐵柱)가 있는데 높이가 수십 장이고 둘레는 (두 팔을 펴) 2~3발이나 되었다. 이 또한 처음 보는 것이었다. 때는 이미 겨울이었다. 산중 나뭇잎은 시들었으나 아직 붉은 빛을 띠고 있고, 청황(靑黃)으로 물들은 잡목 사이에 적엽산국(赤葉山菊)은 어찌나 예쁜지 잊을 수가 없다. 이른바 영산전에는 1천 석불이 있는데 기묘하고 뛰어난 솜씨이다. 대개 이 사찰은 호우(湖右)(충남)지방에서 으뜸이라고 한다.

　갑사에 들른 경제공에 있어서 가장 인상적이었던 것은 늦가을의 갑사 경치와 함께 나무장승, 고목이 된 느티나무, 절의 경내로 들어서는 절 문, 갑사 사적비, 철당간, 그리고 1천석불을 안치한

14) 윤여헌 역, 「遊鷄龍山記」『웅진문화』5, 1992

영산전 등이었다. 그중 영산전은 현재 전하지 않는 건물인데 어떤 연유로 없어지게 되었는지 궁금하다.

위의 인용문에는 갑사의 법당에 이르기 전, 느티나무 고목으로 부터 1리 지점에서 문을 지난 것으로 되어 있거니와 이것이 바로 갑사의 일주문이다. 여기서는 이것이 일주문이라는 설명은 없다. 그러나 후술하는 바와 같이 이 문이 '연은문과 흡사하다'고 한 것 은 이 문이 바로 일주문일 것임을 시사하고 있다.

갑사 일주문에 대한 또 다른 자료는 고종 9년(1872)에 제작된 것으로 추정되는 「공주목지도」이다.15) 이 지도는 『충청도지도』53 장의 일부로서 규장각에 소장되어 있는데 이 지도에는 계룡산 갑 사의 아래쪽에 절 문이 그려져 있고 바로 옆에 가는 글씨의 세로 쓰기로 '일주문(一柱門)'이라 기재되어 있는 것이다. 이 일주문이 숙종년간 「유계룡산기」에서 갑사 경내로 들어가는 과정에서 통과 한 문이었음은 의심의 여지가 없다.

3. 갑사 일주문의 구조

일주문은 물론 기둥을 1쌍으로만 건립한 것이지만 건물의 구조 는 각기 차이가 있을 수 있다. 가령 기둥의 구성, 공포의 구성, 지 붕의 형태 등에서 건물마다의 차이가 있을 수 있는 것이다.

갑사의 일주문이 어떤 형태를 가졌는지는 직접적 확인이 거의 어렵다. 「공주목지도」에 그 형태를 그린 것이 있지만, 구체적이지 못하기 때문에 큰 도움이 되지는 않는다. 그러나 이 지도에서 갑

---

15) 지도에 대해서는 윤용혁, 「공주목지도에 대하여」, 『웅진문화』1, 1988 참고.

사의 여러 절 건물과 별도의 일주문을 특별히 따로 그려놓은 점, 그리고 일주문의 건물이 그림상으로 매우 크게 강조되어 있는 사실이 주목된다. 적어도 당시 갑사에 있어서 일주문은 건물이 매우 웅대하여 갑사를 대표할만한 것이었음을 짐작케 한다.

한편 지도상에 나타난 일주문의 그림은 특히 지붕이 강조되어 있고, 지붕 형태는 팔작집 비슷한 형태임을 대략 알 수 있도록 되어 있다. 조금 더 확대 해석한다면 기둥에 비하여 큰 지붕을 받치기 위하여 포작을 화려하게 한 조선조 후기의 다포집이라고 할 수 있다.

그런데 이 일주문에 대하여 앞서 인용한 이해의 「유계룡산기」에는 "만듦새와 단청, 석주가 모두 연은문(延恩門)과 흡사하다"는

「공주목지도」중의 갑사와 일주문

것이다. 연은문이란 조선조 명의 사신을 맞이하기 위하여 서울에 건립하였던 영은문(迎恩門)을 말하는 것이다.16) 따라서 영은문의 구조를 알 수 있다면 갑사 일주문의 외양(外樣)이 어떠하였는지에 대한 매우 중요한 단서를 잡는 것이 된다.

영은문은 지금의 서울 서대문구 현저동, 명나라 사신을 맞기 위하여 세운 모화관 앞에 있던 문이다. 모화관(慕華館)은 선초 모화루(慕華樓)에서부터 출발, 세종조에 모화관으로 개축하였으며 여기에는 그 앞에 홍살문이 시설되어 있었다. 그러던 중 이 문이 초라하므로 중국의 패루(牌樓) 형태로 다시 건립하자는 논의가 일어나고 중종 32년(1537) 드디어 홍살문을 개축, 영조문(迎詔門)이라 하였다. 그리고 2년 후 중종 34년 그 편액을 영은문으로 바꾸게 되었다. 선조 39년 명의 사신 주지번(朱之蕃)의 편액으로 다시 걸었는데, 이것은 임진왜란으로 영은문이 병화를 입은 때문으로 이 편액이 현재 국립중앙박물관에 보관되어 있다 한다.

청일전쟁 후인 1896년 모화관은 사대의 상징이라하여 독립관으로 개칭되었고, 재건된 영은문도 이때 헐리면서 여기서 국권의 수호를 다짐하는 독립문이 세워지게 된다. 영은문이 헐릴때 돌로 만든 돌기둥 모양의 초석만은 없애지 못하고 독립문 곁에 남게 되었으며 사적 33호로 지정 보호되고 있다.17) 현재 남아 있는 영은문의 초석, 그리고 헐리기 이전의 영은문 사진을 참고하면 영은문은 건물의 구조상 몇 가지 특징점을 가지고 있음이 확인된다.

첫째, 좌우 각 1주의 기둥을 주로 석주(石柱)로 만든 점이다. 말하자면 일반적으로 사용하는 기둥 대신 석주를 사용한 것인데 이

---

16) 연은문(延恩門)이 영은문(迎恩門)을 이르는 것임은 서울의 고지도상에 이를 '연주문(延柱門)' 혹은 '연은문(延恩門)'으로 표기한 것에서도 알 수 있다. 연(延)과 영(迎)은 서로 통용하는 경우가 많다고 한다.
17) 서울시, 『서울육백년사』(문화사적편), 1987, pp.684~686 참고.

돌기둥 위에 짧은 나무 기둥을 다시 얹은 다음 그 위에 창방과 평방, 건물의 옥개(屋蓋)가 올라서도록 한 것이다. 이같은 기둥구조에 따른 이점은 지붕의 과도한 하중을 보다 안정적으로 받을 수 있다는 점, 그리고 풍우 등으로 인한 기둥 하부의 부식을 예방할 수 있다는 점이다. 일주문의 경우는 기둥이 1쌍에 불과하여 지붕의 과도한 무게를 안전하게 받치는 것이 건물의 가장 중요한 포인트의 하나다. 그리고 높은 건물의 구조로 지붕의 하부가 쉽게 부식할 소지가 많은 것이 사실이다. 이같은 문제점을 돌기둥을 사용함으로써 완화하고자한 것이다.

둘째, 영은문의 구조는 지붕이 우진각 형태로 되어 있는 점이다. 우진각의 경우 맞배에 비하여 지붕이 4면에 달해 전체 면적이 넓어지고 따라서 그만큼 그 하중이 증대될 수밖에 없다. 우진각 지붕의 용마루에는 여러 가지의 잡상(雜像)이 시설됨으로써 건물의 화려한 느낌을 가중시키고 있다.

셋째, 영은문은 다포집으로서 화려한 포작을 자랑하고 있다. 두 기둥 위의 것을 포함하여 도합 6개의 포작이 배치되어 있고 이것이 우진각 집의 옥개와 연결되어 상호 조응하고 있다.

넷째, 영은문은 지붕이 겹처마로 되어 있다. 이 또한 포작의 화려한 배치와 맞쳐져 건물의 위용을 높이고 있다. 그리하여 영은문은 전체적으로 매우 높고 화려하며, 웅장한 느낌을 주는 형태로 되어 있는 것이다.

영은문에 사용된 석주는 초석과 붙어 있어 일종의 높은 크기의 장초석(長礎石)의 형태로 되어 있다. 초석은 방형의 대석(臺石) 위에 다시 방형의 상대석을 두었는데 여기에 각 면 2구씩의 잡상이 조각되어 있다. 그 위에 장초석 형태로 높은 8각의 돌기둥이 세워졌는데 4각 기둥의 모서리를 절반씩 죽여 8각기둥을 만든 것이다.

기둥은 아래에서 위로 올라갈수록 조금씩 줄여 지붕 무게에 대한 안정성을 확보할 수 있도록 하였다.[18)

이상 영은문에 대한 건물의 특징을 다시 간략히 정리하면, 돌 기둥(혹은 장초석)을 사용한 점, 높은 기둥의 사용으로 문이 높게 솟은 점, 우진각 지붕, 겹처마, 6구의 포작을 가진 다포집 등으로서 일주문으로서는 매우 보기 드문 형태를 가지고 있는 것이다.

『유계룡산기』에서는 갑사의 일주문을 들어서면서 이 문의 만듦새, 단청, 석주 등에 있어서 영은문과 흡사한 느낌을 받았다는 것이다. 따라서 위에 열거한 영은문의 특징중 상당부분이 갑사 일주

영은문의 전경과 주초(『한국민족문화대백과사전』)

18) 영은문의 구조 및 돌기둥에 대해서는 서울시, 『서울문화재대관』, 1987, p.50 및 한국정신문화연구원 편, 『한국민족문화대백과사전』 '영은문' '영은문 주초' 참조. 특히 영은문 사진은 『한국민족문화대백과사전』에서 옮긴 것이다.

문과 일치한 것이었다고 해야 할 것이다. 이를 고려하여 갑사 일주문의 건물 구조상의 특징을 대략 다음과 같이 어림하여 보고자한다.

첫째, 갑사 일주문은 좌우 각1주로서 돌기둥(장초석)을 받친 형태로 되어 있었다. 둘째, 갑사 일주문은 화려한 포작을 동반한 다포집이었다. 그리하여 전체적 외관이 매우 화려하고 위용 있는 것이었다. 셋째, 갑사 일주문의 지붕은 우진각에 겹처마였을 가능성이 높다. 돌기둥은 기둥 하부의 부식이 없다는 점에서 이점이 있지만 자칫 그 위에 다시 놓여지는 나무기둥과의 이질감으로 건물의 전체적 외관을 부자연스럽게 만들 위험성이 있다. 그럼에도 불구하고 이를 사용한 것은 과중한 지붕의 무게를 지탱하기 위한 것이었다. 갑사의 경우도 지붕을 화려하게 만들었다는 것은 틀림없으며 그것은 영은문에서와 같은 겹처마와 우진각으로 연결될 가능성이 높은 것이다. 이점에 있어서 「공주목지도」의 갑사 일주문 그림이 크게 참고 된다. 지도에 의하면 갑사 일주문은 지붕이 크게 강조되어 있으며 맞배가 아닌 것이 확실하다. 그렇다면 우진각이될 수 밖에 없다. 넷째, 단청은 화려하게 채색되어 있었다. 「유계룡산기」의 필자인 경제공은 갑사의 일주문에 들어서면서 전체적구조가 영은문과 흡사하다는 점, 돌기둥을 사용했다는 점과 함께유사점으로 단청을 들고 있다. 이는 단청이 매우 화려하게 채색됨으로써 경제공에게 강한 인상을 주었다는 것으로 해석된다.

4. 갑사 일주문의 위치

이상에서 살핀 것처럼 갑사 일주문은 퍽 크고 화려한 갑사의 상징적 건물의 하나였다. 더욱이 고장(高長)한 형태의 장초석은 석주로 사용하였기 때문에 건축물의 훼파에도 불구하고 이들 석조물의 관련 부재가 남았을 가능성이 많다. 그럼에도 불구하고 현재 일주문의 관련 부재나 그 터에 대한 것은 논의된 바가 없다.

그러나 앞에서의 기록 등을 참고하면 일주문의 위치를 대략적으로나마 파악할 수는 있을 것으로 생각된다. 우선 일주문의 위치를 가늠해 볼 수 있는 대목을 「유계룡산기」에서 검토해 보면 일주문은 동중(洞中)의 느티나무 고목군으로부터 약 1리 정도의 거리로 되어 있다. 현재 갑사 입구, 상점가 앞에 수령이 퍽 오래된 느티나무가 있거니와 여기에서 1리, 즉 4백미터를 일단 계산하여 볼 수 있겠다. 일주문으로부터 절의 법당까지는 "문을 지나자 곧 스님들이 나타났다. 남여를 교대로 메고 갔는데 갈수록 경치는 아름다웠다."고 하여 비교적 거리 간격이 있었음을 암시하고 있다.

한편 「공주목지도」상에서 일주문의 위치를 파악하여 보면 역시 법당으로부터는 일정한 거리가 있었던 것임을 알 수 있다. 그리고 계곡의 냇물 그림으로 보면 일단 내(다리)를 건너서 곧 있었던 것이 아닌가 생각된다. 이같은 자료를 참고할 때 갑사 일주문은 지금의 상가 건물로부터 법당 쪽으로 멀지 않은 거리에 위치하여 있었다고 할 수 있으며 어쩌면 계곡의 냇물을 다리로 일단 건너선 다음 바로 가까운 거리에 위치한 것으로 생각된다. 그렇다면 아마 법당(대웅전)가는 길과 철당간으로 가는 길이 갈라지는 관리사무소 부근이 일주문의 위치가 될 것으로 일단 정리하여 본다.

다음으로 갑사 일주문이 훼철된 시기 및 연유가 궁금한 문제가 되는데 이 역시 알려진 것이 없다. 다만 퇴락으로 인하여 건물의 계속적인 보수가 재정적으로 어려워 결국 훼철시키고 만 것이 아닐까 추측할 뿐이다. 일주문의 경우 건물구조의 특성상 일단 퇴락하면 건물자체가 금방 도괴될 위험이 있기 때문에 지속적인 보수 등의 작업이 다른 건물의 경우보다 많은 부담이 있었을 것이다. 훼철된 시기는 「공주목지도」(1872) 이후로 보아야 할텐데, 대략 1900년을 전후한 시기로 생각해 보면 어떨까 한다.

맺는말

계룡산 갑사는 계룡산에 있는 가장 대표적인 사찰의 하나로서, 그 역사와 함께 풍부한 문화재를 가지고 있다. 그러나 여기에 1백년 전까지 일주문이 시설되어 있었던 사실은 거의 알려져 있지 않다. 본고에서는 갑사 일주문에 대한 18세기 및 19세기의 자료, 「유계룡산기」의 기록과 공주목지도의 그림을 제시하고 아울러 일주문의 구조, 위치 등에 대하여 점검하여 보았다.

갑사 일주문은 현재 갑사 상가 마을에서 멀지 않은 위치에 있었던 것으로 보이는데 건물의 구조 특징은 장초석을 사용, 돌기둥을 받친 것처럼 되어 있었으며 지붕은 우진각에 화려한 포작을 다수 배치한 다포 양식의 웅건한 건물이었다고 생각된다.

일주문은 임란 이후 갑사가 중창되면서 건립된 것으로서, 우선순위로 보아 금당이나 요사 등이 거의 완성된 이후 지어진 것이라고 보아야 하며, 따라서 17세기 말에서 18세기 초에 건립된 건물이 아니었을까 생각된다. 그 정확한 터는 미상이나 앞으로 언급된 관련 기록, 그리고 현지에 대한 보다 정밀한 조사 및 주민 등의 전언을 종합한다면 이를 파악하는 것도 가능하리라고 생각한다.*

---

* 이글은 공주향토문화연구회, 『웅진문화』6, 1993에 게재된 것을 보완한 것임

제4장
충청감영과 공주

1. 충청감영시대의 공주유적

   충청감영의 공주 개영/ 18세기 초 신감영의 건축/ 선화당과 포
   정문루/ 공산성의 연못(만하지)

2. 공주 고지도의 비교 분석

   – 공주 문화유적의 탐색과 관련하여 –

   공주지도 5종의 내용/ 지도내용의 비교분석 / 여타의 공주지도

3. 충청감영의 공주옥(公州獄)에 대하여

   충청감영의 공주옥/ 공주옥의 구조/ 1896년 홍주의병과 공주
   옥/ 독일인 신부가 본 공주옥

충청감영시대의 공주유적

머리말

　조선시대 충청감영이 공주에 설치되어 있었다는 것은 백제의 고도로서의 역사적 전통 못지 않게 중요한 사실이다. 공주에의 왕도 64년, 이후 백제 멸망까지를 모두 합하여도 공주의 백제사는 2백년 미만이다. 그러나 1602년 충청감영의 공주 개영은 1932년 일제하 충남도청의 대전 이전까지 3백년을 훨씬 넘는 기간이었고, 백제 이후 공주가 호서지방의 정치적, 군사적 중심으로서의 기능을 담당하였다는 사실을 잘 상징해주고 있다는 점에서도 의미 있는 역사적 사실이다.

　그러나 이러한 역사적 전통에도 불구하고, 관련 사실이 잘 정리되어 있지 못할 뿐 아니라, 관련 유적조차 무관심 속에 방치되어 과거의 소중한 유산을 계승하지 못하는 우를 범하고 있다. 충청감영의 공주 개영 4백주년을 맞아 몇 가지 행사와 함께 비로소 간단한 자료집을 내게 된 것은, 한편으로는 다행이면서 다른 한편으로는 우리의 역사적 무감각을 확인시키는 것이기도 하였다.[1]

필자는 이러한 문제와 관련하여 그동안 몇 가지 논고를 발표한 적이 있다. 19세기에 간행된 공주읍지(『공산지』)에 대한 분석을 통한 기초 자료의 추출[2], 읍지와 지도자료에 바탕하여 당시의 관련 유적을 고증하거나 검토하는 등의 작업[3]이 그것이다. 원래는 이같은 작업의 결과를 이 책에 그대로 싣고자 하였으나, 지나치게 번잡하기도 하고 중복되는 부분도 많아, 아예 원고를 새로 정리한 것이 본고이다. 본고에서는 충청감영의 설치와 변천 및 중요 관련 유적에 대한 검토를 중심으로 이를 좀더 일목요연하게 정리하였다.

1. 충청감영의 공주 개영

충청감영의 공주 개영 400주년에 즈음하여, 공주에의 감영 설치는 1602년(선조 35) 관찰사 류근(柳根)에서부터 비롯된 것으로 정리되었다. 이같은 정리는 감영 설치 시기에 대한 그동안의 혼선

---

1) 2002년 공주시는 충청감영 개영 400주년을 맞아, 학술세미나와 특별전 등을 마련하였다. 학술세미나는 2002년 8월 공주대 지역개발연구소 주관으로 <충청감영과 충남도청>이라는 주제로, 특별전은 2003년 6월 충남역사문화연구소에서 주관하여 공주문화원에서 개최하였는데, 이와 함께 『충청감영 400년』이라는 책자를 출판하였다. 한편 2003년 공주대 백제문화연구소에서는 공주시의 지원을 받아 충청감영터에 대한 지표조사를 실시하여 그 전반적 현황을 파악하였다. 그 결과는 2003년 11월 26일 세미나를 통하여 발표되었으며 『공주 충청감영터』(2003)라는 제목으로 보고서가 간행되었다.
2) 윤용혁, 「조선후기 공주읍지의 편찬과 공산지」, 『공주사대』논문집』, 1981
3) 윤용혁, 「공주목지도에 나타난 공주문화유적」 『백제문화』24, 1995

선화당(충청감영 동헌)의 치미기와(윤용혁 탁본)

때문에 기본적으로 필요한 것이었다.

충청감영의 공주 개영과 관련, 1600년(선조 33), 1602년, 1603년 등의 개영 시기에 대한 논의가 있다. 1600년설은 충청감사를 지낸 허지(許墀)의 「선화당이건기」에 '만력 경자년' 즉 1600년에 관찰사 권희(權憘)가 "감영을 설치하고 건물을 지었으나 그것은 오래되었다(立監營 營廨之創 厥惟舊哉)"는 것이 그 근거가 된다.4) 권희의

---

4) 「선화당이건기」는 『공주감영읍지』(錦營誌)에 실려 있으며 전문이 윤여헌, 「조선조 공주(충청)감영고」(『백제문화』20, 1990, pp.52~53)에 소개되어 있다. 윤

재임 기간은 불과 2개월 남짓이었으며, 그는 '감영을 사립(私立)'하려 한 것이 문제되어 암행어사의 보고에 의하여 교체되고 말았다. 감영의 '사립'이 어떤 상황을 일컫는 것인지 정확히 알 수 없으나, 아마 공적인 행정 절차를 생략한 채 감영의 류영(留營)을 공주에 두려고 하였던 것을 의미한 것으로 보인다.

공주의 감영 설치 필요성이 대두된 것은 임진왜란이 그 계기가 되었다고 볼 수 있다. 임진왜란시 호남, 호서의 방어에 공주의 중요성이 대두되면서 이에 대한 성곽의 재수축과 함께 공주에의 '설영(設營)'의 논의가 제기된 것이다. 1596년(선조 29)의 일이다.5) 이같은 논의와 관련하여 일차 공산성의 증, 수축이 시작되었고, 이일은 같은 해 충청감사로 부임한 류근(柳根)에 의하여 담당되었다. 1602년 류근은 재차 충청감사로 부임하였다. 그리고 이와 관련, 앞의 『공주감영읍지』에서는 "선조 35년에 공주로 감영을 옮기고, 다음해 쌍수산성을 수축하여 들어가고, 비로소 공주목사를 겸하였다"6)고 기록하고 있다. 『여지도서』(충청도 감영)에서는 1602년 류근이 "감영 설치의 절차를 아뢰었다"고 하고, 이어 1603년 공주목사 겸무와 쌍수산성의 수축 및 관련 건물의 조영이 이루어졌음을 기록하고 있다.7)

이제 이상의 내용을 정리하면, 공주에의 감영 설치는 임진왜란을 계기로 부상되어 1602년 설영(設營)이 공식 조치되고 1603년 공산성 안에 감영 건물을 세움으로써 일단락 되었다고 할 수 있다.8)

여헌 선생에 의하면 『공주감영읍지』의 편찬은 1800년 경(1790~1805 어간)이라 한다.(pp.69~70)

5) 『선조실록』 29년 11월
6) "宣廟三十五年 移營公州 翌年築雙樹山城入處 始兼本州牧使"
7) "壬寅 柳根李設營節次啓聞 癸卯 兼牧下批 修築雙樹山城 始建營舍 拱北鎭南兩門"
8) 『공주감영읍지』 등 일부 기록에 공주 이전 충청감영이 충주에 설치된 것으로

그러나 감영의 입지는 그후 여러차례 변전(變轉)을 거듭하였으며, 봉황산 아래의 현 공주대 부설고교 자리에 감영이 들어선 것은 1세기가 지난 1707년(숙종 33)의 일이었다.

공주대 부설고 교정에 남겨진 감영터의 석물

2. 18세기 초 신감영의 건축

1602년 공주감영의 설치 이후 1707년 봉황산 아래 신감영이 완공되기까지 1세기동안 감영은 공산성의 안팎으로 이전을 되풀이하

되어 있으나, 실제는 청주였으며, 충주에의 감영 설치는 기록상으로 확인되지 않는다고 한다. 임선빈, 「충청감영의 공주개영과 변천」 『충청감영 400년』 충남발전연구원, 2003, pp.25~26.

였다. 충청감영이 공산성에 설치된 이후 봉황산 아래 반죽동에 들어서기까지의 과정은 다음과 같다.9)

① 공산성 1기 (1603~1604) ; 감사 류근이 감영을 공산성에 설영
② 제민천변 구감영 (1604~1645) ; 산성내 공간의 협소함 때문에 시내로 나옴
③ 공산성 2기(1646~1652) ; 유탁(柳濯)의 란으로 감사 임담(林潭)이 감영을 산성으로 옮김
④ 제민천변 2기(1653~1706) ; 감영을 성 밖 구감영터에 신축하여 이전함10)

봉황산 하 공주대 부설고교 자리의 감영은 1706년에 감사 이언경(李彦經)에 의하여 건물 경영이 착공되어 이듬해 1707년 감사 허지(許墀)에 의하여 완공되었다. 당시의 경과에 대해서는 「선화당이건기」에 다음과 같이 기록되어 있다.11)

1706년 9월 이언경(李彦經)이 (감사로) 부임하여 서둘러 장인(匠人)을 소집하고 재목을 모아 선화당을 건립하였다. 구재(舊材)를 헐고 좌우에 누각과 창고를 지었다. 그후 얼마 안되어 이공이 파직 당했는데 때는 한겨울이라 가까스로 기와를 덮은 정도였다. 이듬해(1707) 내가(許墀) 이공의 뒤를 이었으나 때는 흉년이고 농사철을 당

---

9) 윤여헌, 「조선조 公州(충청)監營考」(『백제문화』20, 1990, pp.45~52)를 참조하여 다시 정리한 것임.
10) 신유(申濡)의 「湖西巡營重修記」에 의하면 1653년의 감영 신축시 소요경비는 감영에서 환곡(還穀)의 출납을 절약하여 충당하고, 기와 벽돌과 재목 등의 자재는 금강 상류에서 뗏목으로 운반하여 왔다고 한다. 윤여헌, 위 논문, pp.49~52 참조.
11) 許犀, 「宣化堂移建記」 『공주감영읍지』. 원문의 번역은 윤여헌, 위 논문에 의함.

하여 백성을 부릴 수도 없었으나 그렇다고 공사를 중단할 수도 없는
일이었다. 궁리하여 보니 환곡을 경영하면서 1년 세금의 절반만 덜
면 굶주린 백성을 고용해 완성할 수 있고, 그로 말미암아 1만 여 명
의 하루 목숨을 연명할 수 있으니, 옛 분들이 흉년을 당하여 일을
시작하는 것도 이 때문인 것이다.

이에 의하면 이언경의 공사 시작으로 가까스로 선화당이 겨우
지어져가는 정도였는데, 돌연한 파직으로 공사의 중단 위기에도
불구하고 신임 감사였던 허지(許墀)가 어려운 여건을 불구하고 환
곡 경영을 통한 재정 절감을 통하여 시작된 일을 계속 추진하여
나갔던 것이다.

중군(中軍) 최진한(崔鎭漢)에게 감독을 위촉하여 사역을 시작했고
응모자는 가까운 여러 지역에서 모았다. 백성들이 고용만을 탐하고
농사 일을 소홀히할까 두려워하여 오직 가난한 자만 고용케하였고
걸인중에서도 원하는 자는 허용 하였다. 일의 경중을 보아 값을 정
하고, 일의 대소와 귀천을 막론하고 모두 값을 정하도록하여 기꺼이
부역케 하였다. 넉 달 후 공사가 완료됨을 알려왔다. 총 건물 규모는
260칸이고 선화당은 동쪽을 향해 세웠는데 양편이 넓고 중앙에는 좌
우로 부속 건물과 관아가 줄지어 늘어서고, 그윽하고 웅장하여 예하
여러 군을 위압할 만 하였다.[12]

감영 건축의 실무공사는 중군 최진한(崔鎭漢)이 담당하였으며
특히 이 일은 감영 건물의 신축이라는 의미 이외에 흉년을 당하여
발생한 빈민들에 대한 구제책으로서의 기능을 갖도록 각별히 배려
되었다. 그리하여 충청감영 건물은 주민들의 호응 속에서 그리고
이들에 의한 임금노동에 의하여 이루어지게 되었던 것이다. 이상
의 내용을 통해서 현재까지 남아 전하는 감영 관련의 두 건물, 즉

---

12) 위와 같음

선화당과 포정사 문루가 1707년(숙종 33)에 건립된 것임을 확인하
게 된다.

공주감영의 위치(대통사터로 표시된 부분이 구감영의 터로 추정된다)[13]

그런데 여기에서, 봉황산 하의 새 감영으로 자리 잡기 이전 공
산성내와 함께 번갈아 감영으로 사용 되었던 옛 감영의 자리는 어

---

13) 사진은 공주대 백제문화연구소, 『공주 충청감영터』, 2003, p.3에서 옮김.

디였는가 하는 의문이 야기된다. 이에 대해서는 이미 윤여헌 교수에 의하여 "1707년 완성된 신감영(현 공주대부고 일대)보다는 동쪽 대천변(大川邊, 제민천변)에 있었다고 보아야한다"고 논증된 바 있다.[14] 즉 제민천변의 자리가 자주 홍수로 범람함으로써 여기에서 더 서쪽, 지대가 보다 높은 지점을 새로 정지(整地)하여 신감영을 경영하게 되었다는 것이다.[15]

공주감영의 건물배치도[16]

---

14) 윤여헌, 앞의 「조선조 공주(충청)감영고」, p.46
15) 제민천변 구감영의 건물 배치는 대통사터의 지형을 따라 남향 하였을 것이다. 그러나 이것이 신감영으로 옮겨지면서 봉황산과의 관계 등을 고려, 동향으로 방향이 바뀌어진 것이라 생각된다. 「선화당이건기」에서 선화당이 동향으로 건립된 것을 특별히 강조한 것도 이 때문일 것이다.
16) 윤여헌, 앞 논문, p.66에서 옮김.

신감영 이전의 구감영터로 지목된 제민천변 일대는 사실상 백제시대의 대통사지(大通寺址)를 의미한다. 백제시대 성왕대에 건립되었던 대통사터의 후대 역사에 대해서는 미흡한 현지조사로 인하여 별로 알려진 것이 없다. 그러나 통일기의 기와자료와 신라 양식을 보여주는 당간지주의 존재로 미루어 신라시대에 지속적으로 발전하였음을 짐작할 수 있다. 이같은 번영은 역시 불교국가인 고려조에까지 이어졌을 것이다. 그러나 조선조에는 이미 절이 폐쇄되었던 것 같다. 이 때문에 충청감영이 공주에 설치되면서 감영의 위치는 별 이의 없이 옛 대통사 절터에 자리잡게 된 것이다.[17] 구감영에서 가장 심각한 문제가 된 것은 하천의 범람으로 인한 수재였고 이것이 신감영 건축의 불가피한 이유가 되었다. 제민천변 대통사지의 이같은 수재는 백제나 신라시대에 비하여 제민천의 하상(河床)이 매우 높아진 결과라고 생각된다. 신감영은 구감영으로부터 수재를 피할 수 있는 위치로 이전한 것이다. 이렇게 보면 공주의 충청 감영을 봉황산 아래에 위치케 한 것은 결국 대통사지의 존재로 말미암은 것이었다.

3. 선화당과 포정문

봉황산 아래 동향하고 있는 감영 건물의 구성은 실제로 매우 복잡하다.[18] 그러나 지도상에서는 관찰사의 집무청인 선화당(宣化

---

17) 대통사지에 대해서는 1999년도 공주대박물관에서 당간지주 일대를 발굴조사를 실시한 바 있으나, 유구의 검출이 이루어지지 않았다.(이남석 외, 『대통사지』, 공주대박물관, 2000) 이 사실은 백제시대의 대통사지가 현재 당간지주 부근이 아닌, 이보다 북측의 주택지, 공주대부고 정문 앞쪽이라는 심증을 굳히는 것이다.

堂)과 포정사문루(布政司門樓), 그리고 진휼청(賑恤廳)에 해당하는
진고(賑庫)만이 나타난다.

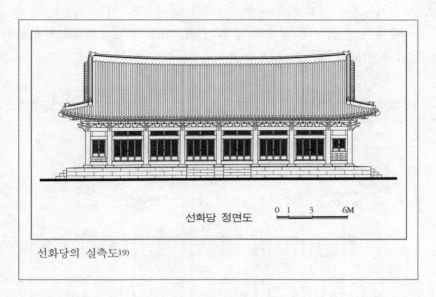

선화당 정면도

0 1   3   6M

선화당의 실측도19)

선화당은 조선시대 충청감영의 동헌으로서, 정면 8칸 측면 3칸
으로 구성된 웅장한 건축물이다.20) '선화'라는 이름은 관찰사의 임
무인 "백성들의 풍속과 고락을 관찰하고 왕화를 펼친다"는 '觀民
風俗 察民苦樂 宣布王化'에서 나온 것으로, 조선시대 각 감영의 동
헌을 이르는 일반 명칭으로 되었다. 1932년까지 충청남도 도청으

---

18) 공주 감영의 건물 구성은 철종조의 『공산지』에 자세하다. 이에 대해서는 윤용
혁, 「조선조 공주고지도 5종의 비교분석」 『백제문화』18·19 합집, p.103의 표3
참조

19) 이왕기, 「충청감영과 공주목동헌」 『공주 충청감영터』, 공주대 백제문화연구소,
2003, p.120에서 옮김.

20) 선화당의 규모에 대해서는 『공주감영읍지』에 20칸이라 하였으나 『공산지』에
서는 24칸으로 되어있다. 현재 복원된 건물은 정면이 8칸인데, 다만 양측칸이
반 칸으로 구성되어 있다.

로 사용되었으나 도청의 대전 이관 이후인 1937년 동월명대(東月明臺)의 높은 대지(臺地)로 건물을 이전하여 현재의 국립공주박물관 건물 신축 이전까지 공주박물관의 전시실로 이용되었다. 현재는 공주시 웅진동에 공주목 동헌 건물, 포정사 문루와 함께 선화당이 복원되어 있다.

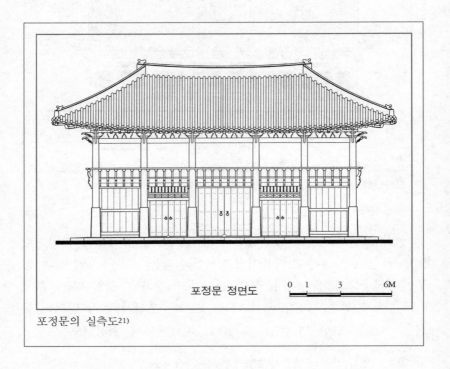

포정문 정면도

0 1   3   6M

포정문의 실측도[21]

　　포정사 문루는 정면 5칸, 측면 2칸 규모의 충청감영 문루로서 선화당의 건립과 같은 때인 1707년(숙종 33)에 건축된 것이다. 문루가 선화당과 같은 시기에 만들어진 것은 18세기 『공주감영읍지』

───────────────

21) 이왕기, 위의 글, p.129에서 옮김.

(公廨條)에 '내삼문 밖'이라는 위치와 함께 이미 기록에 등장하고 있는 것에서 알 수 있다. 포정사 문루의 명칭은 그동안 흔히 '포정사'라는 명칭으로 통용되었다.[22] 이점은 「공주목지도」에서도 마찬가지로 되어 있다. 그러나 엄격히 말하면 이같은 명칭은 적절하지 못하다. 왜냐하면 '포정사(布政司)'라는 이름은 '다스림을 펴는 관아'라는 뜻으로서, 다름 아닌 감영 자체를 가르키는 용어이기 때문이다. 즉 포정사는 충청감영 전체를 지칭하는 말로서 그 문루의 이름은 될 수 없는 것이다.

「공주읍지도」에서 문루를 '포정사'라한 것은 '포정사 문루'의 줄임말이라고 보아야 한다. 이와 관련하여 『공주감영읍지』에서 이를 지칭하여 '포정문루(布政門樓)'라 하였고, 18세기 『여지도서』 충청감영조에서는 '포정사 문루'라 하고 있다. '포정 문루' 혹은 '포정사 문루'가 정확한 명칭인 것이며[23] 만일 이를 조금 더 풀어 쓴다면 '충청감영 문루' 정도로 명명할 수 있다. 이렇게 보면, '포정사 문루'는 건물의 고유 명칭이기보다는 일반적인 지칭이라 할 수 있다.[24] 아마도 문루에는 '포정사'라는 현액(懸額)이 있었으리라 생각되는데, 이는 본 건물의 명칭으로서가 아니라 '충청감영'의 간판으로 걸려진 것이었다고 이해되어야 할 것이다.

「공주목지도」의 그림에서는 감영건물 배치의 상세한 내용을 알

---

22) 『공주군지』, 1957, 제1편 12장 ; 백제문화연구소, 『백제문화권의 문화유적 - 공주편 - 』, 1979, p.39 ; 백제문화개발연구원, 『충남지역의 문화유적 - 공주군편 - 』, 1988, p.487
23) 『여지도서』(강원도 감영)에 의하면, 원주 소재 강원 감영의 경우 감영의 문루로서 역시 '포정루'라는 이름의 건물이 등장하며 충청도 대흥(예산)의 경우 문루는 아니지만 관아에 시설된 누정의 이름이 '포정루'였다.
24) 관아의 문루는 때로 문루의 고유명이 붙여지기도 하고, 고유명 없이 일반적 명칭으로 통용되기도 하였던 것같다. 가령, 아산 관아의 문루가 '여민루(濾民樓)'였는데 비하여 이웃 온양의 문루는 그냥 '온양아문(溫陽衙門)'으로 현액이 되어 있다.

수 없다. 그러나 포정사 문루는 선화당으로부터 동쪽 전면(前面)으로 한참 떨어져 대통교와 가깝다는 것이 강조되어 있다. 이는 포정사 문루와 선화당 간에 직선의 도로까지 표시한 것에서도 나타난다. 그리고 문루의 주변은 민가들이 밀집되어 있는데 이로써 보면 포정사 문루는 감영 건물들로부터 돌출하여 대로상(大路上)에 있었다. 아마도 그 위치는 현재 공주대부고 정문과 제민천의 중간쯤에 해당하는 것으로 보인다. 이같은 문루의 위치는 감영의 건물 배치상에서 볼 때 너무 지나치게 앞으로 돌출한 느낌이 없지 않다.

『충청감영읍지』에 의하면 선화당 앞에 관문(官門)으로서 내삼문(內三門)이 있고, 『여지도서』에서는 내삼문과 함께 '중삼문(中三門)'까지 기재되어 있다.[25] 이로써 보면 당시 충청감영은 외문(外門)으로서의 포정문루와 함께 삼문으로 된 중문(中門)과 내문(內門)을 갖춤으로써 선화당까지는 3개의 문을 통과하도록 되어 있었다. 외문인 포정문루가 시내쪽으로 돌출하여 있는 것도 3개의 문을 시설한 이같은 구조와 관련이 있음을 알 수 있다.

충청감영 건물에서 선화당에 이르기까지 3개의 문을 통과하도록

한말의 포정사 문루 사진

되고, 외문의 문루인 포정사 문루가 밖으로 돌출하게 된 것은 구감영터와의 관련 때문인 것같다. 즉 포정사 문루는 구감영터의 공간을 이용하여 지은 것이었고, 이 때문에 이곳에서 선화당까지 거리감이 있게 되었으며 이러한 거리감을 다시 중문과 내문을 시설함으로써 감영의 위관(偉觀)으로 변형 시켰던 것이다. 외문루인 포정사 문루 주변의 구감영터에는 그후 민가가 들어서게 되어 결과적으로 포정사 문루가 감영의 다른 건물에 비해서 앞으로 너무 돌출한 느낌을 주게 된 것 같다.

일제 시기의 사진에 의하면 포정사 문루는 통로가 되는 중앙칸이 약간 넓은, 전면 5칸의 큰 규모로 되어 있으며 기둥의 하반부는 4각의 석주(石柱)를 사용하고 있다. 누마루에는 매우 화려하게 손질된 난간을 갖추고 있으며 향좌측(向左側)에 누마루에 오르는 계단을 시설 하였다. 지붕의 경우는 용마루에 치미를 설치하여 건물의 위관을 높이고 지붕의 끝은 막새기와를 사용하여 마감하였는데 우진각의 지붕을 하여 용마루를 길게 내리 뻗었다.

포정사의 문루는 일제때에 '금남루(錦南樓)'라는 이름으로 개칭되어 상층의 구조에 유리창을 시설하여 충남 도청의 사무실로 사용하였다. 1932년 도청의 대전 이관으로 민가중에 돌출된 이 건물은 교동으로 옮겨졌으며 금남사(錦南寺)라는 절로 사용되었다. 그리고 이때 건물을 옮기면서 아예 하층부분을 생략한 채 상층만 살리고 개조하여 일반 건축물의 공간으로 사용 되었던 것이다. 1953년부터 한동안 공주중앙감리교회 예배당, 공주군청의 사무실 등으로 사용되다가 1993년 건물을 다시 복원하여 웅진동에 선화당과 함께 배치하고 있다.[26]

---

26) 웅진동에는 감영 건물(선화당, 포정사 문루) 이외에 공주목의 동헌을 한 구내에 복원하고 건물의 배치와 무관한 위치에 삼문을 시설함으로써, 그 역사적

4. 공산성의 연못(挽河池)

공산성은 백제시대 왕도의 거성이었지만, 조선시대 말기까지 군사적 기능을 수행하였고, 특히 임진왜란 이후 공산성의 군사적 중요성이 주목되었다. 1624년 이괄의 란 때 인조임금이 공주 공산성에 1주일동안 머물렀던 사건은 다름 아닌, 이 시기 공산성의 군사적 평가를 반영하는 것이라 할 수 있다.

충청감영시기 공산성에 만들어진 대표적인 유적이 영은사 앞의 연못(연지)이다. 이 연못은 1982년 공주대 박물관(관장 안승주 교수)에 의하여 발굴되어 세상에 빛을 보게 되었다.[27] 처음 이 연못이 발굴되었을 때에는 백제시대에 조성된 연못으로 추측되었던 것이 사실이나, 그후 이 연못의 조성에 대한 『여지도서』의 기록이 확인됨으로써 이 연못이 영조 30년(1754)에 충청도 관찰사 김시찬(金時粲)에 의하여 조성된 것임이 분명해지게 되었다. 관련 기록을 인용하면 다음과 같다.

> 진남관 앞에 못이 하나 있는데, 둘레가 64장, 깊이 2장이다. 건륭
> 갑술년(1754: 영조 30) 감사 김시찬이 성 안에 물이 없음을 염려하여

성격이 혼잡되어 있다. 백제문화권 개발의 일환으로 인근에 공주문화 관광단지의 조성이 계획되어 있는 바, 단지 조성과 관련하여 공주목 동헌건물을 별도구역으로 배치하는 것을 고려하면 어떨까 한다. 공주목 동헌의 원위치(공주의료원 부근)에 아직 약간의 부속건물이 민가로 사용되고 있는데 이러한 건물이 없어지기 전에 감영과 별도로 공주목 동헌을 복원하는 것이 필요하다고 생각한다.

27) 영은사 앞 연못의 존재는 1980년 공주대 백제문화연구소의 공산성 성내 유적조사에서 안승주 교수에 의하여 처음 확인되었으며, 1982년에 이에 대한 전면 발굴 조사가 이루어졌다. 그러나 이에 대한 조사보고서(공주대 박물관, 『공산성 지당』, 1999)는 주변의 다른 유구(백제 연못, 암문지 등)의 조사 결과와 함께 이남석 교수에 의하여 정리되어 1999년에야 간행되었다.

수구문 밖에 못 하나를 파고 강물을 끌어들였는데, 둘레가 50장, 깊이가 7장이며, 외성을 쌓았다. (중략) 연못 가에 만하루(6칸)를 건축하였다. (『여지도서』 충청도 관찰영)

짧지만 『여지도서』의 위 기록은 영은사 앞 연못에 대한 몇 가지 중요한 사실을 전하고 있다. 첫째, 연못의 조성은 1754년 충청 관찰사 김시찬에 의하여 추진된 것이다. 둘째, 연못의 조성은 "성 안에 물이 없음을 염려하여" 이루어진 것으로, 이것이 종교적 혹은 조경용의 것이기보다는 성안에서 필요한 용수(用水)의 공급을 위한 것이었다. 셋째, 1754년 이 연못이 조성되기 이전에는 진남관 앞, 즉 공북루 부근에 있는 연못이 그 기능을 담당하고 있었다. 이상과 같은 사실에 의거할 때 영은사 앞의 연못은 당시 성안에 주둔하고 있던 중군(中軍)의 용수 공급을 위하여 1754년 관찰사 김시찬에 의하여 조성된 것이었다.

한편 『동국여지승람』에 의하면, 15, 16세기 공산성 안에는 우물 셋과 하나의 연못이 있었다. 이 연못이 바로 공북루 부근의 연못임이 분명하다. 그러나 18세기 당시 둘레 64장, 깊이 2장의 이 연못은 사실상 용수 공급 기능의 한계에 직면해 있었다. "가물면 물이 마른다"고 한 것이 그것이다.[28] 공북루 일대는 중군영의 본부(진남관)를 비롯하여 제반 군사적 시설이 밀집하여 있었고, 시간이 경과함에 따라 토사의 집적이 심화되어 용수의 저수 기능을 상실하게 되었던 것이다.

김시찬은 공북루 앞의 연못을 대체하는 연못을 영은사 앞에 새로 개착한 것인데, 이 연못은 강물과 연결되어 있는 곡간지(谷間地)의 입구를 석축으로 막고 연못을 돌로 구축한 것이 특징이다.

---

28) 『여지도서』 충청도 공주목 성지조

특히 연못의 물은 산 위에서 흘러내린 유수(流水)를 집수(集水)하는 것이 아니고 '인입강수(引入江水)' 즉, 강물을 끌어들인 것이었다. 즉 금강의 물이 토축과 석축의 축대를 통과하여 연못에 '인입(引入)' 되었던 것이었으며, 그 과정에서 아마 금강물은 자연적인 여과장치를 통과하는 효과가 있었던 것 같다. 연못과 금강물 사이, 즉 연못의 둑 위에는 누정 건물 1채를 건립하여 조경적 효과를 함께 노렸는데, 이 누정의 이름이 '만하루(挽河樓)'이다. '강물을 끌어들였다'는 의미이고 보면, 강물을 이용한 이 용수 공급의 아이디어는 스스로 기발한 착상으로 평가되었던 것 같다. 금강물이 마르지 않는 한, 용수의 문제를 걱정할 필요도 없었을 것이니, 그동안 용수문제가 공산성의 숙원의 문제였음을 짐작하게 한다.29)

영은사 앞 연못(이하, 만하지)은 연못의 바닥에까지 이를 수 있는 계단통로가 동서 양측에 시설되어 있는데, 이는 이 연못의 조성 목적이 무엇보다도 용수 공급 때문이었음을 잘 말해주고 있다. 연못의 바닥도 판석으로 깔았으며, 종종 침전물을 정리하여 청정한 물을 확보하기 위한 노력을 기울였던 것 같다. 이 때문에 발굴 당시 기대하였던 바닥에서의 유물 확인은 불가능하였다.30)

만하지의 조성은 아이디어로서는 가능한 것이었지만, 연못 조성의 공사 자체는 쉬운 것이 아니었다. 깊이가 7장, 둘레가 50장이라 하였는데, 발굴 후의 실측 결과에 의하면 동서 22m, 남북 11.5m에(대략, 둘레 67m에 해당), 상면에서 바닥까지의 깊이가

---

29) 이 연못은 이름이 전하지 않는다, 아마 원래부터 연못의 이름이 지어지지 않았던 것 같다. 이 때문에 발굴조사보고서에서는 '지당(池塘)'으로, 지정문화재(도 기념물 42호)의 명칭은 '공산성 연지'로 되어 있다. 필자는 이 연못의 이름을 지금이라도 명명하였으면 하는 생각이다. 그럴 경우, 연못의 이름은 당연히 '만하지(挽河池)'가 된다.

30) 연못의 발굴조사 당시 필자는 조사원의 1인으로 작업에 참여하여 발굴의 전 과정을 소상하게 볼 수 있었다.

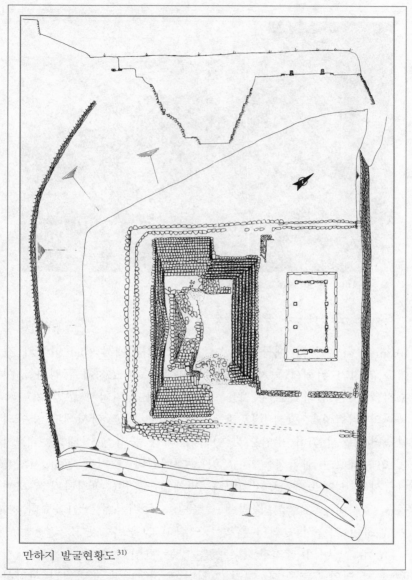

만하지 발굴현황도 [31]

---

31) 이남석, 『공산성지당』, 공주대박물관, 1999에서 옮김.

복원 정비 이후의 만하지와 만하루 전경

10.2m나 되고 있기 때문이다. 이 정도의 평면에서 10m 이상의 깊이를 가지기 위해서는 자연 연못 벽체(護岸)의 조성이 급경사를 이루지 않으면 안되었고, 이것은 공사시의 사고 위험성 뿐만 아니라, 붕괴의 위험성을 항시 내포하는 것이었다. 발굴 당시에도 호안의 남측벽(영은사쪽)이 토압으로 인하여 배가 불러진 상태였는데, 이는 안전사고의 위험성을 안고 있는 것이었다. 그만큼 공사 자체가 난공사의 성격을 가진 것이었다. 벽체의 도괴를 방지하기 위하여 돌을 축석하는 호안석의 벽체는 층단을 두어가며 쌓아올렸다. 이를 통하여 기술적 고심의 흔적을 역력히 읽을 수 있다.

　　10여m 깊이의 급격한 경사면을 갖는 호안 벽체를 유지하는 것은 쉽지 않았을 것이다. 그리고 일단 축석상태가 교란되기 시작하면 거의 손을 쓰기 어려운 문제점이 있었다. 연지가 폐쇄된 것은 홍수 등의 요인으로 남측 벽이 토압으로 불러오면서 안전의 위험 때문에 용수 공급처로서의 사용이 불가능해진 때문인 것 같다. 그리고 비교적 짧은 기간에 홍수로 유입된 토사에 의하여 연못은 매몰된 것으로 보인다.

만하지는 조선시대 성벽의 외곽, 즉 '수구문 밖'에 조성되었다. 원래는 이 성벽의 안쪽에 연못이 있었으며 그 범위는 영은사 경내에까지 미친다. 성벽 안쪽의 이 연못은 백제시대 조성의 것이며, 통일신라시대의 금동불상이 발굴 중도에 출토된 것으로 짐작하면, 아마 통일신라기에는 이 연못이 매립되어 조성된 대지 위에 영은사와 같은 작은 절이 조성된 것으로 추측된다. 백제 동성왕이 왕 22년(500) 궁궐 부근에 조성하였다는 연못이 이에 해당하는 것이 아닌가 생각된다.

맺는말

본고는 1602년 충청감영의 공주 개영, 1707년 신감영 건물의 완공 등을 중심으로 충청감영의 역사를 간략히 정리하는 한편 감영관련 주요 시설인 선화당, 포정문 등 복원된 건물의 개요, 그리고 충청감영의 중군영 관련 시설이라 할 공산성내의 연못(만하지)의 조성에 대한 사정에 대하여 고찰하였다.

충청감영의 옛터는 현재 교육시설과 주택지 등으로 변모하여, 과거의 흔적을 거의 상실하였으며, 옛터에 남은 얼마간의 석물들도 돌아보는 이 없이 방치된 지 오래였다. 근년 감영의 공주개영 400주년과 관련하여 이에 대한 최소한의 자료 정리와 관련 유구의 현황 파악 등이 가능했던 것은 그나마도 다행한 일이었다. 그럼에도 불구하고 이들 옛터의 보존, 그리고 현재의 시민생활과의 자연스러운 접합을 어떻게 가능하게 할까하는 커다란 과제를 남기고 있다. 웅진동에 복원한 감영 관련 건물 및 공주목 관아 등도 실상 거의 새로 만들어진 것인데다 장소의 역사성 문제 등으로 시민들과는 거의 유리되어 있는 것이 사실이다. 이와 관련하여 옛 감영터와 공주목 관아의 현지 복원의 구상도 제기되고 있다. 그러나 막대한 예산상의 부담 및 이의 활용 방향을 생각하면, 간단히 추진할 수 있는 사업은 아니다.

이같은 실정에서 현재의 단계에서는 현지에 대한 충실한 보존, 관련 유구와 자료의 확보 및 이를 교육자료로서 활용하는 것이 중요하다는 생각이다. 현재의 상태를 조금만 더 보완하더라도 이를 적절한 지역 교육자료로 활용하는 것은 충분히 가능한 일이다. 동시에 이제는 주택이 밀집된 대통사 옛터에 대한 관심을 지속적으로 갖는 일은 매우 중요하다. 이 지역은 고대 이래 공주의 역사가 가장 함축된 공간의 하나이며, 지하에 아직 일정한 자료의 포함 가능성이 높기 때문이다. 도시의 재개발 혹은 재건축과 관련하여 향후 면밀한 주의와 관심이 요구되는 것이다.[*]

---

* 공주대학교 문화재보존과학연구소, 『문화재과학기술』4, 2004에 실린 것임.

공주 고지도의 비교 분석
- 공주 문화유적의 탐색과 관련하여 -

머리말

공주는 백제시대 도읍기를 거쳐 신라, 고려, 조선 일대에 이르
는 1천 수 백년 동안 호서지방의 중심도시로서 정치적 혹은 문화
적으로 매우 중요한 기능을 담당하였고, 이 때문에 백제를 비롯한
각 시대의 여러 사적들이 다수 분포하게 되는 결과를 가져왔다.
그러나 이들 유적의 내용을 알려주는 문헌기록은 극히 희소하다.
따라서 단편적인 것이기는 하나 조선조의 지지(地誌), 읍지류(邑誌
類)의 기록은 귀중하게 사용되어질 수밖에 없다.

필자는 기왕에 조선조의 가장 대표적인 공주읍지인『공산지(公
山誌)』의 내용을 검토한 적이 있거니와, 그 과정에서 특히 읍지에
부착된 지도의 중요성에 착안하게 되었다. 지도는 문자기록으로만
알 수 없는 또 다른 지식을 공급하여 주기 때문이다. 그러나 당시
의 지도는 오늘날의 현대지도에서와 같은 엄격한 축적이 적용되지

않았기 때문에 마치 동양화의 화법과도 같이 원근이 무시될 뿐 아니라 위치의 표시도 반드시 정확하지가 않다. 이러한 문제점으로 인하여 만일 여러 지도를 함께 참조할 수 있다면 당시 각종 건물 유적의 상황을 보다 종합적으로, 정확하게 파악하는 것이 가능하다고 하겠다.

조선조의 읍지에 수록된 공주지방의 고지도는 모두 18, 9세기의 것으로서

1) 『여지도서(輿地圖書)』 공주목조의 공주목지도(영조 36년경 : 1760)
2) 『충청도읍지(忠淸道邑誌)』중 공주목읍지의 공주지도(정조년간)
3) 『공산지(公山誌)』의 공주지도(철종 10년경 : 1859)
4) 『충청도지도(忠淸道地圖)』중의 공주목지도(고종 9년 : 1872)
5) 필사(筆寫)『공산지(公山誌)』의 공주지도(1900년경 전후)

등을 들 수 있다.[1] 이들 지도는 제작 시기의 간격이 크지 않다는 점에서 아쉬운 점이 있기는 하지만 18, 9세기 시기에 따른 일정정도의 변화에 대한 파악을 가능케 한다. 더욱이 이들 지도의 기재 내용을 비교하게될 경우, 당시의 유적상황에 대한 지식을 보다 명확히 하는데 도움을 받을 수 있게 될 것이다.

1. 공주지도 5종의 내용

1) 『여지도서(輿地圖書)』의 공주목지도(지도 1)

『여지도서』는 영조조에 왕명에 의해 전국 각 관읍에서 편집하

---

1) 이중 「공주목지도」는 충청도지도 들어 있는 것으로 읍지소재와는 관련이 없다.

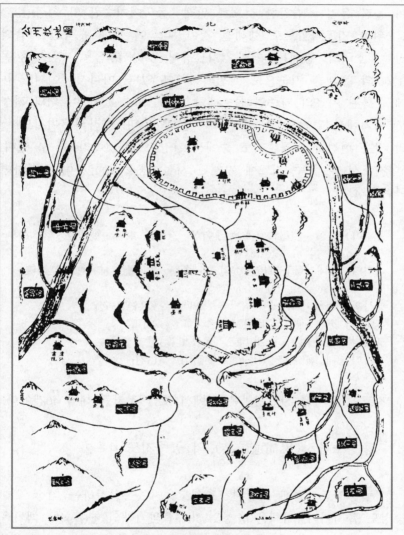

지도 1. 『여지도서(輿地圖書)』의 공주목지도

여 올린 읍지를 편찬한 것으로 원래『동국여지승람』의 속성(續成)을 위한 기초작업으로 행해진 것이었다. 이 책에 수록된 각읍의 전결·호구의 통계는 거의 '기묘장적(己卯帳籍)' 즉 영조 36년 (1760)의 통계를 기준으로 작성되어지고 있다. 따라서『여지도서』에 수록된 자료의 기준연대는 대략 1760년이고 실제 이 책의 편성도 여기에서 멀지 않은 시기임을 알 수 있다. 따라서『여지도서』의 것은 현전하는 공주지도 중에서 가장 오랜 것이라 할 수 있다. 『여지도서』의 공주 지도에 기재된 시설내용을 분류하여 정리하면 다음과 같다.

〔관아〕 監營·觀風樓·布政司(이상 감영), 東軒·被香堂·客舍(이상 邑衙), 鎭營(6건)
〔기타 부내건물〕 鄕校·香射堂·將臺·大同廳·補役廳·製錦樓·熊津祭壇(7건)
〔사찰〕 岬寺·神院寺·東學寺·普門寺·麻谷寺(5건)
〔창고〕 東倉·西倉·南倉·北倉·儒倉(5건)
〔서원〕 忠賢書院·滄江書院·道山書院(3건)
〔기타〕 利仁館·高燈山烽燧·雙嶺山烽燧(3건)

지도에 표시된 시설항목은 위에서 보는 것처럼 대략 40건이다.

2) 『충청도읍지(忠淸道邑誌)』의 공주지도(지도 2)

국립중앙도서관에 소장된『충청도읍지』는 현전하는 거장 오랜 충청도 읍지이다. 이책은 충청도 50개읍과 1개의 진(鎭)을 1책 1읍으로 분책(分冊)함으로써 도합 51책으로 구성되어 있다. 각 읍지의 체재는 통일되어 있지 않으며, 이는 이들 읍지의 편찬시기가 같지

않은 점과 관련이 있는 것 같다. 『충청도읍지』 제 21책인 「공주목
읍지」의 편찬도 대략 1800년을 전후한 정조(혹은 순조 초년)년간에
이루어진 것이라 볼 수 있다.2) 『충청도읍지』중의 「공주목읍지」를
대략 정조조로 보게 될 때에 이 자료는 『여지도서』(영조조)와 『공
산지』(철종조)에 이르는 중간 시기의 것이 된다.

　「공주목읍지」에 수록된 공주지도는 전체적인 구도로 보아, 『여
지도서』의 공주지도와 유사한 느낌을 준다. 이는 「공주목읍지」의
지도가 만들어질 때 『여지도서』의 공주지도가 참작되었음을 암시
하고 있는 것이다. 「공주목읍지」의 공주지도에 수록된 내용을 정
리하면 다음과 같다.

　　〔관아〕宣化堂・觀風樓・布政司・裨將廳・營庫(이상　감영),　本
　　　　　官・三門・東軒・被香堂・客舍
　　　　　　　(이상 邑衙), 鎭營・將臺・訓練廳・鍊武廳・賑恤廳(15건)
　　〔기타 부내건물〕鄕校・社稷壇・祠堂・熊津祭壇・鄕廳(5건)
　　〔공산성내　건물〕鎭南門・拱北樓・東門・西門・中營・在家廳・將
　　　　　臺・司倉・軍餉庫・望月寺・靈隱寺・挽阿樓・水門・雙樹
　　　　　亭・後樂亭(15건)
　　〔사찰〕西穴寺・南穴寺・水原寺・東學寺・岬寺・神院寺・麻谷寺
　　　　　・栗寺・普門寺・靈泉寺(10건)
　　〔창고〕東倉・西倉・南倉・北倉・儒倉(5건)
　　〔서원〕忠賢書院・滄江書院・道山書院・蓼堂書院(4건)
　　〔기타〕利仁館・胎峰・高燈山烽燧・雙嶺山烽燧(4건)

---

2) 『충청도읍지』의 연대를 추정하는데 있어서 중요한 암시를 주는 것은, 이들 읍
　지중 회덕(懷德)과 진잠(鎭岑)의 경우 '丙午五月圖與誌成'(1786 : 정조 10) 혹은
　'乙丑五月誌成'(1805 : 순조 5)이라는 제작시기가 밝혀져 있는 점이다. 양보경
　은 이 「공주목읍지」의 제작을 정조조로 추정하였다. 양보경 「충청도읍지 해제」
　『읍지-충청도편①』 아세아문화사 편, 1984, p.5

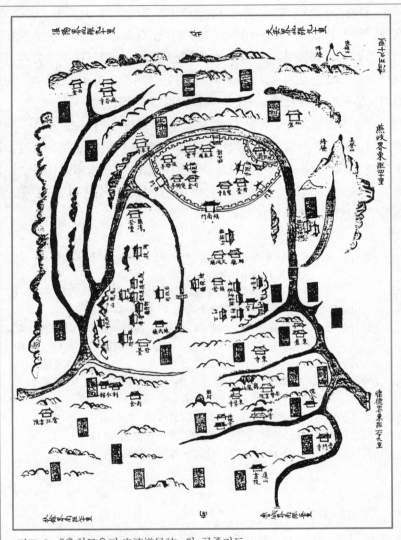

지도 2. 『충청도읍지(忠淸道邑誌)』의 공주지도

이상, 지도에 게재된 시설은 도합 58건으로서, 『여지도서』의 40건에 비할 때 훨씬 상세하게 기재하고 있음을 알 수 있다. 특히 관아건물과 공산성내의 시설물들이 보다 상세히 나타나 있어 일정한 자료로서의 가치를 가지고 있음을 짐작할 수 있다.

3) 『공산지(公山誌)』의 공주지도(지도 3)

철종 10년(1859)에 간행된 것으로 보이는 『공산지』는 전 6권 2책, 약 160장의 분량으로서, 이전의 읍지와는 비교가 되지 않는 많은 분량이다. 목활자본의 사찬읍지이며, 개별읍지로서는 공주에서 가장 오랜 것이라 할 수 있다. 그러나 분량의 방대함에도 불구하고 상당분량을 견역청(蠲役廳) 혹은 민역청(民役廳)의 민고(民庫) 관계 문서, 영문선생안(營門先生案)·도사선생안(都事先生案)·읍선생안(邑先生案)과 같은 역대 지방관의 명단, 그리고 인물편의 대폭적 증가 등으로 채우고 있어서, 기왕에 기재된 읍지의 내용을 기대만큼 크게 보충하고 있지는 못하다.

『공산지』의 공주지도는 32.7×21.6cm 크기의 목판에 판각, 인쇄한 것인데 지도의 모양은 전체적으로 정조조의 「공주목읍지」지도와 흡사하여 이 판각이 바로 정조조 읍지의 지도를 기본적으로 모각(模刻)한 것임을 짐작케 한다. 지도는 기재사항도 「공주목읍지」와 큰 차이는 없다. 그러나 이후의 비교를 위하여 기재내용을 분류 정리하면 다음과 같다.

〔관아〕 宣化堂·觀風樓·布政司·裨將廳·營庫(이상 감영), 本官
·三門·東軒·被香堂·大同廳·客舍(이상 牧衙), 右營·
將臺·賑恤廳(14건)

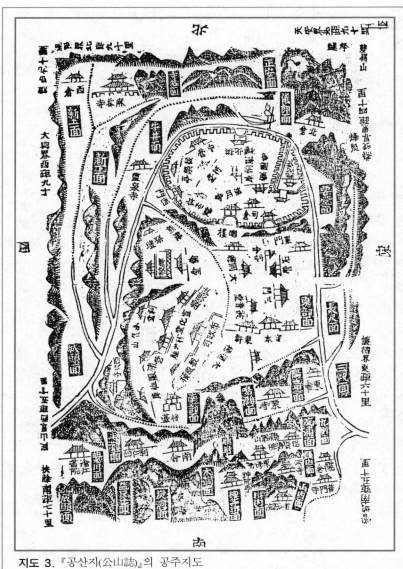

지도 3. 『공산지(公山誌)』의 공주지도

〔기타 부내건물〕鄕校 · (明)倫堂 · 社稷壇 · 祠堂 · 祭壇 · 大通橋(5건)
〔공산성내　건물〕(鎭)南樓 · 拱北樓 · 東門 · 西門 · 中營 · 將臺 · 司
　　　　　　倉 · 軍餉庫 · 望月寺 · 靈隱寺 · 挽阿樓 · 雙樹亭 · 後樂亭(15
　　　　　　건)
〔사찰〕西穴寺 · 東學寺 · 岬寺 · 神院寺 · 麻谷寺 · 栗寺 · 普門寺 ·
　　　　靈泉寺(8건)
〔창고〕東倉 · 西倉 · 南倉 · 北倉 · 儒倉(5건)
〔서원〕忠賢書院 · 滄江書院 · 道山書院(3건)
〔기타〕利仁館 · 雙嶺山烽燧(2건)

지도의 기재 시설은 도합 51건으로서 『여지도서』에 비해서는
많은 것이지만 「공주목읍지」 지도의 58건에 비할때는 간략해진 것
이다. 이것은 『공산지』의 지도가 읍지의 것을 본뜬 것이면서도, 판
각이라는 기술적 한계 때문에 자연 기재사항이 소략해질 수밖에
없게 된 것 같다. 『공산지』의 지도에 오류가 많이 발견되는 것도
역시 판각이 갖는 문제와 관련이 있는 것으로 생각된다.

4) 『충청도지도』중의 공주목지도(지도 4)

규장각에 소장된 『충청도지도』 53장중의 일부인 공주목지도는
크게 표지, 지도, 부기(附記) 사항의 3부분으로 구성되어 있다.3) 맨
앞의 표지에는 「공주목지도」라는 제목이 있고, 제목에 이어 작은
글씨로 '임신조하(壬申肇夏)'라 하여 지도의 연대를 밝히고 있다.
지도는 채색묵필(彩色墨筆)로 제작된 것으로, 인쇄용의 것보다 지

───────────────

3) 이 공주목지도는 유승종에 의하여 처음 소개되었고(유승종, 「공주지방의 읍지
　편찬」, 공주사대 교육대학원, 1988) 필자 역시 비슷한 시기에 이 지도의 특징
　과 연대, 가치 등에 대하여 별도로 정리하여 발표한 바 있다.(윤용혁, 「공주목
　지도에 대하여」『웅진문화』1, 1988)

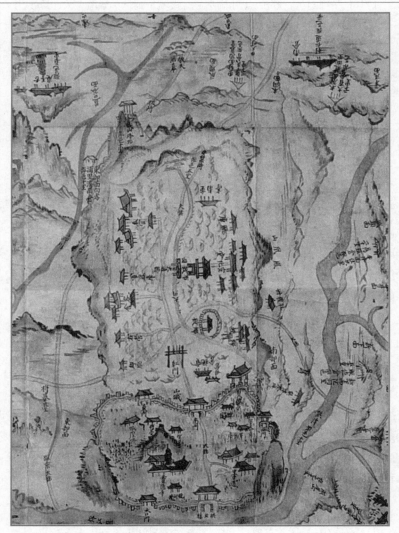

지도 4. 『충청도지도』중의 공주목지도

형 등의 묘사를 세세히 하고 있다. 특히 계룡산 주변의 경관은 마치 산수화를 방불하는 매우 인상적인 그림으로 마치 하나의 아름다운 한국화 그림을 보는 것 같다.

지도의 기본 성격은, 지방행정의 편의를 도모하기 위한 일종의 행정지도라는 점이다. 이 때문에 이 지도에는 행정관련 사항이 비교적 소상히 나타나 있다. 면이름 이외에 관아, 창고, 거리 등이 지도에 표시되어 있는데, 특히 각종의 창고, 사창과 같은 사회경제적 시설이 자세히 기입된 점이 특기할 만하다. 창고를 비롯한 주요시설에 대해서는 소재지(리명)와 관아로부터의 거리까지 기입해두고 있다. 이제 앞의 경우와 같이 지도에 표시된 주요시설의 항목을 정리하면 다음과 같다.

〔관아〕 宣化堂・布政司・賑庫・本官・軍器庫・客舍・右營・鄕獄・貢稅倉・司倉(10건)
〔기타 부내건물〕 重南亭・鄕校・社稷壇・祠堂・大通橋・紅門・鄕廳(5건)
〔공산성내 건물〕 拱北樓・東門・西門・南門・水門・中軍營・將臺・軍餉庫・雙樹亭・碑閣・城隍壇・望日寺・靈隱寺(13건)
〔사찰〕 東學寺・岬寺・神院寺・痲谷寺・招魂閣・一柱門(6건)
〔부외 창고〕 東倉・西倉・北倉・儒倉・汾倉・濟南倉(向孝浦里)・賑德倉(院洞里)・惠儲倉(葛山里)・萬世倉(知足里)・太平倉(上坪里)・乃興倉(高水亭里)・永裕倉(石三洞里)・大有倉(龍城里)・寧民倉(酒幕里)・鼎殖倉(佳狀里)(15건)
〔기타 시설〕 熊津祭壇・(鷄龍)祭壇・月城山烽坮・高燈山烽坮・雙嶺山烽坮・廣酒幕・敬天酒幕(7건)

위에서 알 수 있는 것처럼, 이 「공주목지도」에 표시된 시설은 도합 57건이나 되어 공주지도 5종 가운데 가장 풍부한 기재사항을 담고 있다. 행정적인 필요와 관련하여 작성되어진 것으로 보이는 이 지도는 기록의 정확도나 세밀성에 있어서도 가장 나은 것으로 판단된다. 뒤에서 언급될 것이지만 이 지도에는 다른 지도에서 볼 수 없는 내용이 나타나기도 하여, 공주지방의 사적 연구에 유용한 가치를 가지고 있다.

이 지도의 제작 시기에 대해서는 지도의 표지에 '임신조하(壬申肇夏)', 즉 임신년 초여름이라고 되어 있다. 그러나 이 임신년이 어느 해를 가리키는지는 보다 세밀한 검토가 필요하다. 필자의 고찰로서는 이 임신년은 고종 9년(1872)이다.[4] 지도의 제 2면 좌측에는 지도의 내용을 보완하는 내용의 참고사항이 기재되어 있다. 기재내용을 전체적으로 보면 이것은 지도에 표시된 항목에 대한 간략한 부연설명의 성격을 가지고 있다.[5]

5) 필사(筆寫) 『공산지』의 공주지도(지도 5)

필사본 『공산지』는 철종조의 『공산지』를 필사한 것으로 규장각 소장본이다.[6] 『공산지』를 거의 그대로 베껴쓴 것이지만, 그러면서도 제 3권 중에는 「송탄충절사기(松灘忠節祠記)」와 「금호서원기(錦湖書院記)」라는 2건의 기문(記文)을 새로 끼워 넣은 사실이 발견된다. 또한 첨부한 지도는 『공산지』의 지도와 차이가 있다. 지도는 필사자가 『공산지』의 것을 참고하면서 다시 그린 것인데, 그림에 농담(濃淡)을 표현한 것이 특징이다. 지도의 기재내용은 29건으로 『공산지』보다도 훨씬 소략해지지만 일단 그 내용을 정리하면 다음과 같다.

---

4) 『공주목지도』의 연대 고증에 대해서는 윤용혁, 앞의 「공주목지도에 대하여」, pp.51~53 참조.
5) 지도 부기자료의 원문은 윤용혁, 앞의 「공주목지도에 대하여」, pp.55~56 참조.
6) 규장각 도서번호 10766이며, 필자가 참고한 복사본은 공주향토문화연구회 윤여헌 회장으로부터 제공받았다.

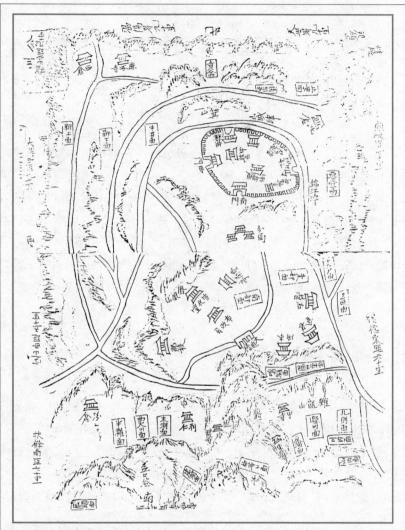

지도 5. 필사(筆寫) 『공산지』의 공주지도

〔관아〕 宣化堂・布政司・本府・客舍・分局(5건)
〔기타 부내건물〕 鄕校・大通橋・重南亭(3건)
〔공산성내 건물〕 西門・南門・拱北樓・中營・雙樹亭・靈隱寺・厲
      壇(7건)
〔사찰〕 甲寺・東鶴寺・神院寺・麻谷寺・古王庵(5건)
〔창고〕 西倉・北倉・汾倉(3건)
〔기타〕 利仁(館)・胎封・烽燧・雙嶺山烽燧(4건)

이 지도의 제작시기는 철종조 『공산지』가 간행된 이후 상당기
간이 경과한 후의 것이라고 보아진다. 『공산지』를 필사해야 할 필
요가 있기 위해서는 이책을 구해보기 어려운 때여야 하기 때문이
다. 이러한 점에서 이 지도의 제작시기는 아마 19세기말, 고종년간
이었을 것으로 보아야 할 것이다. 그리고 앞에서 언급한 고종 9년
(1872)의 「공주목지도」보다 더 늦은 1900년을 전후한 시기에 『공산
지』의 필사자에 의하여 대략 그려진 것으로 생각된다.[7]

2. 지도 내용의 비교 분석

조선조 후기, 한말에 있어서 공주지방의 제반 시설의 내용을
파악하기 위해서는 읍지류의 기록과 지도가 매우 유익하다. 당시
의 공주지도는 18세기 후반 영조조로부터 19세기 말 고종년간에
걸치는 것으로서 제작 시기 혹은 기재상의 차이가 나타나고 있지
만, 상호보완적 자료로서의 성격을 갖는다. 따라서 이들 지도의 상

---

7) 이 지도에서 서원이 전혀 등장하지 않는 것은 이것이 대원군의 서원 철폐령
   (고종 8년, 1871)이후의 것임을 시사하며, '분국(分局)'이라는 명칭의 상당히 근
   대적인 느낌을 주는 기관이 등장하는 것으로 보아 1900년을 전후한 시기의
   것이 아닐까 추측하게 된다.

호대비는 종래 단편적으로 활용됨으로써 야기된 혼란들을 정리할 수 있게 된다. 이제 이들 지도의 비교를 위한 전제로서, 먼저 앞에 제시한 지도 5종의 주요사항을 표로 정리한다.

표 1. 공주지도 5종

순번	지도약호	지도의 출전	제 작 시 기
1	A지도	『여지도서』「공주목」	영조36년(1760)경
2	B지도	『충청도읍지』공주목읍지	정조년간
3	C지도	『공 산 지』	철종10년(1859)
4	D지도	『충청도지도』「공주목지도」	고종9년(1872)
5	E지도	(필사)『공산지』	고종말년(1900)경

이하 지도 명칭은 편의상 약호를 사용하며, 부내의 관아 등, 주요건물, 공산성내의 건물, 사찰 등으로 나누어 지도의 기재사항을 대비, 고찰하고자 한다.

1) 府內의 관아건물

부내의 관아시설은 감영과 읍아를 중심으로 하여 배치되어 있다. 우선 건물의 기재 내역을 지도별로 파악해 보면 다음의 〈표 2〉와 같다.

표 2. 각 지도별 부내 관아건물 기재내역

번호	건 물	A	B	C	D	E	번호	건 물	A	B	C	D	E
1	宣化堂(監營)	○	○	○	○	○	10	軍器庫(廳)	×	×	×	○	×
2	布 政 司	○	○	○	○	○	11	補 役 廳	○	○	×	×	×
3	營 庫	×	○	○	×	×	12	大 同 廳	×	○	○	○	×
4	賑恤廳(庫)	×	○	○	○	×	13	客 舍	○	○	○	○	○
5	裨 將 廳	×	○	○	×	×	14	將 臺	○	○	○	×	×
6	鍊 武 廳	×	○	×	×	×	15	鎭營(右營)	○	○	○	○	○
7	東 軒	○	○	○	○	○	16	訓 鍊 廳	×	○	×	×	×
8	被 香 堂	○	○	○	×	×	17	分 局	×	×	×	×	○
9	三 門	×	○	○	×	×							

표 3. 공주감영의 건물구성(『공산지』2, 「공해(公廨)」)

건 물	규 모	건 물	규 모	건 물	규 모
宣 化 堂	24칸	禮庫該監房	4칸	工 庫 直 房	6칸
燕 超 堂	7.5칸	禮 庫 直 房	2칸	該 監 房	5칸
內 衙	29칸	魚 庫 直 房	2칸	雜 物 庫 直 房	5칸
神 將 廳	20칸	軒	1칸	庫 舍	4칸
都 房 子 房	3칸	祭 物 廳	4칸	營 吏 廳	24칸
公 須	3칸	公 需 廳	12칸	直 房	6칸
門 間	9칸	禮魚庫·雜魚庫	10칸	通 引 房	14칸
執 事 廳	11칸	左右道戶籍庫	34칸	吸 唱 房	4칸
教 師 廳	3칸	紙 筒 庫	2칸	使 令 房	20칸
廳 直 家	5칸	營 庫 直 房	6칸	守 番 房	5칸
鍊 武 廳	8칸	庫 舍	30칸	營 奴 房	35칸
廳 直 家	5칸	賑 恤 庫 直 房	4.5칸	妓 生 房	5칸
別 抄 廳	9칸	補 軍 庫 直 房	3칸	婢 子 房	3칸
作 隊 廳	2칸	庫 舍	16칸	冊 匠 房	11칸
廳 直 家	3칸	營 繕 庫 直 房	6칸	擣 砧 房	5칸
鎭 吏 廳	35칸	柴 庫	4칸	墨 匠 房	10칸
				取 烟 房	6칸

① 감영(監營)

부내의 건물중 가장 큰 비중을 차지하는 것이 감영 소속 건물인데 선화당과 포정사를 비롯하여 영고·진휼청(고)·비장청·연무청 등이 지도에 나타난다. 감영 건물은 지도상에 대표적인 것만 표시되고 있지만 실제 그 건물 구성은 매우 복잡하다. 〈표 3〉의 내용이 이러한 내용을 전해주는데 포정사는 여기에 나타나 있지 않다. 그러나 포정사는 감영의 문루로서 매우 위풍 있고 상징적인 건물이었던 듯, 선화당과 함께 모든 지도에 반드시 표시되고 있다.

감영 관계 건물의 표기가 지도에 따라 출입이 있는 것은 기재상의 기준 때문인 것으로 보이는데, 가장 소상히 이를 지도상에 표현한 것은 B지도와 C지도임을 알 수 있다.

② 읍아(邑衙)

읍아의 건물은 『공산지』에 의하면 감영보다는 훨씬 규모가 작은 것이 나타난다.[8] 지도상에 표시된 것은 동헌·피향당·삼문·군영고 정도인데 피향당과 삼문은 『공산지』의 기록에는 나타나지 않는다. (표4 참조) 또한 〈표 4〉에서의 혜의당(惠義堂)은 지도의 어느 곳에도 보이지 않는데, 혹 이 혜의당이 동헌건물에 해당하는 것은 아닌가 생각된다.

표 4. 공주읍아의 건물 구성(『공산지』2, 「公廨」)

건 물	규 모	건 물	규 모	건 물	규 모
惠 義 堂	1칸	內 衙 名 處	18칸	奴 房	12칸
守 直 門	1칸	山 亭	6칸	冊 匠 房	6칸
戶 籍 庫	1칸	作 廳	15칸	軍 器 廳	12칸
雜 物 庫	1칸	將 廳	17칸	醫 生 房	14칸
工 庫	4칸	通 引 廳	8칸	刑 房 廳	9칸
馬 廐	4칸	長 房	27칸		

③ 우영(右營)

감영, 목아 이외에 부내의 주요관아는 공주진(公州鎭) 우영(右營:鎭營)이다. 우영의 위치는 지도상으로 보아 아마 중동초등학교 부근으로 생각된다. 공산성내의 중영(中營)이 산성의 수성군(守城軍)이었던데 비하여, 읍아에 인접한 우영은 공주목과 인근의 부여·석성·은진·노성·연산·진잠·옥천·회덕·연기·전의 등지를 군사적으로 총괄하는 곳으로서, 실제로는 부내의 치안 유지 등이 주요 업무였던 것 같다.[9] 우영에는 무3품관인 우영장(右營將)이 배속되는 것으로 되어 있었으며 동헌에 해당하는 호소헌(虎嘯軒)과

---

8) 『공산지』의 공해조 기록에 의거, 수록된 건물의 규모를 모두 합하면 감영이 486칸인데 비하여 읍아는 166칸의 계산이 나온다.
9) 『여지도서』 공주목 관직조

훈련청(訓練廳)을 비롯한 여러 부속 건물이 있었다. 〈표 5〉는 이러한 건물내용을 정리한 것이다.

표 5. 공주감영의 건물구성(『공산지』2, 「公廨」)

건 물	규 모	건 물	규 모	건 물	규 모
虎 嘯 軒	10칸	外 三 門	3칸	訓 練 廳	12칸
內 衙	9칸	將 廳	12칸	使 令 房	10칸
內 三 門	4칸	執 事 廳	9칸	刑 吏 廳	9칸

④ 장대(將臺)

장대는 아마 논산, 부여쪽에서 공주 감영구역으로 진입하는 노선을 통제하기 위한 군사적 시설이었던 것으로 보인다. 말하자면 공주의 남쪽 관문에 해당하는 것이다. 지도상으로나 구전으로나 그 위치는 현재의 봉황초등학교 지점이다. 전하는 바에 의하면, 장대 부근에는 일종의 훈련장인 '장대마당'이 있었으며, 이 지역 일대를 '장대거리'라고 불렀다는 것이다.

장대는 A, B, C지도에 모두 나타나 있는데도 불구하고, D지도 이후 보이지 않는다. 이는 고종조에 이르러 철훼, 혹은 변형된 사실을 반영하는 것이라 생각되는데, D, E지도에서 장대 대신 표시되고 있는 중남정(重南亭)이 바로 장대의 변형이 아닌가 싶다.

2) 부내(府內)의 다른 건물

지도에는 감영, 읍아, 우영 등의 관아 시설 이외에도 다른 여러 건물이 부내에 세워져 있었음을 보여준다. 그 내용을 지도별로 파악하면 다음의 〈표 6〉과 같다.

표 6. 각 지도별 부내의 다른 건물 기재 내역

번호	건 물	A	B	C	D	E	번호	건 물	A	B	C	D	E
1	鄕校(明倫堂)	○	○	○	○	○	8	重 南 亭	×	×	×	○	○
2	鄕廳(鄕射堂)	○	○	×	○	×	9	鄕 獄	×	×	×	○	×
3	製 錦 樓	○	×	×	×	×	10	紅 門	×	×	×	○	×
4	觀 風 樓	○	○	○	×	×	11	司 倉	×	×	×	○	×
5	祠 堂	×	○	○	○	×	12	貢 稅 倉	×	×	×	○	×
6	社 稷 壇	×	×	○	○	×	13	大 通 橋	○	○	○	○	○
7	熊 津 祭 壇	○	○	○	○	×							

① 대통교(大通橋)

감영과 읍아를 잇는 대통교라는 이름의 다리는 모든 지도에 등장한다. '대통(大通)'이라는 이름은 원래 백제 성왕 7년(529)에 건립된 대통사(大通寺)의 이름에서 유래한 것으로서, 감영이 소재하는 일대 지역이 그에 해당한다. 절은 이미 소멸하였지만 이름이 후대에 전해진 것이다. 지도 A와 B에서는 다리를 도시(圖示)하였으나 이름을 표시하지 않던 것을, C지도부터 이름까지 표시하였다. 『공산지』에서는 대통교에 대하여, 이 다리가 석재로 건축한 무지개 양식의 다리였음을 말하고 있다. 감영과 읍아를 연결하는 주요 통로였던 만큼 특별한 시설을 하였던 것이라 짐작할 수 있다.

② 제금루(製錦樓)

제금루는 A지도에만 표시되어 있을 뿐, B지도 이후에는 전혀 등장하지 않는다. 어떤 문헌에도 전혀 설명이 없기 때문에 자세한 것은 알 수 없는데, 지도상을 보면 공주고등학교로부터 의료원 쪽으로 나가는 중에 위치하였던 누정이다. 이러한 위치로 보아 아마 부여방면에서 공주관아로 진입하는 출입구의 성격을 가졌던 것은 아닌가 싶다. 그러나 B지도로부터 이것이 다시 나타나지 않는 것은 제금루가 대략 정조조에 소멸되었음을 의미하는 것으로 판단된다.

③ 관풍루(觀風樓)

지도 A, B, C에 등장하는 관풍루는 기록이 없이 지도에만 표시되어 있는 건물이다. 따라서 건물의 규모는 알 수 없고, 그 위치에 의해 건물의 성격을 짐작해볼 수 있을 뿐이다. 관풍루의 터는 지도상에서 파악하면 감영과 근접한 곳이다. C지도에는 관풍루가 봉황동쪽에 표시되어 있으나, A, B지도를 함께 참조하면 이 건물의 위치는 감영의 향우측(向右側), 아마 오늘의 공주 지원(支院) 근방이었으리라 보아진다.

관풍루의 기능은 감영과의 근접성에서 생각할 때, 감영의 부설적(附設的) 성격을 갖는 것이라 파악된다. C지도 이후에 이 건물은 등장하지 않지만, 그것이 고종 초 건물의 소멸을 의미하는 것인지는 불확실하다.

④ 중남정(重南亭)

중남정이라는 정자 역시 지금까지 전혀 알려져 있지 않았던 건물이다. 중남정이 지도에 나오는 것은 D지도와 E지도이며, 지도상으로 보아 그 위치는 봉황초등학교에 해당된다. 중남정은 고종조에 등장한 것이라 볼 수밖에 없는데 이것은 역시 비슷한 위치에 소재하였던 장대(將臺)의 소멸 시기와 일치하고 있다. 이로써 추측할 때, 중남정은 아마 장대 건물의 군사적 기능이 무의미해지면서 이를 누정으로서 사용한 것이라 판단된다. 이 건물의 존재 사실은 기록에는 없고 지도에서만 확인된다.

⑤ 홍문(紅門)

고종조의 D지도에서만 확인되는 것이 홍문과 향옥이다. 홍문은 진남루에 이르는 큰 길에 세워진 것으로, 위치상으로 보아 공산성 입구에 해당한다. 건립의 연유나 사실에 대해서는 확인할만한 기록이 없으나, 쌍수산성(공산성) 및 인조 관련 사적(쌍수산정 주필사적비 등)과의 관계로 공산성 입구에 세운 것이 아닌가 생각된다.

⑥ 향옥(鄕獄)

향옥은 감영소재지인 공주의 감옥이다. 중앙에 건물 1동이 있고, 이 옥사(獄舍) 주변을 둥글게 담장을 두른 것이다. 한말의 사진자료에 의하면, 이같은 공주옥의 그림은 실제 구조와 거의 일치하고 있다.[10] D지도의 정밀성을 말해주는 것이다. 향옥의 위치는 대략 구 공주군청의 앞이라는 것이 지도와 사진자료에 의해 확인된다.『여지도서』에 의하면 18세기 당시 남부면(南部面) 내에 '옥거리(獄巨里)'라는 호수 25호 규모의 마을이 나오는데, 이것이 바로 향옥 인근의 마을일 것으로 생각된다.[11]

⑦ 사창(司倉)

사창은 A, B, C지도에서 산성 안에 있던 것인데, D지도에서는 산성 밖으로 나와 있다. D지도의 정밀함에 미루어 착오라고는 볼수 없고, 아마 사창이 고종 초에 성밖으로 옮겨진 결과라고 해석된다.

---

10) 『사진으로 보는 조선시대 – 생활과 풍속』, 서문당, 1987
11) 공주의 향옥에 대해서는 2회에 걸쳐 이에 대한 글을 『웅진문화』(4, 5, 1991~1992)에 싣고, 이를 다시 정리, 보완하여 이 책에서 「충청감영의 공주옥에 대하여」라는 제목으로 게재하였다.

⑧ 제사처(祭祀處)

제사처로서는 사당, 사직단, 웅진제단 등이 보이는데 사당은 B
지도에 의하면 바로 감영(선화당)의 뒤편에 위치해 있었고, 사직단
은 D지도에 의하면 봉황산록의 북면, 향교 뒤쪽에 있었음을 짐작
하게 된다. 웅진동에 소재한 웅진제단은 백제이래 신라, 고려, 조
선 대대로 국가의 중요한 제사처가 되었던 유서 깊은 곳이었다.
위치는 지도의 표시를 종합하건대는 지금의 일반적 생각과는 달
리, 금강변의 고마나루로부터는 얼마간 떨어진 지점이 아니었나
싶다.

3) 공산성내의 건물

공산성내의 건물은 산성의 수성군(守城軍)인 중영(中營)의 관할
하에 두어졌고, 중영에는 3품직의 무관 휘하에 일정한 직원이 배
치되어 성내를 관장하였다. 이 때문에 산성은 부내와는 다소 독립
적 구역의 성격을 가지게 되었는데,『공산지』의 기록에 의거, 당시
의 건물 및 인원 구성을 파악하면 〈표 7〉과 같다.

표 7. 중영의 건물 및 직원 내역(『공산지』2, 鎭堡)

연번	건 물	직 원	연번	건 물	직 원
1	鎭南館 10間	將 校 18名	9	拱北樓 15間	儒倉監官 1名
2	內 衛 9間	兵 校 2名	10	月波堂 6間	東倉監官 1名
3	閉門樓 2間	首 校 1名	11	西 門 3間	南庫監官 1名
4	後樂亭 10間	別軍官掌務 1名	12	東 門 3間	北庫監官 1名
5	執事廳 8間	執 事 2名	13	南 門 3間	紙所監官 1名
6	鎭吏廳 16間	別武士兵房 3名	14	北 門 12間	營 奴 4名
7	使令房 13間	在家兵房 2名	15	別倉庫 8間	女 子 1名
8	將 臺 6間	軍器監官 2名			婢 子 1名

〈표 8〉은 공주지도에 표시되어 있는 공산성내의 건물 상황을 정리한 것인데, 〈표 7〉과 함께 연결하여 참고하는 것이 좋을 것 같다.

표 8. 각 지도별 공산성내 건물기재 내역

번호	건 물	A	B	C	D	E	번호	건 물	A	B	C	D	E
1	鎭南樓(南門)	○	○	○	○	○	10	挽 河 樓	○	○	○	○	×
2	拱 北 樓	○	○	○	○	○	11	軍 器 庫	×	○	×	○	×
3	東 門	○	○	○	○	○	12	後 樂 亭	×	○	○	×	×
4	西 門	○	○	○	○	○	13	將 臺	×	○	○	×	×
5	中軍營(中營)	○	○	○	○	○	14	在 家 廳	×	○	×	×	×
6	司 倉	○	○	○	×	×	15	軍 餉 庫	×	×	○	×	×
7	雙 樹 亭	○	○	○	○	○	16	碑 閣	×	×	○	×	×
8	望 日 寺	○	○	○	○	×	17	城 隍 壇	○	○	○	○	×
9	靈 隱 寺	○	○	○	○	○	18	水 口 門	×	×	×	×	×

① 4 문

공산성에는 동서남북의 4문이 시설되어 있었는데, 현재 남아 있는 것은 남문, 북문에 해당하는 진남루(鎭南樓)와 공북루(拱北樓) 이다. 4문중에 공북루의 경우만 15칸 규모의 큰 건물이고, 나머지 동서남문은 모두 동일한 3칸 규모의 것으로 『공산지』에 나타나 있 다. 이로써 볼 때 3문은 모두 정면 3칸 측면 1칸의 규모로써 현재 진남루가 정면 3칸, 측면 2칸으로 되어 있는 것은 비교적 근년에 이르러 공산성 정비공사 과정에서 개축 확장시킨 결과로 생각된 다. 그러므로 현재의 진남루는 원래와는 큰 차이가 있는 건물로 보아야 할 것이다.

동서남문의 구조와 관련하여 한가지 중요한 것은 '동문2층 서 문2층 남문2층'이라 한 기록이다. 이는 이들 3문이 모두 누문(樓門)

의 형식이었음을 의미하는 것이며 C, D, E지도의 그림도 이점을 뒷받침하고 있다. 동, 서문이 철훼된 것이 어느 때 일이었는지에 대해서는 잘 알 수 없지만 4문이 E지도에까지 계속 그려져 있는 점, 그리고 1907년 군대 해산시까지 성내에 중군영이 운영되었던 사실에 비추어 아마 일제 초기의 일이었을 것이다.[12)

② 중영(中營: 鎭南館)

산성의 수성업무를 총괄하는 중군영의 동헌은 공북루의 서측에 그 터가 남아 있으며 1988년도에 발굴 조사된 바 있다. 건물의 규모는 10칸, 이름은 진남관(鎭南館)이다. 집사청(執事廳)(10칸), 진리청(鎭吏廳)(16칸), 사령방(司令房)(13칸) 등은 그 부속건물이었으며, B지도에만 그려져 있는 재가청(在家廳)도 역시 부속건물이었음에 틀림없다. 지도에는 없지만 중영의 문루를 옮긴 것이 현재의 광복루(光復樓)이다.

③ 후락정(後樂亭)

『공산지』의 기록에 의하면 후락정은 10칸 규모로, 누정으로서는 상당한 규모였음을 짐작케 한다. B, C지도에 의하면 후락정의 위치는 중영(진남관)의 후원에 있었던 것임을 알 수 있다. 중군영 터의 뒤, 산 기슭에 누정의 자리로서 알맞은 건물터가 발견되는데, 이 지점이 바로 후락정 자리라고 믿어진다. 발굴을 한다면 초석

---

12) 동문의 경우는 그 터가 1982년도에 발굴 조사된 바 있다. 그 결과에 의하면 문지 통로의 너비는 2.46m, 그리고 문지의 앞 양쪽에는 문설주구멍이 있는 문지석 2매가 원위치에 놓여 있었고, 석축의 통로벽이 확인되었다. 그리고 문은 개축할 때마다 문지를 돋우고 성문을 세웠다는 사실이 밝혀졌다. 동문지의 조사결과는 동문뿐만 아니라, 남문과 서문의 구조를 파악하는데 있어서도 중요한 근거를 제시하는 것이라는 점에서 의미가 있다. 안승주, 『공주 공산성내 건물지 발굴조사보고서』, 공주사대 백제문화연구소, 1982, pp.79~85 참조.

등의 건물 자리가 드러나리라 기대되며, 아마 건물의 복원까지도 가능할 것이다. 후락정의 건물성격은 중군영의 부설적 성격을 갖는 것으로서, 감영의 관풍루, 읍아의 취원루(聚遠樓)에 해당한다고 보면 좋을 것이다.

④ 만하루(挽河樓)

만하루(挽河樓)는 만아루(挽阿樓)라고도 표기되어 있는데(B, C지도), 지도상으로 보아 영은사 앞 연못 위에 있는 누정을 가리킨다. 이 누정은 1982년 발굴작업시에 그 유구가 함께 노출된 것이며, 연못의 정비와 함께 복원되었다. 발굴결과에 의하면 이 누정은 정면 3칸, 측면 2칸(10.5×6m)이며, 방형 주좌(柱座)의 8각(角) 고초(高礎) 10매가 원상대로 놓여져 있었다. 초석의 둘레에는 지대석(地台石)을 둘렀으며 누정의 주위는 연못의 호안(護岸) 혹은 강안(江岸)이 되기 때문에 담을 쳤다는 사실이 확인되었다.

'만하(挽河)'라는 이름은 '강물을 끌어들인다'는 뜻으로서, 강변에 위치하여 연못과 강을 양편으로 끼고 있는 조건으로 인하여 붙여진 것임을 짐작할 수 있다. 이러한 점에서 '만아루(挽阿樓)'라는 이름은 적절하지 못하며, 『공산지』의 '아(阿)'라는 표기는 오자(誤字)가 아닌가 생각되기도 한다. 한가지 억측을 더 덧붙인다면, 루(樓)라는 이름에서 보아 만하루는 원래 2층루였던 것이 아닌가 싶다.

⑤ 수구문(水口門)

영은사 앞 암문지 부근에는 너비 2m의 수구문의 터가 남아 있다. 1983년도의 발굴조사에 의하면, 현재 남아 있는 수구의 위치로부터 서쪽 6m 지점, 현지표에서 3.6m 아래에서 또 다른 수구문의 유적을 발견하였다. 발견된 수구의 크기는 높이 40㎝, 너비 80㎝, 길이 12m의 구자형(口字形)이며, 토성의 층위에 시설한 것으로 보아 현재의 석성 밑에 남아 있는 토성과 같은 시기에 만들어진 것임이 확실하다. 이 수구는 그 위에 석성을 새로 구축하면서 인위적으로 폐쇄시킨 것으로 보인다. 따라서 시대는 조선시대 이전으로 소급될 수밖에 없고, 공주지도에 표시되어 있는 수구문과는 관계없는 것이라 보아야 한다. 그러나 이러한 내용들을 종합할 때 이 지점에 수구가 시설된 것은 매우 오랜 것이었으며 성곽의 개축에 따라서 수구문 또한 재축성 되었던 것이다.

⑥ 장대(將臺)

장대의 위치에 대해서는 『공산지』의 성지(城池) 조에서 "동문 안에 장대가 있으며 또 명나라 장군 남방위의 송덕비가 있다(東門內有將臺 且有天將藍芳威種德碑)"라 하여 바로 동문 안쪽 명국삼장비 부근에 있었음을 말해주고 있다. B, D지도는 이러한 기록에 그대로 일치하고 있으나 C지도만은 그 위치를 중군영 부근으로 표시하여 C지도의 부정확함을 반영하고 있다.

동문 안쪽의 장대지는 처음 임류각지로 예상하였으나, 1982년 결과 건물의 구조와 위치에 의하여 장대지로 추정되었다. 발굴된 장대지는 정면 2열, 측면 2열의 적심석이 노출되었고, 한변의 길이는 6m였다.[13] 발굴된 유적이 정, 측 각 2칸의 규모라는 점에서 장대가 6칸이었다는 『공산지』의 기록과 다소 어긋나 있기는 하지만 이것이 장대의 터임은 거의 의심의 여지가 없는 것으로 생각된다.

---

13) 안승주, 전게 『공주 공산성내건물지 발굴조사보고서』, pp.86~92

⑦ 망일사지(望日寺址)

공산성 안의 절로서 영은사와 함께 망일사라는 절이 있었던 사실은 A, B, C, D지도에 의해 확인되고 있다. 다만 B, C지도에서는 망월사(望月寺)로 표기되어 있는데, 이는 망일사(望日寺)의 오류이며, C지도의 경우 B지도를 모범으로 판각한 연유로 그 오류를 답습하게 된 것으로 보인다.

망일사의 위치는 A지도에 의하면 그 위치는 막연히 성 동문과 진남루 어간이며, C, D지도에서는 좀더 구체적으로 나타나 장대부터 더 서쪽으로 내려온 지점이다. C지도에서는 망일사가 바로 진남루 안쪽에 표시되어 있으나 C지도의 부정확함이나 A, C, D를 종합할 때 이는 잘못된 것임이 분명하다. 장대의 서쪽으로는 1983년도에 발굴된 임류각지, 그리고 금년 1989년에 발굴조사된 통일신라기의 큰 건물터가 있으며 주변에 보다 작은 규모의 건물터가 남아 있어 망일사의 위치를 추정하는데 검토 대상이 되고 있다.

망일사지의 위치에 대하여, 1982년도에 발굴조사된 임류각지의 3차건물지로 보는 견해는 매우 설득력이 있다. 조사결과에 의하면 임류각지는 백제이후 고려시대의 2차건물, 조선시대의 3차건물의 기단이 확인되었으며 특히 망일사로 추정한 3차건물의 하한시기는 출토유물에 의해 19세기 중엽까지 내려오고 있기 때문이다.[14]

망일사에 대하여 『공산지』2, 사찰조에서는 그것이 당시 '성황단(城隍壇)의 재소(齋所)'로 쓰이고 있다고 하여, 이미 이 절이 철종조에는 사원으로서의 기능을 상실하였음을 말해주고 있다. 그러나 이러한 기록에도 불구하고 고종 7년에 작성된 D지도에서는 여전히 망일사의 이름이 지도에 표시되고 있고, 더욱이 성황단이 별도로 나와 있어 혼란을 주고 있다. 아마 망일사는 철종조에 사원

---

14) 안승주, 위의 보고서, p.65

으로서의 기능을 상실하고, 인근에 있는 성황단의 부속적 용도로 전용되었던 것이지만 절로서의 외형이나 이름만은 고종조까지 유지되었던 것이 아닌가 한다.

⑧ 군기고(軍器庫)·군향고(軍餉庫)

군기고와 군향고는 중군영의 부속창고로서 군병기와 군량을 비축하는 창고였음에 틀림없다. 이들 창고에 대해서는 『공산지』등의 기록에는 등장하지 않고 지도에만 표시되어 있을 뿐이다. B지도에는 군기고, C지도에는 군향고만 표시되었으나, D지도에서는 두가지가 모두 표시되어서 비교적 정확히 위치를 파악할 수 있도록 되어 있다. D지도에 의하면 군기고는 서문의 바로 남쪽, 그리고 군향고는 서문에서 좀더 성안쪽으로 들어오는데, 군향고의 경우는 단일건물이 아니고 여러 건물로 구성되어 있음을 지도에서 볼 수 있다. 군기고와 군향고는 비교적 서로 근접한 거리로서 대충 서문에서 쌍수정쪽으로 나가는 지점에 위치하는 것으로 현지에 대한 보다 정밀한 지표조사에 의해 그 터를 추정할 수도 있을 것이다.

⑨ 사창(司倉)

사창에 대해서는 A, B, C지도에 성안에 있던 것이 D지도에서는 공산성 밖으로 나가 있어 차이가 있다. A, B, C의 경우도 그 위치 표시를 A에서는 쌍수정의 서측에, B에서는 쌍수정의 동측에, 그리고 C에서는 진남루와 동문의 중간쯤에 표시하여 종잡을 수가 없다.

C지도의 경우는 성내 유적의 표시가 매우 부정확하다는 점에서 일단 무시해도 좋다고 본다. 따라서 쌍수정 부근인 것만은 분명해지는데 동쪽인지 서쪽인지는 지도의 비교만으로는 단정하기가

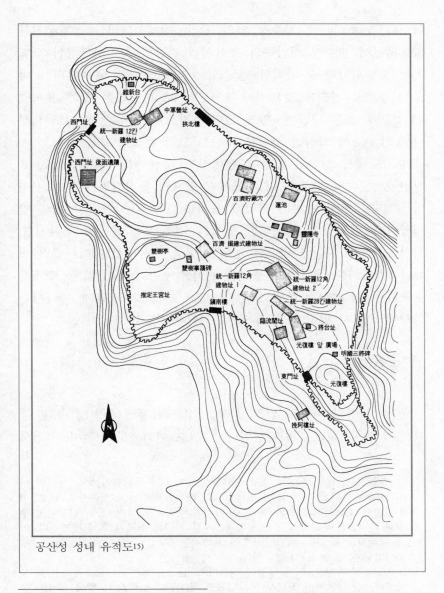

공산성 성내 유적도[15]

雄新台
中軍營址
西門址
統一新羅 12칸 建物址
拱北樓
西門址 後面遺蹟
百濟貯藏穴
蓮池
靈隱寺
雙樹亭
百濟 掘建式建物址
雙樹事蹟碑
統一新羅12角 建物址 1
統一新羅12角 建物址 2
統一新羅28칸建物址
推定王宮址
鎭南樓
臨流閣址
將台址
光復樓 앞 廣場
明國三將碑
東門址
光復樓
挽阿樓址

15) 이남석, 『공산성 지당』, 공주대박물관, p.29에서 옮김.

어렵다. 1987년도에 쌍수정 앞의 광장, 백제시대의 추정왕궁지를 발굴하면서 쌍수정 서남쪽의 조선시대 건물터에서 상당량의 탄화곡이 노출되었다.16) 이러한 발굴의 결과에 의거할 때 이 터가 바로 사창지로 생각되고 따라서 A지도가 보다 신빙성 있는 표시였던 것으로 결론 내릴 수 있게 된다. A지도가 수록된 『여지도서』의 사창(司倉)조에 의하면 사창은 16칸 규모의 건물이었다.

D지도에서 성안의 사창이 없어지고 대신 이것이 성밖으로 표시된 것은 아마 고종초 이 건물이 성밖으로 옮겨졌기 때문일 것이다. 그리고 시설 이전의 직접적 동기는 성내의 사창이 화재로 말미암아 소실되었기 때문임은 발굴의 결과에 의해서도 짐작된다. 사창은 군량고와는 달리 중군영의 직접적 부속시설은 아니었던 것 같다. 비상시를 대비하여 부내의 관아에서 비축하는 식량, 조세를 보관하는 창고였던 것으로 생각된다. 그러므로 판단에 따라서는 성안에 반드시 있어야 되는 시설은 아니었던 것이다.17)

4) 공주지방의 사찰

공주 지방의 사찰로서 잘 알려진 것은 계룡산 주변의 갑사, 동학사, 신원사, 그리고 마곡사이다. 그리고 이외에도 서혈사, 영천사

---

16) 이 건물지는 '건물지 D'로 명명되었다. 건물지 D는 동서길이 30m, 남북의 너비 8~9m 범위에 부석(敷石) 형태로 잡석을 깐 것이 2열 잔존하고 있고, 이 범위에서 조선시대 와류와 불에 탄 곡식이 대량 출토되어, 일단 사창지로 추정된 바 있다. 탄화곡의 종류는 콩·조·보리 등의 잡곡과 벼가 발견된다. 이에 대해서는 안승주·이남석, 『공산성 백제추정왕궁지 발굴조사보고서』, 공주사대박물관, 1987, pp.33~34 및 pp.50~51 참조.

17) D지도의 부주(附註)에 이 사창에 대하여 "在邑北一里許 合祿米三百九十五石一斗一昇三合五勺"이라 하면서 동서남북의 창(倉), 유창(儒倉)과 함께 '읍외창(邑外倉) 6처(六處)'로 총괄 취급하고 있는 것도 이점을 뒷받침하고 있다.

등 몇 절이 지도에 표시되고 있다. 이제 그 내용을 지도별로 파악하면 다음의 〈표 9〉와 같다.

표 9. 각 지도별 공주지방의 사찰 기재 내역

번호	寺 名	A	B	C	D	E	번호	寺 名	A	B	C	D	E
1	岬　　寺	○	○	○	○	○	6	南 穴 寺	×	○	×	×	×
2	東 學 寺	○	○	○	○	○	7	水 原 寺	×	○	×	×	×
3	神 院 寺	○	○	○	○	○	8	靈 泉 寺	×	○	○	×	×
4	麻 谷 寺	○	○	○	○	○	9	栗　　寺	×	○	×	○	×
5	西 穴 寺	×	○	○	×	×	10	普 門 寺	○	○	○	×	×

표에서 보면 갑사 등 큰 사찰은 모든 지도에서 공히 이를 기재하고 있다. 그리고 지도별로 파악하면 B지도는 10개 사원을 수록한데 비해, D, E지도는 4개밖에 기재하지 않음으로써 지도에 따른 차이가 특히 심하다. B지도가 만들어진 정조년간의 경우, 갑사를 비롯한 공주의 4대 사찰 이외에도 서혈사·남혈사·수원사·영천사·율사·보문사 등의 절이 유지되고 있었다고 보아야 한다. 여기에서는 특히 이들 사원의 위치를 지도상에 표시함으로써, 서혈사·남혈사·수원사 등 공주 중심부에 위치한 절의 알려진 현재의 위치가 정확한 것임을 재확인하는 의미를 가진다.

시내에서 가까운 서혈사·남혈사·수원사 등의 절이 조선조까지 그 명맥을 유지하고 있었음은 거의 의심의 여지가 없지만, 그러나 실제 그 폐사 시기에 대해서는 많은 의문이 있다. C지도에 의하면 19세기 중반 철종조 당시 서혈사를 비롯하여 영천사·율사·보문사 등의 사원이 계속 유지되고 있었던 것처럼 되어 있지만 그러나 실제 C지도가 실려있는 『공산지』의 사찰조에서는 이들 사원이 이미 19세기 중반 당시에는 폐사되고 난 뒤였음을 분명히

말해주고 있다.18)

3. 다른 공주지도 자료

조선조의 공주지도는 읍지와는 별도로, 각종 지도책에 포함된 것이 있다. 양보경 교수에 의하여 규장각에서 조사된 공주지도의 현황은 다음과 같다.

> 여지도(輿地圖) (古 4709 – 68) 6책중 제2책
> 지승(地乘) (奎 15423) 6책중 제2책
> 광광도(廣廣圖) (고 4790 – 58) 7책중 제2책
> 호서도(湖西圖) (고 4709 – 59) 1책
> 해동지도(海東地圖) (古大 4709 – 41) 8책중 제2책
> 호서지도(湖西地圖) (규 12157) 6첩중 제1첩
> 조선지도(朝鮮地圖) (규16030) 7책중 제6책
> 공주목지도(公州牧地圖) (규10405) 1장
> 충청좌우도도회아사세지도(忠淸左右道都會衙舍細地圖) (고 4709 –
> 18) 1책

이중 본고에서 소개한 공주목지도를 지도를 제외한 8건의 지도 를, 참고로 첨부한다.19)

---

18) "西穴寺 : 在府西五里今無", "栗寺 : 在府東五十里今無", "普門寺 : 在府東五十 里今無"(『공산지』 사찰)
19) 양보경, 「공주의 地誌와 고지도」『공주의 역사와 문화』, 공주대박물관, 1995

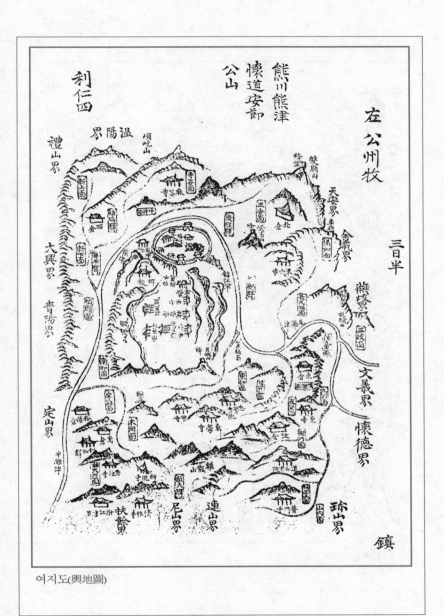

여지도(輿地圖)

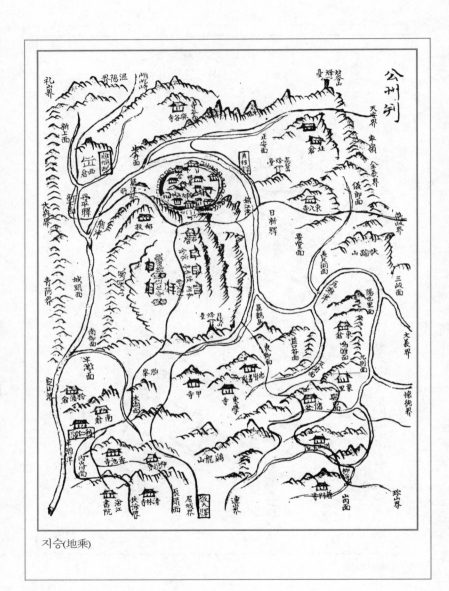

지승(地乘)

광광도(廣廣圖)

호서도(湖西圖)

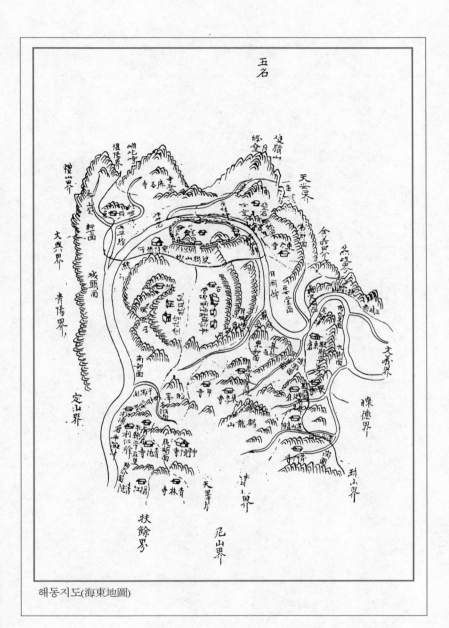

해동지도(海東地圖)

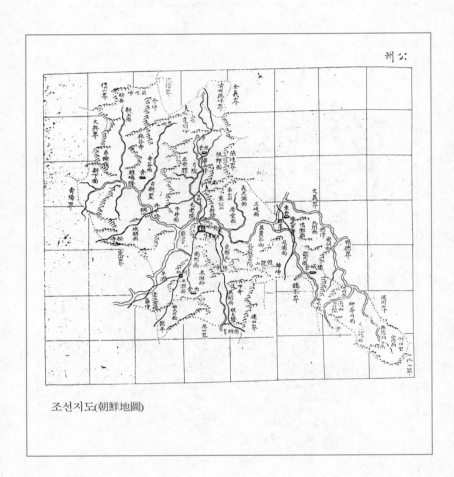

조선지도(朝鮮地圖)

충청좌우도도회아사세지도(忠淸左右道都會衙舍細地圖)

맺는말

　조선후기, 읍지류와 관련된 공주지도들은 당시의 관아와 각종 건물 시설들의 분포와 위치에 대하여 일정한 지식을 제공해 주며, 따라서 이들 지도는 조선시대 공주지방의 사적파악을 위한 주요 자료로서 활용될 수 있다. 이 때문에 기왕에도 몇몇 지도가 단편적이기는 하지만 이러한 작업에 사용되어 온 것이 사실이다.

　이같은 조선시대 지도의 효용성에도 불구하고, 당시 지도는 정밀성이나 정확도에 있어서 오류가 적지 않게 발견되고 있어 그 이용에 장애가 되고 있다. 이러한 문제점을 극복하는 한가지 방법은 가능한한 여러지도를 상호 비교하여 그 내용에 대해 일정한 결론을 얻는 것이다. 본고는 이러한 점에 착안하여 현존하는 18, 9세기의 공주지도 5종을 대상으로 그 기재 내용을 비교 분석함으로써 공주지방의 조선시대 사적의 파악을 위한 일정한 지식을 제공하고자 하였다.

　5종의 지도중 그 정밀성 혹은 내용의 풍부함에 있어서 가장 잘 만들어진 것은 『충청지도』중에 포함된 공주목지도이다. 이는 다른 것이 읍지류에 첨부된 부수적 성격의 것임에 비해 처음부터 독립된 지도로서 작성된 때문이기도 한 것 같다. 그러나 여타의 것도 각각 그 특성과 함께 지도작성의 시대성을 반영하고 있기 때문에 이들을 종합적으로 비교 분석하는 것은 매우 유익한 작업이었다고 생각된다. 이제 본고의 정리를 통하여 얻어진 내용을 대략 간추려 보면 다음과 같다.

　1) 공주는 조선시대 관찰 소재지였기 때문에 많은 관아와 부속 건물이 있었다. 읍지를 참고할 때 감영의 건물만도 500칸의 규모였다.

2) 봉황동에 있었던 장대는 공주의 남쪽 관문에 해당하였던 시설로서(현 봉황초등학교 자리), 대략 19세기 고종조에 이르러 그 기능이 약화되면서 중남정(重南亭)이라는 누정시설로 변형되었던 것 같다. 읍아의 남쪽부근(중학동)에는 제금루(製錦樓)라는 누정이 세워져 관아의 남쪽 출입구 역할을 하였던 것으로 보이는데, 이 건물은 대략 정조조에 철훼, 소멸된 것 같다. 감영의 구역(현 공주지원 부근)내에는 관풍루(觀豊樓)라는 누정이 조선조 말까지 운영되었는데, 이상의 중남정, 제금루, 관풍루 등의 누정 시설은 오직 지도에서만 그 존재가 확인될 뿐이다.

3) 그 밖에 부내의 시설로 홍문, 향옥 등이 지도에만 보이는데 특히 향옥은 1동의 옥사를 중심으로 주변에 둥글게 담장을 친 원옥(圓獄)으로서, 한말의 사진자료와 지도의 그림이 그대로 일치하고 있다.

4) 공산성은 산성의 수성군인 중영의 관할하에 두어져 부내와는 다소 독립적인 군사구역으로 1907년까지 운영되었다. 공산성의 4문은 북쪽의 공북루(15칸) 이외에는 모두 3칸(정면 3칸, 측면 1칸) 규모였으며, 이들 3문은 모두 2층의 누문양식이었다. 따라서 동, 서, 남 3문은 규모뿐 아니라 구조 양식에 있어서도 기본적으로 동일하였던 것으로 추측되며 이점에 있어서 기왕에 발굴된 동문지 조선시대의 원형이 이미 파괴된 남문, 서문의 구조 이해에 있어서도 시사하는 바가 크다.

5) 10칸 규모의 비교적 큰 누정인 후락정(後樂亭)은 중영(진남관)의 뒷뜰에 있었다. 정확한 터는 알려져 있지 않지만, 현재 중군 영지의 뒷산 기슭의 건물지가 이에 해당한다고 믿어진다. 이 누정은 감영의 관풍루, 동헌의 취원루와 같은 성격의 것이었음에 틀림없다.

6) 대부분의 지도에 산성내의 수구가 반드시 표시되어 있고 그림으로 도시(圖示)하고 있는 것을 보면 영은사 앞의 수구문은 성내의 중요시설이었다. 공산성내 장대의 터는 1982년 발굴작업시 추정되었던 장대지가 확실한 위치인 것으로, 지도의 종합 결과가 일치한다.

7) 영은사와 함께 한말 고종 년간까지 유지되었던 성내의 사원인 망일사는 1983년도 발굴 당시 임류각지의 3차건물지가 바로 이에 해당하는 것으로 추정된 바 있는데 현지사정과 지도내용을 종합할 때, 이같은 추정이 확실한 것으로 판단된다.

8) 공산성내의 군기고, 군향고의 위치는 서문에서 쌍수정 쪽으로 가는 중간의 지점이다. 현지에 대한 조사를 통하여 정확한 지점의 확인이 가능하다고 본다. 사창의 위치는 1987년 발굴당시 쌍수정의 서남측에서 확인된 조선시대 건물지가 당시의 추정대로 확실한 것임이 지도상으로 뒷받침된다. 그러나 사창은 대략 고종초에 성안에서 성밖으로 옮겨졌는데, 이는 성내의 사창이 화재로 인하여 소실된 결과였다.

9) 서혈사 · 남혈사 · 수원사 등 공주 시내에서 가까운 위치의 사원은 지금까지 알려져 있는 절터가 실제 그대로임을 지도상으로도 확인할 수 있다. 다만 이들 사원은 조선조에까지 그 명맥이 유지되었는데 폐사의 시기는 대략 19세기 이전, 18세기말쯤으로 정리할 수 있다. 갑사의 입구에는 일주문이 건립되어 있는 것으로 고종조의 지도에 나타나 있다.*

---

* 이 논문은 「조선조 공주고지도 5종의 비교분석」, 『백제문화』18 · 19합집, 1989에 실린 것임.

충청감영의 공주옥(公州獄)에 대하여

머리말

공주는 백제이래 지역의 행정, 군사, 문화의 중심지로서 20세기 초까지 그 기능을 계승하여 왔다. 특히 조선조의 경우는 충청도 감영이 공주에 두어짐으로 공주는 명실상부한 호서지방의 중심이었다. 다소의 혼선이 있는 것은 사실이지만, 공주에서의 충청감영 설치는 1602년으로 정리되고 있다. 그리고 이후 행정구역의 개편에 따른 다소의 변동 속에서 1932년 충남 도청의 대전 이전에 이르기까지 430년 간 공주는 충청도의 지방 수부(首府)로서의 기능을 감당하였던 것이다.

행정·사법·군사 등이 미분화된 시대이기는 하였지만 이같은 공주의 중심성은 통치의 강제력을 수반하는 것이어서 이를 위한 감옥의 시설은 필수 불가결한 것이었다. 더욱이 19세기 후반 고종조에는 대원군의 쇄국정책과 관련, 수많은 천주교도들이 전국적으로 체포, 구금, 살해되었거니와 감영 소재지였던 공주는 이때에도 다수의 교도들이 수감되고, 처형되는 순교의 장소가 되기도 하였다.

이상과 같은 공주의 지역적 성격에서 볼 때 공주의 경우 지방 행정부의 물리적 통제력을 상징하는 감옥이 설치되었을 것은 분명한 일이다. 그럼에도 불구하고 조선조에 제작된 『공산지』를 비롯한 읍지류의 책에서는 이에 대한 기록을 전혀 발견할 수가 없다. 이는 감옥이라는 사실이 갖는 특수성과 관계가 있는 것으로 생각되기는 하지만, 그럼에도 불구하고 의문스러운 점이 아닐 수 없다.

다행히 1872년 제작의 「공주목지도」에 조선조 공주감옥의 존재가 표시되어 있고, 그 건물은 일제시대까지 존치, 사용되어 사진으로 남아 있는 사실이 확인되었다. 감옥은 법에 의한 징벌조치로서 특정 인물들을 격리 수용하는 장소로서, 그 특성 때문인지 관련자료가 남아있는 경우가 드물다. 그럼에도 불구하고 한말의 공주옥 사진이 남겨졌다는 것은 퍽 의미 있고 흥미로운 일이다. 공주옥의 경우와 관련하여, 근년 경주에서 조선시대의 옥터가 발굴조사된 것도 흥미로운 자료이다.[1] 본고는 이같은 공주 감옥에 관련한 여러 자료를 정리하여 지방 행형사(行刑史)의 일단을 제공하고자 한다.

---

[1] 1997년 국립경주문화재연구소에서 조사한 조선시대의 경주 옥터는 '경주 서부동 19번지 유적'의 일부이다. 여기에서는 신라시대로부터 조선조에 이르는 여러 유적(건물지, 옥터, 우물, 도로 등)이 확인되었다. 이곳은 원래 경주 문화 중고교가 위치해 있다가 학교의 이전에 따라 아파트 건립을 위한 사전 문화재조사 과정에서 유적이 확인된 것이다. 조선조 경주옥은 공주옥과 같은 둥근 형태의 원옥(圓獄)으로서, 조선조 감옥의 실제 자료로서 매우 중요한 자료로 생각된다. 국립경주문화재연구소, 『경주 서부동 19번지 유적 발굴조사보고서』, 2003 참조.

1. 충청감영의 공주옥

조선시대 공주감옥에 대한 단편적 암시는 영조대에 작성된 『여지도서』 방리조(坊里條)에서 볼 수 있다. 주치(州治) 내에 '옥거리' 라는 마을이름이 등장하고 있는 것이 그것이다.[2] 지명조사에 의하면 "옥터거리 : 아래봉산(하봉산)에 있는 마을. 현 공주군청 앞이 되는데, 전 공주감옥이 있었음"이라 하여[3] 조선시대의 감옥이 '옥거리', 즉 구 공주군청 앞에 위치하고 있음을 밝히고 있다.

필자는 고종 9년(1872) 제작으로 추정되는 「공주목지도」를 소개하고 지도 내용 중 주목되는 몇 가지 사항을 아울러 언급한 바 있었다.[4] 그런데 이 「공주목지도」에는 '향옥(鄕獄)'이라는 이름으로 조선조 말의 공주감옥이 기재되어 있고 아울러 감옥의 모양이 그림으로 그려져 있다. 이는 기록상 거의 유일할 것일 뿐 아니라, 그림까지 그려져 있어 매우 흥미로운 것이었다.

1872년의 「공주목지도」에 '향옥'이라는 이름으로 등장하는 공주감옥은, 옥사(獄舍)로 사용되는 듯한 건물 1동이 있고 이를 중심으로 둥근 담장을 두른 구조로 되어 있다. 옥사는 그림으로 보아 기와를 덮은 건물이며 그 위치는 지도상으로 볼 때 향교보다 아래(동편)이고, 제민천의 위(서편)이며 하고개로부터 옥룡동 방향으로 나가는 길 바깥(북편)에 위치하는 것으로 되어 있어, 앞에서 언급한 바 있는 '옥거리' 즉 구 공주군청 앞과 일치되고 있다. 이는 한말 고종년간 「공주목지도」에 나타난 공주감옥이 조선시대의 공주

---

2) "獄巨里 : 州內 編戶二十五 男三十五口 女三十三口"
3) 한글학회, 『한국지명총람』 충남편, 1974, p.42
4) 윤용혁, 「공주목지도에 대하여」 『웅진문화』1, 1988 및 「공주목지도에 나타난 공주 문화유적」 『백제문화』24, 1995

1872년 「공주목지도」 중에 보이는 공주옥
(중앙부에 '鄕獄'이라는 이름과 함께 둥근
감옥담장이 그려져 있음)

감옥과 같은 것임을 의미한다.

이 공주감옥에 대해서는 1957년도에 간행된 『공주군지』에 "당시의 내감옥은 공주군 남부면 하봉촌(현 전매서 동단)에 설치되었고, 외감옥은 환옥(圜獄) 구지(舊址)(현재 군청 전)에 부설하였다."라고 하고 있다. 이로써 보면 조선조 공주감옥은 내외 2개의 감옥이 있었으며 내감옥의 위치는 감영에 근접한 위치에, 그리고 외감옥은 구 공주군청 앞 일대에 위치하고 있었던 것이다. 성격상 내감옥은 일종의 유치장이나 구치소와 같이 관아의 판결 전후 임시 수감하던 곳이며, 형이 확정된 후 외감옥으로 이송되었던 것으로 생각된다. 또한 외감옥을 '환옥'이라 한 것을 보면 이것이 바로 「공주목지도」에 표시된 '향옥'임이 짐작된다. 위치상으로도 일치할 뿐 아니라 담장을 둥글게 두른 탓으로 '환옥(圜獄)'이란 명칭을 갖게 된 것으로 짐작되기 때문이다. 다만 감옥이 소재한 하봉촌(하봉산)과 관련하여 『한국지명총람』과 『공주군지』 사이에 상충되는 부분이 있는데, 이는 '현 전매서 동단'을 하봉촌이라 한 『공주군지』쪽이 잘못된 것이다.5)

담장을 둥글게 둘러친 향옥은 아마 조선조 감옥구조의 한 유형이었던 것 같으며, '원옥(圓獄)', 또는 '환옥(圜獄)으로도 불리었다. 한말 기산(箕山) 김준근의 그림으로 알려진 당시 풍속도 그림 중에 등장하는 감옥 그림에서도 원옥의 모습을 확인할 수 있는데 기산의 그림 중에 보이는 원옥은 2.5m 정도의 높은 담장을 벽돌로 쌓고 기와를 얹었으며, 출입문에는 사람 눈높이에 원형의 빈 공간을 만들어 옥사를 확인할 수 있도록 하였고 옥사는 팔작집 와가(瓦家)로 되어 있다. 이는 공주옥의 구조를 이해하는데 있어서도 도움을 주고 있다.

한편 조선조(1798) 「경주읍내지도」에 나타난 경주옥의 경우는 성 안 서쪽, 민가가 없는 전지(田地)의 가운데 위치하며 둥근 원형의 담 안에 2동의 옥사가 병렬되어 있으며 정면에 옥의 정문이 그려져 있다. 관아와 다소 떨어진 한적한 곳에 원형옥으로 지어진 것이 서로 공통적이다. 감옥을 둥근 평면의 원옥(환옥)으로 시설한 것은 고대 이래 매우 유서 깊은 전통을 가진 듯하다.『삼국지』위지 동이전의 부여조에서 "부여에서는 성(城)을 만드는데, 그 모양이 둥글어 뇌옥(牢獄)과 같다"라 한 것이나, 고려시대의 『고려도경』에서 "영어(囹圄)의 만듬새는 그 담장이 높아 모양이 환도(環堵)와 같고 중앙에 집이 있으니, 대개 옛날의 환토(環土)와 같이 만든 것이다."6)라 한 것이 그러하며, 이는 중국에서도 그 기원을 찾을

---

5) 공주 아카데미 극장(구)에서 국민은행 쪽으로 제민천을 건너는 다리가 '봉산교'인데 이것이 옛날 '봉산'이라는 지명의 남은 흔적이다. 이를 기준으로 볼 때 구 공주군청 앞을 '하봉산'에 있는 마을이라 한 『한국지명총람』의 기술이 타당하다.

6) 『고려도경』16, 囹圄

공주옥의 원래 위치(공주군의 옛 청사 등이 있음)7)

---

7) 항공사진은 연합통신 발행의 월간화보집 『연합』(1993.9)의 특집기사 <공주>
   에 실린 사진을 사용한 것임(김동진 기자 촬영)

한말 기산 김준근의 감옥도(덴마크 국립박물관 소장)[8]

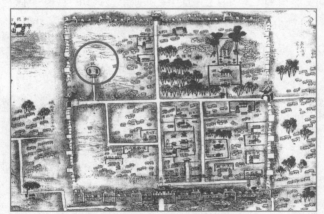

1798년 「경주읍내전도」에 보이는 경주감옥(원내)[9]

8) 한국국제교류재단, 『국립박물관소장 한국문화재』, 1992
9) 국립경주문화재연구소, 『경주서부동 19번지유적 발굴조사보고서』 2003에서 옮김.

수 있다.10)

「공주목지도」에서 이를 '향옥(鄕獄)'이라 기록한 것은, 경옥(京獄) 즉 중앙의 감옥에 대한 상대어로서, 지방감옥이라는 말로 상용한 것으로서, 말하자면 지방 교육기관을 '향교'라 칭한 것과 비슷한 것으로 생각된다.

2. 공주옥의 구조

조선시대의 공주감옥과 관련하여 1987년 서문당에서 간행한 사진자료집에는 매우 흥미로운 자료가 실려 있다. 그것은 다름아닌 1872년 「공주목지도」에 그려진 '향옥'이 사진으로 제시되어 있기 때문이다. 한말의 촬영으로 보이는 공주감옥의 관련 사진 자료는 수 매에 이르고 있다.11) 이 사진이 어떻게 남겨져 실리게 되었는지는 알 수 없지만, 하여튼 흥미 있는 자료가 된다. 이하 한말의 공주옥 사진 자료를 중심으로 언급하고자 한다.

1) 전체적 모습

공주옥의 전체 모습을 보여주는 공주감옥 사진은 그 하반부에 둥근 담장을 가진 공주옥이 있고 그 위쪽으로는 멀리 공산성과 진

---

10) 『周禮』 추관지에서 "以圜土聚敎罷民 凡害人者 置之圜土"에서 '환토'는 '圜獄'과 유사한 감옥시설로 보인다. 이에 대해 한대(漢代)의 정현(鄭鉉)은 "圜土者 獄城也 獄必圜者"라 하였다. 이에 대해서는 임재표의 앞 글, pp.22~23을 참고함.

11) 서문당, 『사진으로 본 조선시대 생활과 풍속』 1987 및 『사진으로 보는 독립운동(상)』, 1987, p.123

남루가 정면으로 보이고 있다. 감옥 주변은 모두 논밭으로 되어
있으며, 다만 진남루 입구쪽에 수채의 건물이 보일 뿐이다. 산성동
구 터미널 부근의 기와건물은 공공건물이 분명하며 이곳에서 중앙
도로를 따라 남측으로 내려와 민가로 추측되는 건물이 두어 채 보
인다. 이 중앙도로와 공주옥의 중간쯤에 제민천이 흐르고 있으며
감옥부근의 밭에는 전신주로 보이는 기둥 2개가 눈에 뜨인다. 지
금 이 지역에는 모두 상가건물이 밀집한 지대로 변했는데 당시로
서는 논밭이 연이어진 들이었던 것이다. 감옥이 갖는 특성상 이
외감옥은 도시 중심에서 떨어진 들판에 건립한 것임을 알 수 있
다. 사진이 게재된 이 책에서는 사진과 관련하여 다음과 같은 설
명문을 적고 있다.

　　원옥(圓獄)의 공주감옥 : 재래의 감옥은 네모나지 않고 둥글었다.
　공주감옥은 일제 때까지 유일한 원옥으로 그 지름이 약 30m정도이
　고 담의 높이는 한 길, 폭은 3자 정도였다. 담안에 옥사가 있어 죄수

감영시대의 공주감옥 전경

들은 그 안에서는 자유로웠다. 출입구 쪽으로 붙은 작은 초가가 옥
리(獄吏)가 사는 집이다.[12]

이 사진의 촬영 시점은 대략 1910년 전후로 추측되지만, 요컨
대는 조선조 공주감옥의 모습을 그대로 전하는 것이라 할 수 있
다. 옥의 경내 지름이 약 30m였다면 그 면적은 대략 200여 평 정
도였음을 말한다. 담장의 높이가 1길, 즉 3m에 가까웠다는 것, 그
리고 담장의 두께가 거의 1m나 되었던 점은 수감자들의 이탈을
방지하기 위한 특별한 조치였을 것이다. 둥글게 치는 담장은 일반
담장보다 그 시공에 있어 훨씬 많은 노력과 기술을 요구하였을 것
이 분명하다. 그럼에도 불구하고 이같이 둥근 형태의 담장을 시설
한 것 역시 옥내의 수감자들을 관리하는데 편리하다는 이점 때문
이었을 것이다. 그러나 부수적으로는 수감자의 '교정 교화'라는 상
징적 의미도 내포되어 있었다고 한다.[13]

참고로 1997년 경주문화재연구소에 의해 발굴 조사된 경주의
원옥은 내부 평면의 지름(담장 기단 내측의 지름)이 동서 33.5m,
남북 23.5m로서, 대략 공주옥의 경우와 큰 차이가 없는 규모였
다.[14]

---

12) 『사진으로 본 조선시대 생활과 풍속』, 1987
13) 임재표, 「조선시대 경주 원형옥에 관한 연구 – 발굴현장 조사를 중심으로」, 『矯
    正』264호, 1998년 4월호, pp.22~23 참조
14) 경주옥의 조사보고서(국립경주문화재연구소, 『경주서부동 19번지유적 발굴조
    사보고서』, 2003)에는 옥지의 규모 등에 대한 자세한 수치가 제시되어 있지
    않다. 임재표는 조사보고서 출판 이전에 경주의 발굴자료를 토대로 개인적으
    로 경주옥의 조사 내용을 정리 소개하였는데, 이에 의하면 경주옥은 평면의
    바깥지름이 35.2m(또는 37.8m), 안지름 30.1m(또는 34.7m), 담장의 기초석 너비
    가 2.8 – 2.9m, 담장의 너비 1 – 1.1m, 원옥의 내부 공간 면적은 254평이었는데,
    이 수치는 대략 발굴보고서의 제시보다 약간 큰 규모로 파악된 것 같다. 임
    재표, 「조선시대 경주 원형옥에 관한 연구 – 발굴현장 조사를 중심으로」, 『矯
    正』264호, 1998년 4월호, pp.27~28 참조.

2) 옥사(獄舍)

조선시대 향옥의 옥
사 형태는 일자형(一字
型), ㄴ자형, 병렬형, ㅁ
자형 등 지역에 따라 다
양하였다. 공주의 경우는
일자형이었지만, 평양은
ㄴ자형, 경주와 영변은 병
렬형, 전주의 경우는 ㅁ자
형이었다는 것이다.16)

공주 감옥의 옥사 구
조는 일자형의 건물에
기와를 덮은 것으로 보

경주 원옥의 평면 실측도15)

일 뿐 그 이상은 파악되지 않는다. 그러나 이 사진이 게재된 서문
당 책에서는 이와 아울러 공주감옥임이 분명한 옥사 건물을 역시
싣고 있다. 사진을 통해서 보면 옥사는 감옥의 벽면을 모두 나무
줄기로 막아 일종의 나무창살을 형성하고 있음이 특징이다. 기둥
은 굵고 좋은 나무를 사용하였지만 창살에 해당하는 부분은 좀 가
늘고 굴곡이 심한 나무로 벽면을 형성, 수감자의 옥외 이탈을 방
지하면서 아울러 옥 밖에서 수감자의 동태 파악이 가능하도록 하
였다. 실제 사진에는 옥 안에 몇 사람의 수감자가 반듯이 앉혀져
있고 밖에는 제복을 착용한 간수가 서있는 모습을 보여준다.

---

16) 국립경주문화재연구소, 위의 보고서에서 옮김.
16) 임재표, 「조선시대 경주 원형옥에 관한 연구」『교정』, 1998년 4월호, p.32의 주
23

공주감옥의 옥사 외경

　　병렬형 옥사 구조를 가진 경주옥의 경우를 참고하면, 경주옥은
동서 2동의 옥사를 갖추었는데, 동편 옥사(건물지 2)는 동서 11×
남북 15m, 서편옥사(건물지 1)는 동서 8×남북 12.5m의 평면넓이였
다.[17] 옥사 건물이 서로 대소간 약간의 차이가 있는 것이 주목되
며, 남녀간의 성별에 따른 용도로 추정되었다.[18]

　　공주옥의 옥사의 사진을 다시 살펴보면 건물의 두 칸마다 작은

---

17) 국립경주문화재연구소, 『경주서부동 19번지유적 발굴조사보고서』, 2003, p.72.
　　한편 임재표의 자료는 발굴조사보고서와는 약간 수치가 다른데, 동편 옥사는
　　기초석 외측 기준 50평(옥사 벽 기준 35평), 서편 옥사는 기초석 외측 기준 30
　　평(옥사 벽 기준 19평)의 규모라 하였다. 아울러 경주옥의 옥사가 단층건물인
　　데도 기초석의 너비(폭)가 무려 2m에 이르고 있는 것은 파옥(破獄) 도주를 우
　　려한 감옥 건물의 특성을 반영하고 있다고 보았다. 임재표, 위의 논문, pp.32
　　～39.
18) 국립경주문화재연구소, 『경주서부동 19번지유적 발굴조사보고서』, 2003, pp.258
　　～259 참조. 이는 조선시대 전옥서(典獄署)의 구조에 근거한 추정으로 보이는
　　데, 그러나 만일 그렇다면, 공주옥이나 여타의 향옥에서도 2동 옥사의 병렬형
　　이 일반적이었을 것이나, 그렇지 않다는 점에서 남녀별 옥사라는 의견은 검토
　　의 여지가 있다.

문이 설치되어 있다. 그중 왼쪽 문은 작지만 두 짝으로 되어 있고 오른쪽은 한 짝으로 만들었는데 문의 위쪽에는 사람 얼굴보다 약간 큰 구멍이 있어 음식 등의 투입구로 사용한 것 같다. 건물의 높이는 사람 크기의 두 배에 가까우며 대략 3m이상이다. 이로 보아 공주감옥의 경우도 담장의 높이는 3m정도 되었을 것으로 생각된다.

두 사진중 하나는 옥사의 외관을 촬영한 것이고, 다른 1매는 수감자와 간수들이 옥사를 배경으로 함께 찍은 것으로서 같은 사진사에 의한, 같은 날의 사진으로 생각된다. 그리고 더 나아가서 생각하면 감옥의 원경사진 1매도 이때에 촬영된 것으로 보여지고 이것이 하나의 셋트로서 보존되어 재편집, 출판된 것이라 하겠다.

이 사진은 옥사의 오른쪽 부분이 절단되기는 하였지만 왼쪽 부분이 완전히 포착되어 있는데, 이에 의하면 와옥(瓦屋)의 옥사는 경사면이 완만한 맞배식이며 우측 전면에는 불을 밝히는 조명등 시설이 설치되어 있다. 사진에 나타난 옥사의 외관은 전체의 반을 약간 넘는 것이며 이로써 전체구조를 복원하여 본다면 옥사는 전면 4개처에 출입문이 배치되고 건물의 중앙에 1개의 조명등이 시설되어 있었던 것 같다. 옥사의 건물은 보통 건물보다 확실히 지붕까지의 높이가 높고 지붕도 경사면이 완만한데, 이러한 구조상의 특성은 옥사 내부 수감자의 이탈 예방이라는 옥사의 특성과 관련이 있는 것으로 보인다.

3) 관리용 건물(초소)

옥사의 좌측 배후에는 초가의 또 다른 건물 1동이 보이고 있다. 초가 건물의 용도는 수감용의 또 다른 별채인 것처럼 생각되기도 한다. 벽면의 구조가 옥사와 같이 나무기둥을 일정 간격으로 세워 내부가 들여다 보이도록 되어 있고, 좌측 모퉁이 기둥에 잇대어 있는 문 역시 높이가 낮은 쪽문으로 시설되어 있는 데다, 와가 아닌 초가로 되어 있기 때문이다. 그러나 좀더 세부적인 관찰을 통하여 보면 다음과 같은 점이 주목된다.

첫째 창살처럼 성글게 세운 벽면의 나무기둥은 옥사의 그것에 비할 때 보다 곧고 고른 양질의 목재를 사용하고 있다는 점이다. 둘째는 문의 구성 역시 벽면의 구성 방법대로 나무 각목 몇 개로 성글게 짜맞춘 점인데 이는 판목을 사용한 옥사의 쪽문과는 전혀 다른 것이다. 만일 이 건물이 옥사라고 한다면 쪽문의 개방된 틈을 통하여 자물쇠를 부수고 수감자가 이탈하기 용이한 구조가 되는 것이다.

이로써 판단할 때 옥사 배후의 초가 건물은 간수의 관리용 건물(초소)이며 벽면이 옥사와 같이 성글게 구성된 것은 옥사 주변의 동태를 실내에서도 손쉽게 관찰하기 위한 목적 때문이었다고 하겠다.[19] 옥사가 기와지붕인 것은 수감자의 우대를 위한 목적이 아니라 외부로의 이탈 예방조치의 하나였다고 생각된다. 관리용 건물의 초가지붕에는 박처럼 보이는 열매가 얹혀져 있다.

4) 마당과 담장 등

원경 사진을 함께 참고할 때 옥사는 남향의 건물이며 둥근 원

---

19) 경주옥에서도 감옥터에 2동의 옥사 이외에 1칸×2칸 규모의 소건물이 시설되어 있었는데(건물지 3), (국립경주문화재연구소, 위 보고서, p.72, p.77.) 임재표는 이 건물을 '감시초소'로 추정하였다.(임재표, 앞의 논문, pp.42~43) 필자 역시 이 의견에 동의한다.

옥의 중심부에서 약간 뒤로 물러 세운 것이다. 이는 수감자들의 활동공간 마련을 위한 의도적인 배치였음이 분명하다. 그 결과 옥사의 앞에는 일정 면적의 마당공간이 조성되어 있었던 것이다.

옥사 앞마당에는 화초가 심겨진 화단이 조성되어 있는 사실이 또한 퍽 재미있다. 우측면이 절단되어 있기는 하지만 화단은 옥사의 앞에 3개가 시설된 것 같고 퍽 정성들여 만들어지고 가꾸어진 것 같다. 중앙의 화단은 방형으로 좌측은 둥근 원형의 화단인데, 보이지는 않지만 우측에 역시 좌측과 같은 원형의 화단이 조성되어 있었음이 분명하다. 이는 옥사의 일자형 건물 구조와 전체적 균형을 고려한 배치로서 퍽 세밀한 생각 후에 만들어졌던 것이다. 화단의 경계는 아마도 잡석과 기와편 등으로 조성한 듯한데 그 쌓은 모습이 아주 가지런하다. 화단은 수감자들에 의하여 매일 매일 정성스레 가꾸어지고 있었음이 틀림없다. 화초의 내용은 알 수 없으나 비교적 무성한 잎파리를 나타내고 있는 것으로 보아 녹음기에 가까운 시기의 촬영이었던 것 같다.

사진으로 보아 담장을 쌓은 재료는 주로 석재였다. 이점은 1912년 베버 신부가 확인한 사실과 일치하는데 토축으로 할 경우 건축은 보다 용이하지만 파괴 역시 용이하기 때문에 특별히 석축한 것이라 하겠다. 경주옥의 경우를 참고하면, 담장의 너비는 1～1.1m이고, 담장 기초석의 너비가 2.8～2.9m에 이르고 있다. 감옥으로서의 특성을 반영한 것이라 하겠는데, 공주옥 담장의 경우도 이와 유사하였을 것이다. 직경 30m의 원옥을 2～3m 높이로 석축을 하였다면 그 석재의 양 또한 적지 않은 양이다. 옥사를 두르고 있는 담장은 둥근 원형으로서 이에 따라 감옥은 원옥의 형태로 되어 있다. 흥미로운 것은 담장 역시 옥사와 같이 위에 기와를 올렸다는 점이다. 담장에까지 기와를 올린 것 역시 수감자의 이탈방지를 위한 것이다. 그러나 오래 수리가 이루어지지 못한 탓인지 퇴락한 모습이 역연하다. 상당 부분의 기와가 허물어진 상태이며 기와 사이에서 잡초가 자라는 모습도 확인되고 있는 것이다.

다시 감옥의 원경 사진을 살피면 담장에는 동쪽에 시설된 조그만 쪽문 하나가 외부와 소통되는 유일한 통로이며 이 통로에 연접하여 간수의 관사에 해당하는 초가의 가옥이 있었다. 그리고 감옥의 옆으로는 공주시 교동, 제세당약방 부근의 도로가 지나가고 있는데 당시 감옥의 담에 사용되었던 많은 양의 할석의 석재들이 그 후 어떻게 처리되었는지 궁금하다. 제민천의 제방공사시에 매립되었을 가능성도 많다.

마지막으로 감옥의 화장실 문제이다. 임재표의 글에서는 일본인이 쓴 책에 나와 있는 것이라 하면서 "조선시대 공주 원형옥 내에는 수용자들이 여기 저기에 방분(放糞), 방뇨(放尿)하여 불결하기가 이를 데 없었다"고 적고 있다.[20] 그런데 경주옥의 구내에서는 화장실로 추정되는 유구가 확인되고 있다. 문제의 유구는 경주옥 서쪽 옥사의 하단 모퉁이에 있는 우물 모양의 석축 유구이다. 이에 대하여 조사보고서는, '우물 11'이라 하여, 조사지역 내의 여러 우물중의 하나로 단순히 처리하고 말았다.[21] 그러나 임재표는 이를 '원형옥의 변소'일 것으로 보았다.[22] 필자의 의견 역시 '변소'로 보아야 한다고 생각한다.[23] 이에 비추어 공주옥의 경우 역시 구내

---

20) 임재표, 앞의 「조선시대 경주 원형옥에 관한 연구」, p.48
21) "우물의 내경은 장 55cm, 단 35cm 정도이며 깊이는 70cm 정도이다. 굴광선의 직경은 상부가 200-240cm 정도이며 아래로 갈수록 좁아진다. 우물 벽석 아래로는 목재가 있는 흔적이 있는데, (중략) 우물에 사용된 석재는 10~40cm 정도의 천석(川石)이다." (국립경주문화재연구소, 앞의 『경주서부동 19번지유적 발굴조사보고서』, p.178)
22) 우물로 보는 근거로는 유구의 형태가 옛날 우물과는 다르다는 점, 위치가 출입문에서 감시가 용이한 지점이라는 점 등을 들었다. 임재표, 앞의 논문, p.47

에 간단한 화장실이 시설되어 있었을 것이다.

3. 1896년 홍주의병과 공주감옥

위에 언급한 공주감옥의 사진에는 "공주감옥에 잡혀온 충남 의
병들의 모습"이라는 설명문이 부쳐져 있고 감옥의 옥사 앞에 3~4

공주옥의 수감자들

---

23) 경주 서부동 19번지에서는 도합 16개소의 '우물' 우구가 나왔다. 이들 유구의
대부분은 평면의 형태가 원형, 혹은 원형에 가깝다. 원형옥 구내의 것만이 계
란 모양의 길죽한 장난형(長卵形)이며, 구덩이 평면이 길이 55cm, 너비 35cm,
깊이 70cm로 되어 있는데,(국립경주문화재연구소, 앞의 『경주서부동 19번지유
적 발굴조사보고서』, p162, pp178~179)라면 화장실 용도로 매우 적합한 규모
이다. 조사된 '우물'중에는 이 이외에도 몇 개의 화장실이 더 포함되어 있을
가능성이 있다.

열로 단정히 무릎 꿇은 자세의 수감자들이 제복의 간수들과 함께 찍은 모습이 나타나 있다. 사진에 나타난 사항의 관찰로서 우선 수감자들의 모습을 살펴보면 무명제로 보이는 무색의 바지저고리를 일정하게 착용하고 있으며 그 인원은 대략 35명 정도이고 전원이 남자인 것으로 보인다. 이 사진에서는 확인되지 않으나 좀더 근접 촬영된 다른 지역의 수감자들의 경우 왼쪽 가슴에 번호를 부착하고 있다. 이들 수감자들은 모두 상투를 틀지 않은 짧은 머리로 보여지며 앞에 인용한 설명문대로 한말 혹은 일제 초기 주로 국권의 회복을 위한 의병항쟁에 가담하였다가 체포 구금된 충남 일대의 의병들이라 보아도 좋을 성 싶다.

무릎꿇은 모양으로 열지어 있는 수감자들 곁에는 4명의 인물이 서있는데 그중 3명은 모자를 착용한 제복차림이며 1명은 관립(冠笠)을 쓰고 흰색 두루마기를 단정히 차려입은 모습이다. 두루마기 차림은 감옥을 방문한 외부 방문객이 분명한데 한말의 조선인 고관으로서 혹 중앙에서 상황 파악을 위해 파견된 인물이 아닌가 생각된다. 그의 왼쪽 손에는 검은색의 두루마리가 쥐어져 있는데 이것은 그의 방문이 공무상의 것이었음을 확실하게 한다. 신식제복 차림의 3명은 간수들로 보이는데 그 중 좌측 두루마기의 조선인 방문객과 함께 포즈를 취하고 있는 인물은 다른 2명과는 제복에 차이가 있다. 이로써 볼 때 우측의 제복 2명은 감옥에서 근무하는 간수이고, 두루마기와 함께 선 검은 제복은 감옥에 대한 관리책임을 가진 인물인 듯 하다.

이제 이상과 같은 관찰의 결과로서 생각할 때 이 사진은 1900년경 공주감옥을 방문한 조선인 고관이 수감자 및 간수 등과 함께 방문기록을 남기기 위한 공식 기록사진이라 보아진다. 그리고 이에 근거하여 볼 때 당시 공주감옥의 평균 수감 인원은 30~40명

정도, 그리고 2명의 간수가 직접 수감자를 관리하고 있었다는 것을 알 수 있다.

한편 사진 설명에 언급된 충남 의병이란 1896년 초 홍주(홍성)에서 일제의 침략정책에 대항하여 거병한 의병활동을 가리킨다. 당시의 의병운동은 1895년 일본 낭인에 의한 민비의 시해사건, 그리고 이에 뒤이은 단발령 등에 직접 자극 받아 일어난 의병 봉기였다. 1894년 동학농민전쟁, 청일전쟁, 갑오개혁 등의 걷잡을 수 없는 새로운 상황의 전개에 뒤이어 1895년 10월 7일 밤에 진행된 민비시해 사건은 일제의 침략의도를 더욱 노골화한 사건이었다. 이에 뒤이어 11월 15일에는 상투머리를 자르도록 하는 단발령이 발포됨으로써 전국이 격동하게 되었던 것이다. 황현(黃玹) 『매천야록(梅泉野錄)』의 기록에는 이 당시의 상황에 대해 "머리를 깎으라는 영이 내리자 곡성이 하늘을 진동하고 사람들은 분노에 못 이겨 목숨을 끊으려 하였다"고 한다. 단발령의 시행은 서울에서 곧 지방으로 파급되어 공주 관찰사 이종원은 금강을 막고 행인의 머리를 강제로 깎아 지역민의 인심을 극도로 자극시키게 되었다.

홍주에서의 의병은 1896년 1월에 봉기하였는데, 여기에는 일반 유생과 농민들 이외에 인근 지역의 수령 등 관리들이 가담함으로써 기세를 올렸다. 이들은 김복한(金福漢)을 대장으로 추대하고 청양군수 정인희(鄭寅羲)를 선봉장으로 삼아 이봉학(李鳳學), 이병승 등과 함께 홍주에 이미 집결한 병력을 우선 호서중심지인 공주로 투입하는 작전을 세웠다. 선봉장 정인희가 홍주에 집결된 병력을 이끌고 먼저 공주공격에 나서자 이들 의병군에 협조하는 듯 하였던 홍주 관찰사 이승우(李勝宇)가 순검을 동원하여 대장 김복한을 비롯한 의병지휘부를 전격 체포하였다. 이로 인하여 각처에서 홍주로 집결중이던 의병들은 구심점을 상실한 채 흩어지게 되었고 공주 공격전에 먼저 투입되었던 정인희의 부대 또한 공주부의 영관 주완희의 계략에 넘어가 공격시기를 놓치고 말았다. 그 후 홍주의병은 이병승의 선발대가 공주부근의 공서원에서 구완희의 공주부 관군에게 패퇴하였다. 그리고 이에 따라 소모장 이종소, 이상천 등이 사로잡히고 부대는 해산되고 말았다.

사진에서 보는 30명의 공주감옥 수감자들이 1896년 초 거병했던 홍주의병이라고 볼 때에 아마도 이들은 선봉대로서 공주부를 진공했던 청양군수 정인희 휘하의 의병들이었다고 할 수 있겠다. 그리고 이 사진을 비롯한 몇 장의 공주감옥 사진은 대략 1896년에 촬영된 것이었음을 아울러 추정해 볼 수 있다.

4. 독일인 신부가 본 공주감옥

1912년 독일의 신부 노베르트 베버(N.Werber)는 일제 식민치하에 들어간 한국을 방문하였는데 그는 여행도중 충청도의 중심도시이며 1866년 다수의 천주교도들이 처형되었던 순교성지, 공주를 방문하였다. 이때 그는 처형장인 황새바위 일대에서 순교자의 피를 회상하였으며 형장에서 그리 멀지 않은 공주감옥을 특별한 관심을 가지고 방문하게 되었다. 그들이 공주감옥을 찾은 것은 당시 천주교도들이 이 감옥에 수감되었기 때문이다. 이 때문에 공주감옥은 순교자들의 고통과 상흔이 담겨진 뜻깊은 성역이 아닐 수 없었다. 그리하여 그는 공주를 다음과 같이 소개하고 있다.

우리는 많은 순교의 피를 마신 기독교의 토대가 있는 여기 공주에 다시 있게 되었다. 공주는 과거 조선 8도중 충청도의 수도였었다.

따라서 이곳에는 가장 높은 관원이 있었으며 그 앞에서 천주교도들이 박해의 형을 받았다. 교외에는 강 쪽으로 피흘린 처형장이 있다. 거기에는 수심(水深)이 깊은 산골짜기의 개천이 강으로 통하는 길을 차단하고 있다. 영웅의 시대여, 다시 돌아올른지?

베버 신부는 그의 한국여행 경험을 글로 엮어 1915년 독일어로 출판하였고[24] 그 중 공주 여행에 대한 부분이 번역, 소개된 바 있다.[25] 이제 이에 의하여 한말 공주 감옥의 모습을 다시 한 번 파악해 보고자 한다.

베버 신부 일행이 공주에 도착, 감옥을 방문한 것은 1912년 4월 25일의 일이었다.

작은 감옥 마당을 둘러싸고 있는 나직한 검은 담과, 바로 우리 쪽을 아프게 올려다보는 그을린 조그만 판자문이 벌써부터 나를 끌러 당겼다.……너절한 옥사는 30미터 직경의 둥근마당 한 복판에 서 있고, 그 앞에 이제 일본 간수의 숙소로 쓰이는 초가집이 있었다. 이것이 볼 수 있는 전부이다. 그러나 풍화된 돌만은 순교자들의 경건한 인내에 관해, 강한 믿음에 대한 그들의 뜨거운 탄원에 관해, 그들의 하나님에 대한 신뢰와 영웅적 용기에 관해 이야기하기 시작할 것 같다. 그로 인해 그들은 마침내 고통에 찬 괴로움을 당한 후 마지막으로 이미 말할 수 없을 정도로 많은 괴로움을 당한 그들의 믿음 때문에 죽기 위하여 낮은 쇠고랑을 찬 채 처형장으로 끌려 나갔던 것이다.…수백명의 교도들이 거의 끌 수 없는 헐어 벗겨진 몸에 무거운 목칼을 쓰고 그리워하던 목표에 도달하기 위해 이 문턱을 넘었겠지 !26)

---

24) 『동방의 조용한 나라에서 – 한국에 대한 여행 회상록(IM LANDE DER MORGENSTITLE – REISE_ERINNERUNGEN an KOREA)』 Missionsverlag St. Ottilien, Oberbayern, 1915(1923 재판)
25) 『웅진문화』 제1집(1988)과 2·3합집(1990)에 「한 독일 신부가 본 1910년대의 공주」라는 제목으로 소개된 이종완(공주대) 교수의 번역이 그것이다.
26) 이종완, 「1910년대 독일신부가 본 공주」 『웅진문화』 2·3합집, 1990, pp.99~

베버신부가 본 황새바위 주변풍경(정면에 공산성 서문 일대가
보임)

　　베버 신부 일행이 멀리에서 바라본 공주옥은 나직한 담장, 그
리고 외부로 연결되는 작은 판자문이었다. 그러나 공주감옥의 담
장이 낮지 않았다는 사실은 이 책에 실린 감옥 입구의 사진에 의
해서도 확인된다. 감옥의 입구에는 한사람의 조선인이 서있는데
담장이 높이는 그 키보다 훨씬 높게 시설되어 있다. 판자문으로
형성된 이 출입구를 통하여 감옥 경내로 들어서게 되는데 경내의
직경이 30미터라고 한 것은 앞에서의 설명과 그대로 일치한다. 그
리고 옥사와 별도로 초가의 간수 숙소가 시설된 설명도 1910년경
의 공주감옥 사진과 부합되고 있다. 베버 신부의 여행기에 실린
사진을 통하여 담장의 시설을 보면 많은 돌을 쌓아올린 일종의 돌
담 형식이다.

100

베버 신부 일행은 이 감옥의 담장에 설치된 문에 대해서 주의 깊게 관찰하게 되었다.

황새바위의 천주교 순교탑

너비 70cm, 높이 120cm로 된 두 개의 육중한 판자문짝에는 문짝이 일치하는 위쪽에　작은 구멍이 있으며 두 개의 문짝마다 한뼘 너비로 귀퉁이가 잘려 있었다. 이 구멍은 안에 있는 문지기가 내다보는데 쓰는 것이다. 문 옆에는 벽을 통한 구멍이 뚫려있는데 이 구멍으로 소리를 전달하는 대나무 막대가 꽂혀 있다. 그리하여 간수는 외부세계와 안전한 관계를 갖는다.[27]

베버 신부 일행은 감옥을 거쳐 곧장, 황새바위 순교지로 직행, 순교자들의 발걸음을 쫓았다. 거기에는 공주감옥으로부터 끌려나와 강물에 그 피를 흘려보낸 숱한 순교자의 무덤이 뒤덮여 있었다.

여기 쉬고 있는 영웅들의 숨겨진 영혼의 위대함을 회상하기라도 하는 것처럼 이 무덤 아래의 언덕에는 우리의 비올라 알피나꽃의 향

---

27) 이종완, 위의 번역, 『웅진문화』2·3합집, 1990, p.100

기마냥 달콤한 작고 푸른 오랑캐꽃이 향기를 날리고 있었다. 우리는 이 무언의 인사를 깨닫고 위대하고 성스러운 남녀, 그리고 무죄한 아이들의 믿음, 그 강한 신앙을 기억하기 위하여 이 오랑캐꽃을 귀향의 길에 가져가게 되었다.[28]

맺는말

「공주목지도」에 그려진 둥근 담장을 두른 감영시대의 공주감옥, 순교자들의 숱한 상흔이 스며있는 베버 신부가 방문한 이 감옥이 폐쇄된 것은 신부의 방문으로부터 2, 3년 후인 1914년 1월의 일이다. 국권의 피탈과 함께 일제에 대한 저항 등으로 양산된 피검자를 수용하기 위하여 일제는 크고 견고한 새로운 감옥시설을 필요로 하였다. 그리하여 이 외감옥이 위치한 곳으로부터 약간 북쪽으로 떨어진 지점, 금정(錦町:현재의 교동, 현재 공주여중 앞 주택지)에 부지를 마련하고 1908년부터 근대식 감옥건물을 짓기 시작하였다. 1907년 이후로는 감옥 업무는 사실상 일제에 이관되었고, 이때 명칭도 '공주감옥서'로 바뀌게 되었다.[29] 감방, 창고, 공장, 관사 등 도합 50동의 건물이 완공되어 신건축 감옥으로 이전을 완료한 것은 수년 후인 1914년 1월이었다.

1923년 감옥서의 명칭은 다시 공주형무소로 개칭되었는데 공주군청 앞, 중앙장로교회 자리의 외감옥이 철훼된 것은 이 새로운 감옥서 건물이 준공된 1914년이었을 것이다. 옥사라는 건물의 특성상, 감옥서의 이전과 함께 이 구옥(舊獄)은 불필요해져버렸을 것이기 때문이다. 일제에 의하여 건축된 공주형무소는 담장의 연장

28) 이종완, 위의 글, p.101
29) 『공주군지』, 1957, 제1편 71장, 72장

길이가 545m, 그리고 건물의 총 건평이 1,375평에 달하였다고 하며, 상당량의 임야와 경작지를 아울러 소유하였다.[30] 1978년 9월 13일 공주교도소가 금강 이북, 금흥동 360번지로 이전하기 전까지 사용하였던 교동 3번지의 공주형무소는 말하자면 일제 총독부의 식민지 지배의 한 방편으로 문을 열었던 것이다.*

30) 『공주군지』, 1957, 제1편 73장
* 이 글은 『충청학교 충청문화』3, 충남역사문화원, 2004에 실린 것임.

공주 역사문화 연표

본 연표는 『공주의 역사와 문화』(공주대박물관, 1995)에 실린 이해준의 「공주지역 역사
문화연표」를 필자의 양해를 얻어 재정리한 것이다.

백제시대

B.C.18(온조 1) 온조의 백제 건국(삼국사기)
384년(침류1) 동진의 마라난타가 불교를 전래. 동진에 사신을 보내 조공함
427년(비유1) 고구려, 평양 천도
455년(개로1) 개로왕 즉위. 왕이 해구에게 군국의 정사를 위임.
461년 곤지, 왜국 파견(일본서기)
462년 무령왕 출생
475년(문주1) 고구려 침공으로 한성함락 문주왕 즉위. 웅진으로 천도
476년 탐라국, 백제에 방물을 바침. 사신에게 은솔의 관등을 줌.
　　　　해구를 병관좌평 임명. 송에 사신을 파견했으나 고구려가 막아 되돌아옴.
　　　　대두산성을 수리하고 한강 이북의 민호를 이주시킴.
477년(삼근1) 왕제 곤지를 내신좌평에 임명. 궁실 중수. 문주왕 피살, 삼근왕 즉위.
478년 해구와 연신, 대두성에서 반란. 처자를 잡아 웅진에서 처형함.
479년(동성1) 대두성을 두곡으로 옮김. 남제에 조공. 삼근왕 죽음. 동성왕 즉위.
482년 진노를 병관좌평에 임명하여 내외병마사를 관장하게 함.
483년 왕 한산성에서 군민 위로하고 10일만에 귀환. 왕 웅진의 북에서 사냥
484년 남제가 장수왕을 표기대장군에 봉하자 백제도 남제와 국교요청
485년 신라와 교빙.
486년 궁실 중수, 왕궁 남쪽에서 대규모 열병 거행. 백가를 위사좌평으로 삼음.
489년 제단을 설치하고 천지에 제사지냄. 왕, 남당에서 군신과 연회. 큰 풍년
491년 심한 기근으로 600여 호가 신라로 도망. 웅천의 물이 넘쳐 왕도 200여 호 표몰.
493년 왕이 신라에 결혼 청함. 이찬 비지의 딸과 결혼함.
494년 고구려와 신라가 살수 벌판에서 싸움, 왕이 군사 3천을 보내 신라를 구원함
495년 남제에서 봉책.
497년 홍수로 민가 떠내려감. 병관좌평 진노 사망.
498년 웅진교 가설. 탐라를 정벌하려 하자 탐라에서 사신을 보내 사죄함.
499년 역병이 크게 퍼짐. 기근으로 도적 발생, 2천호가 고구려로 도망.

500년 가뭄. 임류각 짓고 신하들과 연회.
501년 가림성(부여 임천) 축조. 백가가 동성왕을 살해. 무령왕 즉위.
502년(무령2) 백가가 가림성에서 반란을 일으키자 진압하고 그의 목을 백강에 버림.
　　　　양나라에서 봉책. 고구려의 변경을 침.
503년 말갈, 마수책을 불태우고 고목성 공격했으나 왕이 5천의 병사로 이를 격퇴.
506년 역병이 크게 퍼짐. 말갈이 고목성을 침공해와 600여인을 사로잡아 감.
507년 고구려 말갈의 공격 격퇴. 고목성 남쪽에 두 개의 목책과 장령성을 쌓음.
510년 제방을 축조하고 유민을 정착시킴.
512년 왜에 사신을 보냄. 양에 조공.
513년 왜에 오경박사 단양이를 파견
　　　　장군 저미문귀(姐彌文貴)를 왜에 파견(1년 8개월 후 귀국)
516년 오경박사 고안무를 일본에 파견하여 단양이와 교대케 함.
521년 기근으로 신라로 도망가는 자가 생김. 양에서 무령왕을 영동대장군에 봉함.
523년(성왕1) 왕이 한성에 행차, 좌평 인우와 달솔 사오를 시켜 쌍현성 쌓음.
　　　　무령왕 죽음. 성왕 즉위. 고구려가 패수에 이르자 보기 1만명을 보내 격퇴함.
524년 양나라의 고조가 왕에게 관작을 책봉함.
525년 신라와 교빙. 무령왕릉 축조.
526년 웅진성 수리. 승려 겸익, 인도에 감.
527년 웅진(공주)에 대통사 창건.
534년 양나라에 사신 파견.
538년 왜에 불교전수. 사비 천도. 국호를 '남부여'로 함.(일명 소부리)
540년 고구려 우산성을 공격하였으나 실패.
541년 양나라에 사신을 보내 모시박사(毛詩博士)와 공장(工匠)과 화사(畵師) 등을 청함.
　　　　나솔 기신미마사(紀臣彌麻沙)를 왜에 파견(1년 9개월 후 귀국).
544년 왜에 나솔 득문(得文)과 나솔 기마(奇麻)를 파견, 7개월 후 왜에서 귀국.
545년 왜를 위하여 장륙불상 주조.
546년 나솔 약엽례(掠葉禮) 등을 왜에 파견.
552년 금동석가상과 경론을 일본에 보냄. 노리사치계의 일본 불교전파.
554년(위덕1) 고구려가 웅천성을 공격하다 패퇴함. 성왕, 관산성에서 신라 복병의 공격
　　　　을 받아 전사함.
554년 담혜(曇惠) 등 승려 9명, 일본에 건너감.
583년 일본에 불상을 보냄.
592년 백제 기술자들 일본 법흥사의 불당 완성.
596년 건흥명 금동석가여래상 제작.
597년 아좌태자, 일본에 건너가 '성덕태자상'을 그림.
599년(법왕1) 왕흥사 창건.
602년(무왕3) 승려 관륵이 일본에 천문, 지리, 역서, 방술서 등을 전함.
630년 사비의 궁궐을 수리하기 위해 왕이 웅진성으로 행차.
634년 왕흥사 준공됨. 궁남지를 축조.
636년 왕이 사비하 북포(대왕포)에서 군신과 연회함.
654년 사택지적비 건립.

656년 성충, 의자왕에서 간언하다 옥사.
660년 나당연합군에 백제 멸망. 의자왕, 웅진으로 피난하였다가 신라에 항복. 웅진도독
     부설치. 임존성에서 백제부흥운동 일어남.
661년 복신, 도침, 흑치상지 등 왕자 부여 풍을 추대. 주류성을 거점으로 부흥운동 전개.
     백제 부흥군, 백제 서북부 일원 회복.
663년 풍왕이 복신을 살해함. 왜군 백강구에서 패배.(백강전쟁)
     부흥군의 마지막 거점인 임존성 함락.
665년 웅진도독 부여륭이 신라 문무왕과 더불어 취리산에서 회맹.

통일신라와 고려

668(문무8) 신라 문무왕 고구려를 멸망시킴.
676년 신라의 삼국통일.
686(신문6) 웅천군을 웅천주로 승격.
698년(효소7) 발해의 건국.
704년 웅천주에서 금빛 영지(金芝)를 바침.
720년 웅천주에서 흰까치를 바침.
724년(성덕23) 웅천주에서 상서로운 지초(瑞芝)를 바침. 동학사 상원조사가 처음 터를
     잡음
742년(경덕1) 웅천주 조교, 번길(향덕의 부)의 묘비 지음.
755년 향덕에게 효자 정려를 명하고 입석기사함.
757년 웅천주를 웅주로 개칭.
765년(혜공1) 다시 웅천주로 고쳐 부름.
790년(원성6) 웅천주에서 붉은 까마귀를 바침. 웅천주의 굶주린 백성들을 진휼.
821년(헌덕13) 김헌창이 웅주(웅천주)의 도독이 됨.
822년 김헌창이 공주에서 국호를 장안, 연호를 경운이라 하고 반란을 일으킴.
852년(문성14) 파진찬 진량으로 웅천주도독을 삼음
859년(헌안3) 계룡 갑사, 의상조사가 증축하여 화엄도량으로 삼음.
880년(헌강6) 웅주에서 상서로운 벼이삭을 바침.
887년(진성1) 무량국사가 갑사를 중창.
904년(효공 8) 공주의 장군 홍기(弘奇), 궁예에게 항복함.
915년(경명4) 태봉의 이흔암이 공주를 공략 점거함.
918년(태조1) 태조 왕건의 고려 건국.
926년(경애 3) 견훤, 고려를 공격하기 위해 군사를 일으켜 웅진에 진군.
927년 고려 태조 왕건, 공주를 공격하였으나 실패.
934년 고려 태조가 웅진 이북 30여성을 항복시킴.
936년 후백제 멸망, 후삼국통일.
936년 동계사, 류차달(柳車達)이 신라 눌지왕 때의 충신 박제상을 기려 건립.
940년 웅주를 공주(公州)로 개칭, 공주라는 이름이 처음 사용됨.
983년(성종2) 공주목 설치.

992년 공주의 별호를 '회도(懷道)'라 함.
995년 12목을 12절도부로 개편하면서 공주의 명칭을 '안절군(安節軍)'으로 개칭.
1010년(현종1) 현종, 거란침입으로 공주에서 1주일간 머뭄. 절도사 김은부 딸 현종의
　　　비(원성왕후)가 됨.
1012년 절도제도 폐지로 공주는 지주군사(지주사)로 바뀜.
1170년 무신들이 정권을 잡음.
1176년(신종2) 망이 망소이, 명학소에서 난을 일으켜 공주 함락. 명학소를 충순현으로
　　　승격시킴.
1231년 몽고의 제 1차 침입.
1232년 강화도 천도.
1236년 공주 효가동에서 야별초 박인걸 등이 몽고군과 접전, 16명이 전사함.
1270년 삼별초의 봉기
1298년 신원사 중건(부암화상)
1300년(충숙대) 양광도로 개편
1341년(충혜2) 공주가 원의 활활적의 처인 경화옹주의 고향이라 하여, 목으로 승격.
1356년(공민5) 양광도를 충청도로 고침.
1366년 이존오(1341~1371), 공주 석탄에서 은둔생활 시작
1376(우왕2) 왜구가 쳐들어와 공주목사 김사혁이 정현(鼎峴)에서 패해 공주관아 함락.
1380년 왜구가 임천, 공주 등을 치고 충북 지역으로 넘어감.
1388년 이성계 위화도 회군, 마곡사 소장 '감지은니묘법연화경'의 사경(寫經)이 노유린에
　　　의하여 발원됨.

조선시대

1392년(태조1) 고려 멸망, 조선의 건국.
1393년　이태조 공주의 계룡산 신도 후보지를 둘러보고, 공사를 명함.
1394년 한양천도. 길재가 삼은각터에 고려 왕 제사, 정몽주의 충혼을 기림.
1399년 유방택이 이색의 넋을 삼은각에 제사.
1400년(태종1) 공주목사 이정간이 삼은각 제단의 터에 각을 세움.
1406년 충청도 호구수(19,560호, 44,476명)
1413년 조선 8도 구획 확정. 고려의 왕족 왕휴의 아들 왕거을오미를 공주에서 체포.
　　　왕실에서 내시를 파견하여 계룡산신과 웅진(熊津)의 신에게 제사함. 태종이 공주
　　　유성온천에 행차.
1419년(세종1) 이도역을 이인역(利仁驛)으로 개칭할 것을 아룀.
1421년 공주에서 코끼리를 기르던 종이 코끼리에 채여 죽음.
1423년 신풍에 거주하는 서의(徐義)가 밭에서 무게 53냥의 은단지 한 쌍을 주어 바침.
1432년 공주에 거주하는 왜인(倭人)들을 돌려보내지 않고 그대로 살게함.
1437년 김종서, 6진 설치
1439년 김종서의 처가 공주에서 투병하므로 왕이 어육(魚肉)을 내림.
1452년(단종 즉위) 좌의정 김종서가 공주에서 성묘함.

1456년(세조4) 김시습이 삼은각 옆에 초혼각을 만들어 사육신 제사
1457년 공산성 내 영은사 창건(묘은사).
1472년(성종 3) 공주의 군액(軍額)을 줄여 2,670명으로 함.
1484년 공주에서 구리가 많이 난다고 충청감사가 보고.
1495년경 이목(1471~1498), 공주 소학리로 유배
1499년(연산5) 우공로(禹恭老) 묘비 건립.
1523년(중종18) 서기(徐起, 1523~1591) 출생.
1539년 정승주 묘비 건립.
1547년(명종 2) 홍수로 금강물이 불어 관아가 민가가 무너지고 보름동안 침수됨.
1550년 충청도를 청공도(淸公道)라 칭함.
1566년 류형(柳珩, 1566~1615) 장군 출생.
1569년 갑사 소장 월인석보 목판 판각.
1579년 도자기공 이삼평, '금강도(金江島)'에서 출생.
1581년(선조14) 충현서원 창건.
1584년 갑사 소장 동종 제작.
1585년 명탄서원(충절사) 건립.
1586년 조헌(1544~1592)공주목 제독으로 부임.
1592년 임진왜란 발발. 영규대사, 노응완 형제, 금산전투에서 순절.
1593년 왕세자가 공주에 이름.
1595년 충청도를 충공도(忠公道)라 칭함.
1597년 정유왜란 발발. 왜군이 공주에 이름.
1598년 명나라 군대 공주 주둔.
1598년 도공 이삼평이 나베시마의 왜군에 의하여 포로로 잡혀감.
1599년 명국삼장비 건립
1602년 쌍수산성(공산성) 수축, 공북문, 진남문 등 건립.
1603년 관찰사 류근(柳根), 충청감영 공주 개영.
1604년 공주에서 시전(詩傳)을 간행함.
1609년(광해1) 충현서원 중건.
1613년 충청도를 공홍도(公洪道)라 칭함.
1614년 공주에 '명화적(明火賊)' 출현(도적집단). 갑사 강당 건립.
1623년(인조1) 인조반정. 공주 향교, 교동의 현 위치로 이전.
1624년 충현서원 사액받음, 인조 이괄의 난으로 공주성 쌍수정에 파천.
1625년 고청 서기(徐起)를 충현서원에 별사.
1636년 병자호란 발발.
1639년 전염병으로 108인이 사망함.
1646년 충청감사 임담(林潭), 공주감영을 시내에서 공산성 안으로 옮김.
　　　 유탁의 란으로 공주목을 공산현으로 내림.
1648년 충청도 호구수, 67,043호, 174,052명.
1650년(효종1) 이귀(李貴) 신도비 건립.
1651년 충청도에 대동법을 실시.
1653년 충청감영 건물, 제민천변(대통사지)에 건축하여 공산성으로부터 옮김.

1654년 대흥 안곡사(安谷寺)에서 마곡사 동종 제작.
1655년 공주목을 공산현에서 다시 공주목으로 복구.
1656년 일본의 '도조(陶祖)' 이삼평, 일본 아리타(有田)에서 사망.
1657년 충청도 호구수, 97,552호, 286,591명.
1659년 갑사 사적비 건립.
1661년(현종2) 숙종 태실비 건립.
1622년 공주의 선비 이유태가 사회개혁과 관련한 상소를 왕에게 올림.
1666년 이덕사(李德泗) 묘비 건립
1669년 충청도 호구수(170,814호, 595,030명)
1684년 (숙종10) 전 참판 이유태가 공주에서 사망함.
1689년 김장생, 조헌, 송준길 충현서원 추배제향.
1694년 오시수(吳始壽) 신도비 건립.
1695년 효부 성씨 정려 건립. 김해, ·김경원(金慶遠) 정려 건립.
1707년 공주의 선비 윤필은(尹彌殷)이 군사제도의 개혁에 관한 10조의 상소를 올림.
1707년 충청감영 건물을 봉황산 아래 현 공주대 부설고 자리에 완공하고 감영을 이전함.
1708년 쌍수산성 인조 주필사적비 건립.
1710년 관찰사 한배하(韓配夏), 향교 명륜당 중수.
1712년 충현서원사적비 건립.
1713년 명국삼장비 중건.
1713년 이영(李泳) 묘비 건립. 우암 송시열을 충현서원에 추배 제향.
1717년 충청도 호구수 212,165호, 846,100명
1723년 홍수로 민가 1천 호가 떠내려감.
1725년(영조1) 이태연(李泰淵) 묘비 건립
1728년 무신란(戊申亂) 발발. 신천영(申天永)이 초혼각과 동계사에 방화.
1734년 관찰사 이수항(李壽沆)이 쌍수정 건립.
1736년 김종서 묘소, 장기면 대교리에 조성.
1739년 덕천군 사우, 연기군 남면 방축리에서 이건.
1741년 관찰사 조영국(趙榮國), 향덕 기념비를 소학동에 건립.
1742년 효자 황춘억(黃春檍) 정려 건립.
1746년(영조 22) 절재 김종서 선생 복권.
1750년 균역법 실시, 정규한(鄭奎漢, 1750~1824)출생.
1751년 판관 서흥보(徐興輔), 향교 명륜당 중수.
1752년 충현서원, 우암 송시열 추향기(追享記) 건립.
1755년 열녀 최백복(崔百福) 처 안동 권씨, 열녀 권씨 정려 건립.
1759년 공주목의 면리 및 호구수 26면 207리, 15,062호, 42,621명.
1761년 광주김씨 열녀 정려 건립.
1766년(영조 42) 숭선군(인조의 제5자) 묘, 이인면 오룡리에 이장.
1782년(정조6) 효자 오수혁(吳壽爀) 정려 건립.
1784년 이단원(李端源, 李存昌)에 의하여 공주에 천주교 전파.
1787년 시찰사 홍억(洪檍)이 쌍수정을 중수.
1788년 윤빈(尹彬) 정려 건립.

1790년 충현서원 중수.
1796년 류형(柳珩) 장군 영의정 증직, 충신 류지걸(柳智傑) 정려 내림.
　　　　윤원거(尹源擧) 묘비 건립. 충신 류지걸(柳智傑)) 정려 건립.
1798년 공주의 선비 류진목, 임박유 등이 농서(農書)를 올림.
1801년(순조1) 신유사옥으로 천주교 신자 처형.
1802년 류형(柳珩)에게 충경(忠景)이라는 시호 내림.
1804년 정분(鄭芬), ·정지산(鄭之産) 정려 건립.
1807년 충청도 호구수, 224,607호 892,747명.
1808년 덕천군 신도비 건립.
1810년 영규대사 묘를 계룡면 월암리에 조성.
1811년 홍경래의 난 일어남.
1812년 열녀 김씨 정려 건립.
1813년 영규대사 정려 내림. 관찰사 원재명(元在明) 향교 중수.
　　　　마곡사 대광보전 건립.
1815년 서기(徐起) 묘비 건립.
1817년 제민천교 영세비 건립. 최익항(崔益恒) 정려 건립.
1822년 관찰사 이석규(李錫奎) 향교 대성전 중수.
1823년 홍수로 민가 100호가 무너지고, 4명이 사망함.
1824년 김시산(金時産) 정려 건립.
1826년 갑사 대적전 건립.
1830년 동학서원 건립 박제상, 삼은(三隱)·삼상(三相)·육신(六臣) 등 배향.
1831년 관찰사 박제문(朴齊聞) 향교 강학루 중수.
　　　　노응완(盧應晥), 노응탁(盧應晫)에게 정려와 증직 내림.
1832년 프랑스인 안토니오 등 신풍 지역에서 천주교 포교.
　　　　화산영당(華山影堂)(계룡면 화은리) 건립.
1935년 동학사 대웅전 건립.
1836년 동학서원 철폐.
1839년 관찰사 조기영(趙冀永), 향교 대성전 중수.
　　　　홍수로 민가 489호가 무너지고 10명이 죽음
1846년 판관 권영규(權泳奎), 향교 강학루 중수.
1850년(철종1) 효자 이구상(李玖相) 효자 정려 건립.
1851년 김옥균, 광정에서 출생.
1852년 성주이씨 열녀문 건립, 충청도 호구수 222,933호, 880,549명.
1859년 『공산지』 간행
1862년 진유완(陳有完) 등이 공주에서 임술민란을 일으킴.
1863년(고종1) 신풍에서 천주교 포교하던 프랑스인 오베드루 신부가 병사.
1866년 병인양요로 천주교도 다수 처형.
1868년 대원군의 서원 훼철.
1869년 노숙(盧潚) 정려 건립.
1870년 관찰사 민치상(閔致庠), 향교 명륜당 중수.
1871년 신미양요. 효자 김영성(金永聲) 정려 건립.

1873년 덕천군 증직
1873년 판관 조명교(趙明敎) 향교 대성전 중수.
1876년 개항, 일본과 강화도 조약 체결.
1878년 신할 충신 정려 이건.
1879년 신원사 중악단 건축.
1882년 임오군란, 조미통상조약 체결. 오대붕(吳大鵬) 정려건립.
1884년 김옥균 등 개화당 갑신정변 일으킴.
1890년 노응완 신도비 건립.
1891년 만경 노씨 정려 건립. 이기원(李基遠) 정려 건립. 효자 윤직(尹稷) 정려 건립.
         이신애 여사 출생(비밀결사 대동단 통신부장 역임)
1892년 노응호(盧應晧, 1574~1592) 정려와 증직 내림.
1894년 2차 동학농민군 우금치에서 패전. 청일전쟁 발발.
         정안에서 천주교 전파하던 프랑스 조독하 신부 청병(淸兵)에게 체포되어 순교.
1895년 갑오경장, 칙령98호로 23부제실시, 충청도는 공주부, 충주부, 홍주부로 나누고,
         공주부는 27개군을 관할.
1896년 칙령36호로 13도제 시행, 충청남도로 개칭. 독립협회 설립.
         공주감영 예하에 경무청 설치(1909년 경찰서로 개칭).
1897년 (광무1) 대한제국 성립. 갱경골에 공주성당 설립(기낭신부).
1898년 프랑스신부 진베드로 공주성당 건립.
1899년 갑사 철당간, 태풍으로 절단.
1900년 김갑순에 의하여 금강관(錦工館, 공연시설) 건립.
1901년 명선남학교 개설(영명중학교 전신).
1903년 관찰사 홍승헌(洪承憲)이 쌍수정 중수.
         군산우체국 공주우편물 취급소로 우체국 발족.
1904년 노일전쟁 발발. 고종의 명으로 초혼각을 숙모전으로 개칭.
         사립 명화학교 설립(남부면 고상아리).
1905년 을사조약 체결, 노원섭(盧元燮), 이상두(李相斗) 등 의병 일으킴.
         대한자강회 결성, 한호농공은행(韓湖農工銀行) 설립.
1906년 효자 이면주(李勉疇) 정려 건립. 공주보통학교 개설(중동국교 전신).
         공주우편국 승격. 신원사 대웅전 건축.
1907년 대한제국 군대 해산. 계룡산 백암동 등지에서 의병 항전 전개.
         공주옥을 공주감옥서로 개편.
1908년 공주 부근에서 항일의병 항전 전개.
         공주지청 공주재판소 검사국으로 발족(1938년 검사분국), 금성금융조합 개설.
1909년 공주제일감리교회 예배당 건축(협산자교회)

일제시기

1910년 일제에 의하여 조선 병합됨.
         공주농업학교(예산농업학교, 공주대 산업과학대학의 전신) 개교.

1912년 독일신부 베버, 공주 천주교 순교지 방문(황새바위, 공주감옥)
1913년 이인 사립삼흥학교 개설(1917년 공립보통학교 인가).
     유구 공립보통학교 인가.
1914년 관할 구역 개편으로 13개면, 6개정, 207개리로 조정됨.
     공주지역 헌병대 설치. 잠업강습소 개설(충남잠종장 전신).
1916년 숙모전, 삼은각 건립.
1919년 공주, 의당 장기 정안 등지에서 3.1만세운동(12회 14,000명) 봉기.
     금성동에 공주전기회사 설립.
1921년 공주청년수양회 총회 열림. 숙모전 증축. 충남중학 기성회 조직(공주).
     공주전매서 공주영업소로 발족, 한전 공주영업소 발족, 반포공립보통학교 개교.
1921년-1922년 공주공립 고등보통학교 유치운동.
1922년 충남고보 위치 공주로 결정. 의당, 정안 공립보통학교 인가.
     공주고등보통학교, 공주 도립사범학교 개설.
     공주영명고등학교 기독교청년회 강연회, 공주학생친목회 하기 임시 야학 개설.
     공주불교청년회 창립 총회 개최, 불교청년야학 개최.
1923년 상수도 시설 준공. 앵산공원(구 공주박물관 자리)에 가로등 설치.
1924년 우성공립보통학교 인가, 영명여학교 맹휴사건.
1925년 공주영명학교 후원회 조직, 충현서원 옛터에 사우 중건.
     공주부인회 창립총회, 공주기독여자청년회 공주에서 조직.
1926년 6.10만세운동 일어남. 공주교육연구회 조직, 공주고보 학생동요사건.
1927년 공주 송산리 백제고분 발견.
     신간회 조직. 知事 신석린 대성전과 명륜당 중수.
     신풍공립보통학교 인가, 공주유림사건, 한국연구회 공주에서 창립.
1928년 공주여자고등보통학교 공주여자고등보통학교 개설. 공주소년동맹 창립.
     중학동에 충남도립도서관 설립.
1929년 공주고보, 영명학교 맹휴사건. 탄천공립보통학교 인가.
1930년 공주 송산리 6호분 발견. 장기공립보통학교 개설.
1932년 공주극장 건립. 충남도청을 대전으로 이전.
1933년 금강교 개통. 공주농업학교 설립.
1934년 계룡공립보통학교(왕흥국교) 개설. 공주고적보존회 발족.
1935년 공주 세무서 발족. 사곡면 호계리에 화암정(花巖亭) 건립.
1938년 공주여자사범학교 개설, 공주고등보통학교 공주공립중학교로 개칭
     공주박물관 신축 지진제 거행.
1940년 금학초등학교 금학보통학교로 개교.
     선화당을 이건하여 총독부박물관 공주분관 개관.
1941년 영명학교 폐교.
1945년 해방.

해방이후

1946년 공산성 내 중군영(진남관)의 문루였던 웅심각(熊心閣)을 보수, 광복루로 개명.
1948년 제헌의원 선출. 김명동, 신방현 의원 당선. 공주사범대학(2년제 도립) 개교.
1949년 영명학교 복교.
1950년 6.25 전쟁 발발. 공주문화원 창립.
1954년 제1회 백제문화제 거행.
1964년 공주석장리 구석기 유적 조사.
　　　　공주사범대학, 반죽동에서 신관동으로 이전.
1971년 무령왕릉 발견.
1973년 우금치에 동학혁명군 위령탑 건립.
1978년 공주 교도소, 교동에서 금흥동으로 이전.
1980년 공산성 추정왕궁지 등 건물터 발굴.
1986년 공주읍이 공주시로 승격.
1988년 공주향토문화연구회 창립(회장 윤여헌).
1990년 공주사범대학, 공주대학으로 개편.
1990년 일본 아리타의 읍민들이 동학사 입구 박정자에 이삼평 기념비 건립. 공주시 충남
　　　　교향악단 창단.
1991년 공주대학을 공주대학교로 개편(초대 총장 안승주).
1992년 공주대학교, 예산농업대와 통합.
1995년 공주시와 공주군을 통합, 공주시라 함.
1995년 유구면이 유구읍으로 승격.
1996년 공주민속극박물관 개관(관장 심우성)
1997년 충청문화재연구원 설립. 연정국악원 개원.
1999년 임립미술관 개관.
2001년 공주대학교 문화대학과 통합. 웅진교육박물관 개관.
2002년 공주시지 간행.
2004년 국립공주박물관, 웅진동으로 이전 개관, 동학사 입구에 계룡산자연사박물관 개
　　　　관. 공주 수촌리 백제 유적 발굴, 충남역사문화원 설립.
　　　　행정수도, 공주시의 장기면과 연기군 일대로 확정.
2005년 공주대학교, 천안공업대와 통합

참 고 문 헌

1. 史料

『삼국사기』
『고려사』
『고려도경』
『공주감영읍지(錦營誌)』
『남사』
『동국신속삼강행실』
『삼국지』
『신증동국여지승람』
『여지고』
『일본서기』
『최문창후전집』
『조선정감』

『삼국유사』
『조선왕조실록』
『공산지』
『괄지지』
『동국통감』
『동사강목』
『속일본기』
『양서』
『여지도서』
『주서』
『충청도읍지』
『한원』

2. 著書 및 調査報告書

공주군, 『계룡갑사실측조사보고서』, 1991.
공주군, 『공주군지』, 1957.
공주대박물관, 『백제의 조각과 미술』,1992.
공주대 박물관, 『공주의 역사와 문화』, 1995.
공주대 백제문화연구소 『백제문화를 통해 본 고대 동아시아 세계』, 2002.
공주대학교 백제문화연구소, 『공주충청감영터』, 2003.
공주대학교 백제문화연구소, 『백제 무령왕릉』, 1991.
공주문화원, 『공주실록 – 조선왕조실록에 수록된 공주관련 사료』, 1997.
공주문화원, 『공주의 전통마을』(3), 2004.
공주민속극박물관 『계룡산산신제 복원조사보고서』, 1997.
공주사범대학 백제문화연구소, 『백제문화권의 문화유적』공주편, 1979.
공주시, 『공주의 옛모습』, 1996.
공주시, 『충청감영 400년』, 2003.
국립경주문화재연구소, 『경주 서부동 19번지유적 발굴조사보고서』, 2003.
국립부여문화재연구소 · 국립공주박물관, 『무령왕릉과 동아세아 문화』, 무령왕릉발굴 30
    주년 기념 국제학술회의 발표자료집, 2001.

김달수,『일본열도에 흐르는 한국혼』, 동아일보사, 1993.
김영원,『조선시대 도자기』, 서울대출판부, 2003.
김재용·이종주,『왜 우리의 신화인가』, 동아시아, 1999.
김재원,『단군신화의 신연구』, 탐구당, 1979.
김정배,『한국민족문화의 기원』, 고려대출판부, 1973.
김철웅,『한국중세 국가 제사의 체제와 雜祀』, 한국연구원, 2003.
김현구,『백제는 일본의 기원인가』, 창작과비평사, 2002.
김현구 외,『일본서기 한국관계 기사 연구』(Ⅰ),(Ⅱ), 일지사, 2002, 2003.
김현준,『사찰, 그 속에 깃든 의미』, 교보문고, 1991.
나도승,『공주 금강권의 역사지리』, 금강권연구소, 1994.
노성환,『일본 속의 한국』, 울산대학교 출판부, 1994.
노중국,『백제정치사연구』, 일조각, 1988.
동아일보사,『100년전 한국』, 신동아, 2005년 1월 부록사진집.
문화재관리국,『미륵사』, 1989.
문화재관리국,『무령왕릉발굴조사보고서』, 1973.
박남수 등,『갑사와 동학사』, 대원사, 1999.
박종기,『지배와 자율의 공간, 고려의 지방사회』, 푸른역사, 2002.
백제문화개발연구원,『계룡산지역의 유적과 유물』, 1995.
백제문화개발연구원,『충남지역의 문화유적』2, 공주군편, 1988.
서문당편집부,『사진으로 보는 근대한국』(상), 서문당, 1986.
서문당편집부,『사진으로 보는 독립운동』(상), 서문당, 1987.
서문당편집부,『사진으로 보는 조선시대 생활과 풍속』, 서문당, 1987.
서울시,『서울문화재대관』, 1987.
서울시,『서울육백년사』문화사적편, 1987.
손성우,『한국지명사전』, 경인문화사, 1974.
손영식,『옛다리』, 대원사, 1990.
안승주·이남석,『공산성 백제추정왕궁지 발굴조사보고서』, 공주사대박물관, 1987.
안승주,『공주 공산성내 건물지 발굴조사보고서』, 공주사대 백제문화연구소, 1982.
안영숙 등,『삼국시대 연력표』, 한국천문연구원, 2002.
연민수,『고대한일교류사』, 혜안, 2003.
염영하,『한국종연구』, 한국정신문화연구원, 1984.
유원재,『웅진백제사연구』, 주류성, 1997.
윤용이,『아름다운 우리도자기』, 학고재, 1996.
윤용혁,『고려대몽항쟁사연구』, 일지사, 1991.
이강래,『삼국사기 典據論』, 민족사, 1996.
이광규,『한국가족의 사적 연구』, 일조각, 1977.
이기동,『백제사연구』, 일조각, 1996.
이기백,『신라정치사회사연구』, 일조각, 1974.
이남석 외,『구룡사지』, 공주대학교 박물관, 1995.
이남석,『공산성지당』, 1999.
이남석 외,『대통사지』, 공주대학교 박물관, 2000.

이도학, 『새로 쓰는 백제사』, 푸른역사, 1997.
이정재, 『동북아의 곰문화와 곰신화』, 민속원, 1997.
이형석, 『임진전란사』, 신현실사, 1974.
이희덕, 『고려 유교정치사상의 연구』, 일지사, 1984.
임헌도, 『한국전설대관』, 정연사, 1973.
전라북도, 『전라북도지』제11권, 1989.
전용신 역, 『완역 일본서기』, 일지사, 1989.
정재윤, 『웅진시대 백제 정치사의 전개와 그 특성』, 서강대 대학원 박사논문, 1999.
조동길, 『공산일기 연구』, 국학자료원, 2000.
조지훈, 『한국문화사서설』, 탐구당, 1964.
지수걸, 『한국의 근대와 공주사람들』, 공주문화원, 1999.
村山智順, 최길성 역, 『조선의 풍수』, 민음사, 1990.
최상수, 『한국민속전설집』, 통문관, 1984.
최석원, 『백제권의 석조문화재』, 공주대백제문화원형복원센터, 2004.
최창조, 『좋은 땅이란 어디를 말함인가』, 서해문집, 1990.
추만호, 『동학사(일)』, 우리문화연구원, 1999.
충청남도, 『문화유적총람』금석문편, 1993.
충청남도, 『충청남도지』, 1979.
한국국제교류재단, 『국립박물관소장 한국문화재』, 1992.
한국정신문화연구원, 『한국구비문학대계』5-2, 1980.
한국정신문화연구원 편, 『한국민족문화대백과사전』, 1992.
한글학회, 『한국지명총람』충남편, 1974.
한상수, 『충남의 전설』, 한일출판사, 1979.
혼다마비, 『임진왜란 전후의 한일도자 비교 연구』, 서울대 대학원 박사논문, 2003.
황수영, 『한국금석유문』, 일지사, 1976.
大林太郎, 『北方の民族と文化』, 山川出版社, 1991.
北島万次, 『豊臣秀吉の朝鮮侵略』, 1995.
寺崎宗俊, 『肥田名護屋の人々』, 佐賀新聞社, 1993.
山尾幸久, 『古代の日朝關係』, 塙書房, 1989.
山尾幸久, 『日本國家の形成』, 1978.
山尾幸久, 『日本古代王權形成史論』岩波書店, 1983.
三衫隆敏, 『陶磁器文化史』, 岩波書店, 1989.
有田町, 『有田町史(通史編)』, 1986.
李元淳, 『韓國から見た日本の歴史教育』, 青木書店, 1999.
坂元義種, 『古代東アジアの日本と朝鮮』, 吉川弘文館, 1978.

3. 論文

강헌규, 「'계룡산' 및 '백제'의 어원」『웅진문화』1, 1988.
강헌규, 「곰나루 전설의 변이형 고찰」『웅진문화』2・3합집, 1990.

강헌규, 「삼국사기와 삼국유사에 나타난 효자 '向德·向得'에 대하여」 『백제문화』18·19 합집, 1989.

강헌규, 「혈흔천에 대하여」 『웅진문화』9, 1996.

권인한, 「고대 한국 한자음에 대한 몇 가지 생각 - '斯'의 고대 한국한자음 문제를 중심으로」 『제28회 전국학술대회 발표논문집』, 구결학회, 2003.

김삼섭·나정희, 「고려시대 장애인정책 연구」 『특수교육연구』9-1, 국립특수교육원, 2002.

김정배, 「고조선의 민족구성과 문화적 복합」 『백산학보』12, 1972.

김정학, 「단군신화와 토오테미즘」 『역사학보』7, 1954.

김헌선, 「동북아시아 곰신화 비교연구 - 한국, 만주, 아이누의 곰신화를 중심으로」 『아시아 문화』14, 한림대 아시아문화연구소, 1998.

김현구, 「백제와 일본간의 왕실외교」 『백제문화』31, 2002.

나도승, 「금강수운의 변천에 관한 지리학적 연구」 『공주교대논문집』16, 1980.

노중국, 「백제 무령왕대의 집권력 강화와 경제기반의 확대」 『백제문화』21, 1991.

노중국, 「통일기 신라의 백제고지 지배」 『한국고대사연구』1, 1988.

문경현, 「백제 무령왕의 출자에 대하여」 『사학연구』60, 2000.

박상진, 「백제 무령왕릉 출토 관재의 수종」 『백제문화』21, 1991.

박용진, 「계룡산지역의 학술조사보고」 『공주교대논문집』6, 1969.

박용진, 「백제 와당에 관한 연구」 『공주교대논문집』5, 1968.

박원규, 「무령왕릉 출토 관목분석을 통한 고대 한일관계」 『백제문화를 통해본 고대 동아시아세계』, 심포지움자료집, 공주대학교, 2002.

방병선, 「17-18세기 동아시아 도자 교류사 연구」 『미술사학연구』232, 2001.

방병선, 「조선도자의 일본전파와 이삼평」 『백제문화』32, 2003.

사재동, 「서동설화연구」 『지헌영선생화갑기념논총』, 1971.

서곡정, 「무령왕릉을 통해 본 고대의 동아시아세계」 『백제문화』31, 2002.

소진철, 「백제 무령왕의 出自에 관한 소고」 『백산학보』60, 2001.

손보기, 「석장리의 후기구석기시대 집자리」 『한국사연구』9, 1973.

신용호, 「공주 前十景詩 考釋」 『웅진문화』1, 1988.

신종원, 「단군신화에 보이는 곰〔熊〕의 실체」 『한국사연구』118, 2002.

심우성, 「고마나루의 전설」 『고마나루의 수신제연구』, 2004.

심정보, 「백제부흥군의 주요 거점에 관한 연구」 『백제연구』14, 1983.

안계현, 「신라세속오계와 국가관」 『한국사상강좌』3, 고구려문화사, 1960.

양보경, 「공주의 地誌와 고지도」 『공주의 역사와 문화』, 공주대박물관, 1995.

양보경, 「충청도읍지 해제」 『읍지』충청도편①, 아세아문화사 편, 1984.

연민수, 「고대 한일외교사」 『한국고대사연구』27, 2002.

오계화, 「백제 무령왕의 출자와 왕위계승」 『한국고대사연구』33, 2004.

원충희, 「1919년 부춘산인의 공주일별기」 『웅진문화』2·3합집, 1990.

유승종, 「공주지방의 읍지편찬」 공주사대 교육대학원 논문, 1988.

윤여헌 역, 「遊鷄龍山記」 『웅진문화』5, 1992.

윤여헌, 「조선조 공주(충청)감영고」 『백제문화』20, 1990.

윤용혁, 「공주목지도에 대하여」 『웅진문화』1, 1988.

윤용혁, 「공주목지도에 나타난 공주문화유적」 『백제문화』24, 1995.

윤용혁, 「무령왕 탄생 전승지를 찾아서」 『웅진문화』14, 2001.
윤용혁, 「연기군 나성리의 사적과 고려시대 일명사지」 『공주사대논문집』21, 1983.
윤용혁, 「'원구'.그리고 이삼평」 『웅진문화』13, 2000.
윤용혁, 「조선후기 공주읍지의 편찬과 공산지」 『공주사대 논문집』, 1981.
이근우, 「환무천황 모계는 무령왕의 후손인가」 『한국고대사연구』26, 2002.
이기동, 「고대 동아시아 속의 백제문화」 『백제문화』31, 2002.
이기동, 「중국 사서에 보이는 백제왕 모도에 대하여」 『역사학보』62, 1974.
이기백, 「상대등고」 『역사학보』19, 1962.
이도학, 「한성말 웅진시대 백제 왕위계승과 왕권의 성격」 『한국사연구』50·51, 1985.
이도학, 「한성말 웅진시대 백제왕계의 검토」 『한국사연구』45, 1984.
이병도, 「백제무령왕릉 출토 지석에 대하여」 『학술원논문집(인문사회과학편)』11, 1972.
이병희, 「고려시대 전남지방의 향·부곡」 『지방사와 지방문화』, 1998.
이은창, 「계룡산의 청량사지와 오뉘탑고」 『사학연구』7, 1960.
이은창, 「백제양식계 석탑에 대하여」 『불교학보』3·4합집, 1966.
이재석, 「5세기 말의 백제와 왜국-동성왕의 대왜국관계를 중심으로」 『일본역사연구』14, 2001.
이재석, 「5세기말 곤지의 도왜 시점과 동기에 대한 재검토」 『백제문화』30, 2002.
이종완, 「1910년대 독일신부가 본 공주」 『웅진문화』2·3합집, 1990.
이희덕, 「고려시대 유교의 실천윤리」 『한국사연구』10, 1974.
이희덕, 「고려시대 효사상의 전개」 『역사학보』55, 1972.
임선빈, 「충청감영의 공주개영과 변천」 『충청감영 400년』, 충남발전연구원, 2003.
임재표, 「조선시대 경주 원형옥에 관한 연구」 『矯正』264호, 1998.
장팔현, 『隅田八幡鏡 명문에 대한 새로운 고찰」 『백제연구』35, 2002.
정두희, 「조선초기 지리지의 편찬」 『역사학보』69, 1976.
정성일, 「조선 도공의 후예, 또칠이와 이삼평」 『한국과 일본, 왜곡과 콤플렉스의 역사』, 1998.
정재영, 「백제의 문자생활」 『제28회 전국학술대회 발표논문집』, 구결학회, 2003.
조재훈, 「백제어연구서설」 『백제문화』6, 1973.
진성규, 「원감록을 통해서 본 원감국사 충지의 국가관」 『역사학보』94·95합집, 1982.
천관우, 「삼한고 제3부-삼한의 국가형성」 『한국학보』3, 1976.
최의광, 「고구려의 '국인' 연구」 『사총』58, 2004.
古川政司, 「六世紀前半의 日朝關係」 『立命館史學』1, 1980.
今村鞆, 「朝鮮の傳說-人獸交媾說話」 『ドルメソ』4-5, 1935.
吉英陽三, 「日本磁器の故鄕·有田」 『日本遺產』48, 朝日新聞社, 2003.
鈴木靖民 外, 『講座 日本歷史』1, 東京大學出版會, 1984.
三杉隆敏, 「染付磁器の祖·李三平は俘虜ではない?」 『歷史讀本』, 新人物往來社, 1985.
三品彰英, 「久麻那利考」(上, 下) 『靑丘學叢』19, 1935.
笠井倭人, 「三國遺事百濟王曆と日本書紀」 『朝鮮學報』24, 1962.
田中俊明, 「百濟と倭の關係」 『古代 日本と百濟』, 大巧社, 2002.

쉼 없이 앞으로 나아갔던 삶

- 우재 안승주 선생님을 추모하며 -

1998년 6월23일 새벽, 우재(愚齋) 안승주(安承周) 선생님은 세상을 뜨셨다. 향년 62세. 실제로는 63세이고, 우리나이로 치면, 64세가 된다. 그러나 그렇게 늘려 64세라 하더라도, 그를 아는 이들에게 그것은 결코 많은 나이가 아니었다.

연기군 대박리에서 출생하여

내가 선생님을 뵙게된 것은 1970년 공주사대 역사교육과에 입학해서의 일이었다. 4년 간의 가르침을 받고 대학원에 진학한 이후 1978년부터 모교의 강사로 출강하기 시작했고, 1980년 전임이 되어 같은 과에서 봉직하게 되었다. 말하자면 1970년부터 작고하신 1998년까지 거의 30년 동안, 나는 선생님 주변에 퍽 가까이 있었던 셈이고, 학문적 가르침 뿐 아니라 개인적으로 많은 은혜를 입게 되었다. 나에게 선생님의 생애를 한마디로 정리하라면, 그것은 "쉼 없이 앞으로 나아갔던 삶"이었다.

흔히 공주 토박이인 것처럼 기억되는 선생님은, 1935년 충남 연기군 금남면 대박리 출생이다. 지금은 많이 달라졌겠지만, 이 대박리 마을에 처음 들어가 보았을 때, 그것은 한마디로 정말 '깡촌'이었다. 금강의 물줄기를 가까이 끼고 있는 것은 공주와 마찬가지인데, 풍수가 좋아서인지 아니면 이름이 '대박'이어서인지, 고위 관료나 저명한 학자가 다수 배출된 지역이라 한다. 마을 동구에 초정약수 같은 탄산수가 용출하는 샘은 이 마을의 명물이기도 하다.

선생님의 공주와의 인연은 공주고등학교에의 진학으로부터였다. 대학(고려대 사학과)을 마친 후, 교직을 공주에서 시작하여 공주에서 종신하였으니, '공주토박이'로 불리더라도 서운(?)할 바 없는 처지이다. 교직에의 길은 공주 시내 사립중학교의 강사로부터 시작되었다. 한번 마음먹으면 최선을 다해 진력하여 일을 이루고야마는 집념이, 바로 그의 장기였다. 그러므로 어느 직장에서건 곧 중심이 되었다. 사립학교 교사 재직시에는 거친 학생들의 지도를 위하여 스스로 자신의 머리를 삭발하여 학생의 기를 제압하였다는 것은 유명한 일화이다. 이같은 열심 때문에 곧 공주사대 부속중고교에 '스카웃'되었다.

역사교사로서의 공주생활은 그로 하여금 보다 높은 단계를 바라보게 하였다. 당시 공주에는 풍부한 백제문화 유산의 존재에도 불구하고 이같은 유적을 전문적으로 연구하는 학자가 한 사람도 없었다. 공주를 기반으로 이를 연구하는 작업은 지역적으로도 매우 절실한 요구였다. 아직 '고고학'이란 학문이 잘 알려지기 전의 일이었다. 교사로 재직하며 대학원에 진학하여, 백제문화 연구에 평생 진력할 것을 결심한 것은 선생님의 현실적 안목과 정확성 있는 판단력을 잘 보여준다. 석사학위 논문은 지금의 공주대 캠퍼스 바로 곁에 위치한 백제 시목동 고분에 대한 연구였다. 이 첫걸음이 그를 백제 고분연구에 진력케하는 백제 고분박사로의 출발점이었다. 그리고 뒤이어 1968년 선생님은 공주사대 사회교육과(역사전공)의 전임으로 채용되었다.

백제의 산야를 누비다

공주사대 교수로서의 주어진 일은 학생들의 지도 이외에, 역사도시 공주의 유적과 백제문화 연구를 전담하는 일이었다. 이를 위하여 대학 내에 백제문화연구소와 박물관을 설치하는데 주역을 담당하였다. 당시 공주사대의 백제문화연구소는 국내의 여러연구소중 최초로 설립된 백제관련 연구기관이었다.

초기 연구는 물론 공주지방에 산재한 백제무덤이었지만, 반드시 공주에 국한되지 않고 멀리 서산에까지 관심을 보여 새로운 자료를 정리, 학계에 보고하였다. 그의 학문적 여정에 힘을 보탠 것은 백제 와당을 전문하게 된 공주교육대학의 박용진 교수, 그리고 공주박물관장이셨던 우보(牛步) 김영배 선생이었다. 공주의 산야를 누비며 새로운 유적의 발견과 조사에 힘을 기울였으며, 이 같은 노력의 결과 1969년 이후 2차에 걸친 서혈사지 발굴이 가능하였다.

공주 서혈사지는 백제 불교문화의 초기 거점, 혹은 우리나라 석굴사원의 기원으로서 주목되는 점이 많았을 뿐 아니라, 통일신라기의 불상과 함께 백제 와당의 발견으로 그 초창의 역사가 주목되었던 터였다. 당시로서는 아직 발굴작업이 흔하지 않던 시기였고 따라서 발굴예산을 얻는 일이란 쉬운 일이 아니었다. 그러나 문화재관리국으로부터 발굴예산을 지원 받아 수년에 걸쳐 절터를 발굴하게 되면서, 공주는 비로소 역사 유적의 발굴이라는 새로운 기원을 열게 되었다. 우재 선생님의 고고학적 학문 능력도 이에 의하여 단단히 다져지게 되었음은 물론이다.

1971년 7월 무령왕릉의 발견은 우재 안승주 선생님의 학문적 여정에 매우 중요한 계기가 된다. 무령왕릉의 발굴 작업에 참여하게 됨으로써 삼불(三佛) 선생을 비롯한 중앙의 학자들과 두터운 교분을 갖는 계기가 되었고, 백제 고고학 연구에 대한 자신감과 함께 학문적 안목도 크게 달라지게 되었던 것 같다. 우재 선생님은 백제문화에 관심을 갖는 일본의 학자들과도 깊은 교류를 맺었다. 국사관(國士館大學)의 오가와(大川 淸) 교수, 남산대학(南山大學)의 이토오(伊藤秋男) 교수, 구주대학(九州大學)의 니시다니(西谷 正) 교수 등이 그렇다. 백제 고분에 대한 관심은 여전히 지속되었으며, 이에 의하여 백제 고분 연구자로서의 위상을 탄탄히 닦아 나갔다. 그의 조사연구 결과는 주로 공주사대 백제문화연구소의 기관지인『백제문화』를 통하여 발표되었고, 그 중의 일부 논문은 일본에서 번역, 출판되기도 하였다.

그의 조사작업 가운데 가장 의미 있었던 것 중의 하나는 1974년 부여 초촌면에서의 청동기시대 석곽묘 조사였다. 수습조사의 형태가 되었던 작업이었지만, 석곽묘에서 요령식동검이 부장되어 있어, 학계에 커다란 파문을 일으켰고, 이후의 청동기 연구에 큰 자극을 주었다.

백제무덤 발굴로 당한 곤경

학문적 업적을 깊이 해 가던 우재 선생에게는 이로 인한 시련도 없지 않았다. 백제고분 연구의 전문가는 바로 이 백제고분으로 인하여 큰 어려움을 겪게 된 것이다. 1979년 여름 공주시 웅진동고분 발굴의 일이다. 문제의 웅진동고분 지역은 무령왕릉에서 남측으로 약간 떨어진 한산소 마을이었다. 당시 이 지역은 지폐를 찍는 조폐공사의 공장 부지로 확정되어 공사가 시작된 곳이었다. 공장과 같은 근대 산업시설의 결여가 지역발전의 침체를 가져왔다고 생각하던 주민들은 조폐공사의 공장 부지로 이곳이 확정되자 지역발전의 큰 계기가 될 것을 기대하고 있었다. 그런데 기공식을 올리기 위한 진입로 개설 공사 중에 백제 무덤이 불도저에 걸려 나오기 시작하는 것이었다. 선생님은 이 부지가 백제 무덤의 밀집 지역일 가능성이 크다는 점을 지적하고 공사는 현지의 학술조사를 마치고 진행해야 함을 주장하였다. 이같은 주장에도 불구하고 공장의 부지공사는 막무가내로 그대로 진행되어 나갔다. 그런데 구릉을 깎아내는 공장 부지의 정지(整地)

공사중 백제 무덤은 계속 도저에 걸려 나왔고, 그 무덤은 무령왕릉 옆의 5호 석실분과 동일한 유형의 것들이었다. 공사의 진행은 어려워졌고 유적의 조사는 불가피해졌다.

1979년 여름 방학이 시작하는 7월 중순부터 웅진동의 조폐공사 부지에 대한 문화유적 조사작업은 개시되었다. 예상대로 웅진도읍기 조영된 궁릉상 형태의 횡혈 석실분이 집중 확인되었는데, 이같은 대량의 백제고분 조사는 처음 있는 일이었다. 그러나 작업이 진행되면서 그 내용이 신문에 보도되기 시작하면서, 이곳이 공장부지로 되는 것은 부당하다는 여론이 일기 시작하였다. 어떤 중앙의 일간지는 이 문제를 집중 보도하며 사설까지 동원하여 공장건설의 부당성을 지적하였는데, 상황이 이렇게 흐르면서 문제가 확대되자 정부는 돌연 공장건설 계획을 취소하고, 공사중지 명령을 내렸다. 당시는 유신시대 말기로서 사회 정세가 불안한 상태였는데, 매스컴에서의 연이은 문제제기에 박대통령이 "왜, 거, 시끄럽게 그래!"하고 짜증을 부렸다는 후문이 있다. 조사 작업이 시작된 지 딱 한 달만의 일이었는데, 이렇게되자 공주시내에서는 발굴 때문에 지역 발전의 기회를 잃고 낭패하였다는 여론이 끓었다. 정부의 공장 건설 백지화를 반대하는 일부 시민들은 데모대가 되어 발굴 책임자였던 선생님의 자택으로 몰려들어 투석 농성의 사태까지 벌어지는 바람에 몸을 피하지 않으면 안되었다. 그 후유증은 꽤 심각하였으며 문제의 성격을 잘 알지 못하는 이들에게 두고두고 무거운 말거리로 남게되었다.

백제문화권 개발을 선도하고

1970년대 말 이후로는 백제문화권 개발에의 기대가 부풀어 있었다. 1978년 정부는 공주, 부여 등 고도(古都) 지역의 문화유적 현황을 조사하도록 하고, 이를 개발의 자료로 활용하고자 하였다. 이에 의하여 공주지방 유적의 전체적 현황을 처음으로 정리하는 기회를 갖게 되었다. 그리고 이후 논의되어지는 백제문화권 개발에의 기획, 심의 등에 주요 인사로 선생님은 줄곧 참여하게 된다. 여기에서는 유적에 관한 문제 뿐 아니라 정책 전반에 대하여 많은 조언과 제시를 하였다.

백제문화권 개발이라는 정부의 정책에 힘입어 1980년대에는 공주지역의 주요 유적에 대한 발굴작업이 추진되었다. 그중 가장 집중적 장기적으로 작업이 진행되었던 곳이 공산성 유적이다. 성안의 유적들을 매년 일정 부분 발굴하였으며 성안 유적에 대한 조사 작업은 선생의 발굴작업의 가장 중심적인 것이 되었다. 이를 통하여 공주 공산성의 성곽 축조 방식, 추정 백제 왕궁터와 통일신라 시기의 각종 대형 건물지 등을 확인하였으며, 땅속에 묻혀 있던 만하루 연못을 드러내 세상에 빛을 보게하기도 하였다.

1980년 제4회 한국고고학 전국대회를 공주사대에서 주관하게 되었다. 이는 전적으로 선생님께서 실무를 맡아 일을 치른 작업이었다. 공주와 공주사대의 당시 사정이 이같은 전국규모 학술대회를 치를만한 시설이 미비하여 여기에는 대단한 어려움이 있었다. 1989년 한국 대학박물관협회 회장을 역임하고 1991년에는 한국고대학회장에 피선되었다. 이같은 경력은 선생님의 꾸준한 학문 정진의 노력이 대외적으로 인정되고 있었음을 말해주는 증거가 된다.

공주대학 학장, 공주대학교 총장

1968년 대학의 전임이 된 이래 선생님은 박물관장 혹은 백제문화연구소장 이외의 다른 보직 일을 맡지 않았다. 1980년대 5공 초기의 어려운 시기에는 한때 교무처장 직을 종용받기도 하였으나, 이를 교묘히(?) 회피하였다. 그리고 20여 년을 오로지 백제문화의 조사 연구 업무에 전력하였던 것이다. 적어도 이같은 연구 작업에 대하여 그는 스스로 강한 신념과 더불어 큰 긍지를 가지고 있었다. 그러한 그가 1987년에 결성된 초대 교수협의회 의장직을 맡는다. 당시 민주화의 바람으로 각 대학에 교수협의회가 결성되고 있었지만, 그 직을 맡는 것에 대해서는 불이익을 우려하여 꺼리는 것이 일반적 분위기였다. 2년 임기의 의장직을 맡는 동안 그는 공주사대의 운영 전반과 향후 대학의 진로에 대하여 직접 현장에서 고민하는 경험을 갖게 되었다. 이 시기는 대학과 사회에 민주화 열기가 팽배하였던 시기였고, 동시에 전환기적 성격의 시기이기도 하였다. 대학의 행정 책임자는 종래의 임명제로부터 교수들의 직선으로 바뀌고 있었고, 사범대학의 경우는 교원 임용방식이 공개 경쟁의 시험제도로 전환하는 시기였던 탓으로 이 때문에 학생들의 반발이 심각하던 시기였다.

교수협의회 의장을 역임한 경험은 그를 대학 행정의 책임자로 내몰았다. 1990년 1월에 실시된 선거에서 그는 최다득표자로 학장에 선출됨으로써, 일반 대학으로의 개편과도기인 '공주대학'의 학장직을 맡게된다. 그것은 우리 대학사상 처음으로 실시된, 교수 직선제에 의한 선출 학장이었다는 의미도 갖는다. 학장 1년 만에 공주대학은 종합대학으로 개편되고, 이에 따라 총장 선거를 다시 치르게 되었는데, 압도적 다수표를 얻어 공주대학교 초대 총장에 취임하였다.

총장 재임중 공과
대학과 일반대학원의
설치, 제2캠퍼스 조
성, 예산농대와의 대
학 통합, 학과 증설
등, 굵직한 여러 사업
을 전개하고 교수들
과의 인화도 원만하
여 무사히 임기를 마
칠 수 있었다. 발굴작
업의 현장에서의 실
무적 일은 손을 떼었
지만, 정부의 문화재
위원을 맡아 활동하
는 등 고고학에 대한
관심은 여전하였다.
공무로 바쁜 와중에
발굴현장을 찾을 경
우, 친정에라도 온 것
처럼, 현장 일에 대한
향수를 자주 피력하
시곤 하였다.

우재 안승주 선생님(1935~1998)

충남 발전과 발굴에의 집념

학장 1년, 총장 4년의 임기를 마친 그를 이번에는 충남도에서 기다리고 있었
다. 당시 충남도에서는 지역발전의 체계적 뒷받침을 위하여 충남발전연구원이라
는 기구를 발족시켰으며, 그 책임자에는 학문적 능력과 행정능력을 겸비한 지역
인사가 요청되었다. 이점에서 우재 선생님은 누구에게나 이의 없이 적격자로 지
목되었다. 그리하여 1995년 선생님은 교수직을 가지면서 충남발전연구원장에
취임한다. 초창기의 연구원은 그의 혼신적 노력에 의하여 튼튼한 기반을 닦고
지역발전의 핵심적 동체로서 그 위치를 확고히 하였다.

연구원에서의 원장 임기는 3년이었다. 선생님의 나이도 이미 회갑을 넘어 있었다. 젊은 시절의 패기로웠던 성격도 이제는 너그로움으로 바뀌어 있었다. 대학에서의 정년을 준비해야하는 시기가 다가오고 있었던 것이다.

선생님은 정년 이후 생애의 마지막 활동을, 채 완결하지 못한 고고학적 작업에 헌신하고자하는 뜻을 세우게 된다. 발굴과 조사를 전담할 수 있는 지역 문화재 전문 조사기관의 설립이 그것이다. 국토 개발의 급격한 확산으로 인하여 지역별 전문 기관의 설립이 요청되고 있었고, 선생은 자신이 뼈를 묻게될 충남지역에 이러한 기구를 설립함으로써 향후의 시대적 요구를 대비케 하려고 하였다. 이 일은 고고학적 학문 능력과 행정 능력을 동시에 요구하는 일이었다. 이렇게 하여 1997년에 재단법인으로 발족한 것이 충청매장문화재연구원이다. 1998년 6월30일에는 충남발전연구원장의 3년 임기가 종료될 예정이었다. 그러면 다음에는 발굴현장에서 그 삶을 종신하고 학문을 정리하여 후진들에게 자신의 유산을 이어주려는 계획이었다.

이제는, 편히 쉬시옵소서

1998년 6월 23일 새벽, 선생님께서는 투병중 돌연히 서거하셨다. 병세가 아직 크게 호전된 상태는 아니었지만, 일단 수술의 경과가 성공적이라는 전언에 안도하고 있었던 터라, 이 소식은 청천의 벽력같은 것이었다. 6월 25일 천안공원묘원에서의 장례식에는 억수같은 비가 쏟아져, 하늘도 함께 슬퍼하는 것만 같았다.

이제 선생님은 가시고, 그 공백을 선생님의 제자와 후진들이 메꾸어야 할 계제가 되었다. 그러나 그 공백은 더욱 크게만 느껴진다.

선생님은 평시 밤낮으로 일 속에 파묻혀, 거의 쉬실 겨를이 없으셨다. 그러나,

선생님,
이제는 편히 쉬시옵소서,
모든 슬픔과 걱정이 없는 저 세상에서.

이 글은 1999년
한국고대학회 발행 『선사와 고대』 11집(안승주박사 추도논문집)에
실렸던, 저자의 추모문입니다.

찾 아 보 기

지은이

● 윤 용 혁

1952년 목포에서 출생하여 광주고등학교와 공주사대 역사교육과를 졸업
하였다. 고려대학교 대학원에서 석사와 박사학위를 받았고, 1996년부터
1년 간 일본 츠쿠바(筑波)대학에서 연구생활을 하였다. 1980년부터 공주
대학교 역사교육과 교수로 재직하고 있으며, 공주대 박물관장, 백제문화
연구원장 및 충남발전연구원의 역사문화센터장, 호서사학회장 등을 역
임하였다. 현재 충청남도 문화재위원, 문화재청 문화재전문위원, 충청문
화재연구원의 이사이며, 공주대 대학원장의 직을 맡고 있다. 저서로서는
『고려 대몽항쟁사 연구』(1991), 『고려 삼별초의 대몽항쟁』(2000), 이외에
지역사 및 역사교육 관련의 논문이 다수 있다.

공주대학교 백제문화연구소
백제문화연구 총서 第3집

공주, 역사문화론집

초판인쇄일 : 2005년 5월 25일
초판발행일 : 2005년 5월 30일

저   자 : 윤용혁
발 행 인 : 김선경
발 행 처 : 도서출판 서경문화사
편   집 : 김현미 · 조시내
표   지 : 김윤희
필   름 : 프린텍
인   쇄 : 한성인쇄
제   책 : 반도제책사
등록번호 : 1 - 1664호
주   소 : 서울시 종로구 동숭동 199 - 15 105호
전   화 : 02 - 743 - 8203, 8205
팩   스 : 02 - 743 - 8210
메   일 : sk8203@chollian.net

ISBN 89 - 86931 - 87 - 7   93900
* 파본은 본사나 구입처에서 교환하여 드립니다.

정가 18,000원